新装版

サイコロを使った

実占・易経

立野清隆 著

Tateno Kiyotaka

五月書房新社

六十四卦表《かひょう》

下卦＼上卦	☰ 乾（天）	☱ 兌（澤）	☲ 離（火）	☳ 震（雷）	☴ 巽（風）	☵ 坎（水）	☶ 艮（山）	☷ 坤（地）
☰ 乾（天）	乾《けん》為《い》天《てん》	澤《たく》天《てん》夬《かい》	火《か》天《てん》大《たい》有《ゆう》	雷《らい》天《てん》大《たい》壮《そう》	風《ふう》天《てん》小《しょう》畜《ちく》	水《すい》天《てん》需《じゅ》	山《さん》天《てん》大《たい》畜《ちく》	地《ち》天《てん》泰《たい》
☱ 兌（澤）	天《てん》澤《たく》履《り》	兌《だ》為《い》澤《たく》	火《か》澤《たく》睽《けい》	雷《らい》澤《たく》帰《き》妹《まい》	風《ふう》澤《たく》中《ちゅう》孚《ふ》	水《すい》澤《たく》節《せつ》	山《さん》澤《たく》損《そん》	地《ち》澤《たく》臨《りん》
☲ 離（火）	天《てん》火《か》同《どう》人《じん》	澤《たく》火《か》革《かく》	離《り》為《い》火《か》	雷《らい》火《か》豊《ほう》	風《ふう》火《か》家《か》人《じん》	水《すい》火《か》既《き》済《せい》	山《さん》火《か》賁《ひ》	地《ち》火《か》明《めい》夷《い》
☳ 震（雷）	天《てん》雷《らい》无《む》妄《もう》	澤《たく》雷《らい》随《ずい》	火《か》雷《らい》噬《せい》嗑《ごう》	震《しん》為《い》雷《らい》	風《ふう》雷《らい》益《えき》	水《すい》雷《らい》屯《ちゅん》	山《さん》雷《らい》頤《い》	地《ち》雷《らい》復《ふく》
☴ 巽（風）	天《てん》風《ふう》姤《こう》	澤《たく》風《ふう》大《たい》過《か》	火《か》風《ふう》鼎《てい》	雷《らい》風《ふう》恒《こう》	巽《そん》為《い》風《ふう》	水《すい》風《ふう》井《せい》	山《さん》風《ふう》蠱《こ》	地《ち》風《ふう》升《しょう》
☵ 坎（水）	天《てん》水《すい》訟《しょう》	澤《たく》水《すい》困《こん》	火《か》水《すい》未《び》済《せい》	雷《らい》水《すい》解《かい》	風《ふう》水《すい》渙《かん》	坎《かん》為《い》水《すい》	山《さん》水《すい》蒙《もう》	地《ち》水《すい》師《し》
☶ 艮（山）	天《てん》山《ざん》遯《とん》	澤《たく》山《さん》咸《かん》	火《か》山《ざん》旅《りょ》	雷《らい》山《さん》小《しょう》過《か》	風《ふう》山《ざん》漸《せん》	水《すい》山《ざん》蹇《けん》	艮《ごん》為《い》山《ざん》	地《ち》山《ざん》謙《けん》
☷ 坤（地）	天《てん》地《ち》否《ひ》	澤《たく》地《ち》萃《すい》	火《か》地《ち》晋《しん》	雷《らい》地《ち》豫《よ》	風《ふう》地《ち》観《かん》	水《すい》地《ち》比《ひ》	山《さん》地《ち》剝《はく》	坤《こん》為《い》地《ち》

易経本文における配列（序卦伝）

1 乾《けん》為《い》天《てん》
2 坤《こん》為《い》地《ち》
3 水《すい》雷《らい》屯《ちゅん》
4 山《さん》水《すい》蒙《もう》
5 水《すい》天《てん》需《じゅ》
6 天《てん》水《すい》訟《しょう》
7 地《ち》水《すい》師《し》
8 水《すい》地《ち》比《ひ》
9 風《ふう》天《てん》小《しょう》畜《ちく》
10 天《てん》澤《たく》履《り》
11 地《ち》天《てん》泰《たい》
12 天《てん》地《ち》否《ひ》
13 天《てん》火《か》同《どう》人《じん》
14 火《か》天《てん》大《たい》有《ゆう》
15 地《ち》山《ざん》謙《けん》
16 雷《らい》地《ち》豫《よ》
17 澤《たく》雷《らい》随《ずい》
18 山《さん》風《ふう》蠱《こ》
19 地《ち》澤《たく》臨《りん》
20 風《ふう》地《ち》観《かん》
21 火《か》雷《らい》噬《ぜい》嗑《こう》
22 山《さん》火《か》賁《ひ》
23 山《さん》地《ち》剝《はく》
24 地《ち》雷《らい》復《ふく》
25 天《てん》雷《らい》无《む》妄《もう》
26 山《さん》天《てん》大《たい》畜《ちく》
27 山《さん》雷《らい》頤《い》
28 澤《たく》風《ふう》大《たい》過《か》
29 坎《かん》為《い》水《すい》
30 離《り》為《い》火《か》
31 澤《たく》山《さん》咸《かん》
32 雷《らい》風《ふう》恒《こう》
33 天《てん》山《ざん》遯《とん》
34 雷《らい》天《てん》大《たい》壮《そう》
35 火《か》地《ち》晋《しん》
36 地《ち》火《か》明《めい》夷《い》
37 風《ふう》火《か》家《か》人《じん》
38 火《か》澤《たく》睽《けい》
39 水《すい》山《さん》蹇《けん》
40 雷《らい》水《すい》解《かい》
41 山《さん》澤《たく》損《そん》
42 風《ふう》雷《らい》益《えき》
43 澤《たく》天《てん》夬《かい》
44 天《てん》風《ふう》姤《こう》
45 澤《たく》地《ち》萃《すい》
46 地《ち》風《ふう》升《しょう》
47 澤《たく》水《すい》困《こん》
48 水《すい》風《ふう》井《せい》
49 澤《たく》火《か》革《かく》
50 火《か》風《ふう》鼎《てい》
51 震《しん》為《い》雷《らい》
52 艮《こん》為《い》山《ざん》
53 風《ふう》山《ざん》漸《ぜん》
54 雷《らい》澤《たく》帰《き》妹《まい》
55 雷《らい》火《か》豊《ほう》
56 火《か》山《ざん》旅《りょ》
57 巽《そん》為《い》風《ふう》
58 兌《だ》為《い》澤《たく》
59 風《ふう》水《すい》渙《かん》
60 水《すい》澤《たく》節《せつ》
61 風《ふう》澤《たく》中《ちゅう》孚《ふ》
62 雷《らい》山《さん》小《しょう》過《か》
63 水《すい》火《か》既《き》済《せい》
64 火《か》水《すい》未《び》済《せい》

──サイコロを使った実占・易経／目次

第一部　易の基礎知識

1　〝易〟とは何か？

現在、私たちが手にすることのできる『易経』は、いまからおよそ三千年前の周《しゅう》の時代（西周時代――紀元前一一〇〇年～前七七〇年）に完成されたもので、正《ただ》しくは「周易」と呼ばれます。

古来、易には三種の易があるといわれ、周易よりも前に連山《れんざん》易・帰蔵《きぞう》易という二つの易があったと伝えられていますが、文献も伝わっておらず単なる伝説として、連山易は夏《か》（年号不詳）の時代に、また帰蔵易は殷《いん》（前一七〇〇年～前一一二二年）の時代に行われたといわれているだけで、詳しいことは何もわかっておりません。

また春秋戦国時代（前七七〇年～前二二一年）末期に、鬼谷子《きこくし》（生没未詳）などによって創《つく》られたといわれる「断易《だんえき》」（五行干支《かんし》易）が、精緻《せいち》な占法として今日まで伝えられています。

易は五経博士によって日本に渡来しましたが、それ以前に百済《くだら》（三七一年～六六〇年）から相次いでもたらされた陰陽五行思想、およびその実践としての陰陽道《おんみょうどう》とともに、わが国の国家組織の中に組み込まれ一貫して朝廷を中心とし公家一統に至るまで、易は祭政・占術・諸年中行事・物忌《ものい》み・医療・農業などの基礎原理となり、時に権力者によって政治や法律制度、軍事などの広い範囲に渡って実践的に応用されてきました。

このように、わが国の古代中世紀を通じて、易は総合学としての役割を担ってきました。そしてこの隆盛は徳川時代（一六〇三年～一八六七年）の末期まで続くことになります。

しかし明治維新を境に、ヨーロッパ科学文明の全面的な受け入れが始まるやいなや、易もまた陰陽五行思想とともに迷信として退けられ、公式の場一切から姿を消していきますが、それでも易の伝統は隠然として根強く、明治・大正・昭和を通じて民間信仰の姿をとり今日に及んでいます。

普通、易といえば占いというように、易は占いの代名詞のように理解されていますが、しかし、これは十分ではありません。確かに易は、その当初は占いのためにできたものですが、周易成立以後、長い年月をかけ周易の上に幾多の哲学的、理念的な反省が加えられて、宋（九六〇年～一二七九年）の時代には『易経』は朱子（一一三〇年～一二〇〇年）によって経典として四書五経の筆頭の地位を与えられ、中国の知識人をはじめわが国の儒者たちの精神生活を長い期間にわたって支え指導してきたのであり、十翼《じゅうよく》中の繋辞伝《けいじでん》上・下はまさに『易経』の中に告示されている中国哲学の精髄を、人類不滅の哲学思想として解説したものということができます。

周易は「経《けい》」と「伝《でん》」とに分かれます。「経」とは易の本文のことです。易には算木（陽陰の符号）六本でできている卦《か》の数が六十四種類あり（六十四卦）、それを上経三十卦、下経三十四卦に分け、その一卦ごとに言葉がかけられています。

この言葉が経文《けいぶん》となっているわけですが、この一卦ごとにかけられた言葉「卦辞《かじ》」は、中国古代に盛んに行われた占いの言葉（占筮《せんぜい》の辞）が中心になっており、後になって長年月に渡って占われ保有されてきたこの占筮の辞を、朝廷で占卜《せんぼく》を司どる史官の手によって、六十四卦およびその一つひとつの爻、三八四爻の各々に、適当に振り当てられたものと推定されております。それは卦辞・爻辞《こうじ》と呼ばれ、易占に当たっての基本的な素材（彖《たん》）、または原理的な公式の意味を持ち、占筮はこの公式にのっとって自由に行われるようになったのです。

つまり、それぞれの卦と爻とに、なぜこのような卦辞や爻辞がかけられたのか――その理由を十分に理解することによって、当面の占断の事柄にそれを当てはめてみるとともに、さらに推理や想像力を存分に働かせることにより、その解釈を自由に拡大し敷衍《ふえん》し活用できるようになったからです。そして私たちが占断のために易を学習してゆく当面の対象となるものが、この卦辞・爻辞を手引としての六十四卦の理解に他《ほか》なりません。

ところで、この卦辞・爻辞をさらに註解し補足し、易の哲学思想的解説や総論といったようなものを付け加えたものが、「伝」です。伝は十編によって成るため「十翼」とも呼ばれています。鳥の翼がその全身を空気中に支えるように、『易経』の本文を助け支えるという意味で、

彖伝《たんでん》上・下

象伝《しょうでん》上・下

繋辞伝《けいじでん》上・下
説卦伝《せっかでん》
文言伝《ぶんげんでん》
序卦伝《じょかでん》
雑卦伝《ざっかでん》

と、合わせて十編があります。十翼は、伝説では孔子（前五五二年～前四七九年）の作といわれてきましたが、その雑多な内容と文体の相異からいって、一人の人間が一時に作り上げたというようなものではなく、戦国末期から秦《しん》（前二二一年～前二〇二年）・漢《かん》（前二〇二年～二二〇年）にかけての儒家を中心に、老荘家、陰陽家たちによって創作されたものとみられています。

このうち、彖伝と象伝は、卦辞と爻辞の解説や補足をしたものです。また繋辞伝は、すでに六十四卦や卦爻辞の上ににじみ出ている易の思想を、雄大無比なる形而上学としてあからさまに表現した周易理論であるといえましょう。

さらに、説卦伝は、八卦《はっか》それぞれの象意を持つ事例を列挙して、一切の事物や事象にどのように適用すべきかを範例としたものであり、文言伝は六十四卦を代表する乾卦《けんか》（21ページ参照）と坤卦《こんか》（25ページ参照）とについて、特別に解説を施したものです。さらに、序卦伝は、経文として配列された六十四卦配列の順序の持つ意味とその正当性を説明したものであり、雑卦伝は六十四卦それぞれの卦名の意味について、簡単な解説を試みたものです。

2　易の起源とその作者

易の八卦を最初に創った人は、伝説的な中国最古の三皇の一人で、人面牛身といわれる大昊伏羲氏《だいかんふっき》（生没未詳）であると伝えられており、繫辞伝の中でもそのように述べられています。

つまり、大昊伏羲氏という五千年前の中国の天子が、仰いで天の運行の状態を観察し、伏して大地の形勢や理法をみながら、鳥獣の状態や自分自身の姿を観察して、それらを象徴的にとらえて初めて八卦を創り、これを重ねて六十四卦として完成したといわれます。これにはしかし異説もあり詳しいことはわかりませんが、とにかく極めて古い時代にでき上がっていたことだけは間違いないようです。

また、卦辞はずっと歴史を下って周の文王（前十二世紀ごろ）がこれを作り、爻辞はその子周公《しゅうこう》旦《たん》（前十二世紀ごろ）が作り、十翼は孔子が創作したと伝えられておりますが、現在では、考証的にいってこれは何らの確証もなく、『易経』を権威づけ儒教を正当化するために三人の聖人の合作とした、全くの作り事にすぎないともいわれています。しかし、たとえ易がこうした聖人たちによる合作ではないとしても、易が古代中国人の偉大な叡知の結晶であることには、なんら変わりはありません。

次に、易という文字の由来について述べますと、それにはまず、①「日月説」というのがあります。易は陰陽であり、太陽は陽、月は太陰であることから、人間が日月の光を頼りにして誤りなく処世してゆくという意味から、〝日〟〝月〟を上下にした合字であるというのですが、易字の説明としては学問上無理があるようです。

次に、②「蜥易説《せきえき》」があります。これは易の字義は蜥易、つまり「とかげ」の象形文字で、とかげは一日十二回色を変えるところから、生成変化の理《ことわり》を説く易の本質とも完全に合致するというのです。易の創始者で雨神竜ともいわれた伏羲氏は、蜥易を養って雷雨を起こす呪術に秀でたシャーマンの一人とされてきたことからも、この説は最も有力な根拠を持つもののように思えます。

あるいはまた、③「禁止命令説」といいまして、易字は〝日〟と〝勿《なか》れ〟との合字で、古代の生活において農耕や狩猟その他の行事について、日々の吉凶を占い、禁止命令を出したというところから由来するもので、それなりの理由を持つものと思われます。

以上、いずれもそれぞれの角度から易の本質をとらえた、一応の正当性を持った説明であるといって差し支えないでしょう。

3　「易に三義あり」

古来、易の註釈家たちは、易に三義あり（鄭玄《じょうげん》＝一二七年〜二〇〇年）とか五義あり（毛奇齢《もうきれい》＝一六二三年〜一七一六年）とかと称して、簡潔に易の本質をとらえようとしてきました。たとえば、鄭玄は「易はこれを名づけるに一言にして三義を含む。易簡《いかん》と変易と不易とがすなわちそれである」と述べています。

この言葉の意味を説明しますと、繫辞伝に「生成これを易という」とあるように、天地間における一切の事物や事象は、一瞬といえども同一の事物や事象ではなく、常に変化流転してきわまりなき混沌（変易《い》）の状態にあります。しかし一方では、このような変化流転の中にあっても、比較的に変化が緩慢にみえるもの、いなほとんど変化しないといって差し支えないようなものも存在します。

現に、バラにはバラの本質があり、桜には桜の不変的な本質があります。このような一切事物の本質をはじめ、日月星辰の運行とそれに基づく春夏秋冬の移り変わり、昼夜の交替、さらには地球の公転自転なども、常に変わらぬ存在といえます。

もちろん、厳密な意味ではそれとても決して同一のものではありません。年々歳々同一の春がめぐってきたり、同一の夏が到来することはありませんが、しかし春としての性格――秋、冬、夏とは本質的に区別された春としての在り方――は、四季の移り変わりの法則とともに変化することのない不変的なものとして考えられます。

このように、変化流転の中にありながらも、恒常不変的な自然的事物の本質や自然そのものの法則こそ、易が求めているものなのです。そして、この意味において、易は不易であるということができます。変易と不易とは、一見矛盾するようにみえますが、決して矛盾せず、易において互いに相補的な意味を持っているわけです。

そして、変化流転の中にあって不変なものは、知りやすくもあり、従いやすくもある簡単明瞭な陰陽の法則であり、それは八卦と六十四卦の中に明示されますので、易は易簡であるというのです。つまり、易は、一切の事物や事象の生成変化そのことを、八卦や六十四卦によって表現し説明し解釈するわけですが、その根本は最も簡単な陰陽の屈伸消長変化の法則に尽きるものですから、易は易簡であるというのです。

4　どのようにして八卦はできたのか？

易は宇宙間における一切の事物や事象の間断のない変化の状態（変易）を六十四種類に分けており、その一つひとつの形態について説明しているのが周易の六十四卦なのです。

繋辞伝中の言葉に、「書は言を尽くさず、言は意を尽くさず、しからばすなわち聖人の意は終に見るべからざるか。そこで聖人は象を立ててもって意を尽くし、卦を設《もう》けてもって情偽《じょうぎ》を尽くし、辞を繋《か》けてもってその言を尽くす」とあります。

これは、〝書物はいくら書きつらねても、人の言葉を残らず書き尽くせるものではありません、言葉はいくらしゃべっても、自分の思っていることを十分に語り尽くせるものではありません。そこで聖人は算木をもって八卦を、そしてまた六十四卦を作り、それによって宇宙万物の意味とその変化とをあらわし尽くそうとした〟というのです。

このように、易は宇宙間における一切の事物や事象の意味とその変化とを六十四卦に分けてみているのですが、それでは一体この六十四卦そのものは、どのような経路をとってできてきたのでしょうか。

繫辞伝では、このことを「易に太極《たいきょく》あり。これ両儀（陰陽）を生ず。両儀は四象を生じ、四象は八卦を生ず。八卦は吉凶を定め、吉凶は大業を生ず」と述べています。

両儀、つまり陰陽というと古めかしく聞こえますが、要するに、陽とは積極的・剛強的なものを指し、陰とは消極的・柔弱的なものを指します。電気でいうとプラス（＋）とマイナス（－）の関係であり、一般的な事象としては、男性と女性、表と裏、昼と夜、充実と空虚、勝利と敗北、動と静、進むと退く、奇数と偶数、夏と冬、太陽と月、天と地などです。およそ天地間における一切の事物や事象のことごとくは、陰陽の関係によってとらえられないものは何一つとしてないといっても過言ではありません。

易では、この陽と陰とを算木の符号をもってあらわし、一本の切れていない算木⚊を陽とし、真中の切れている算木⚋を陰と呼びます。そして陰陽未分の状態においてある太極は、形のないものですから、仮に丸い形○をもってあらわします。

陽と陰との根源を易では太極と呼び、太極がいわば易の本体であり、それは陽でもなければまた陰でもなく、積極でもなければまた消極でもなく、有でもなければ無でもない陰陽未分の状態を名づけているので、太極の根底にさらに無極を想定する宋の儒者もいます。

しかし、太極の本質は宇宙の本体として生成の活動そのものであり、その活動は必ず陰陽の両極として行われなければならないのです。それが先の「これ両儀を生ず」であって、太極は陰陽とは表裏一体をなすものであって、二つの別のものではなく、一方に陽があれば他方には必ず陰があるといった関係をあらわしており、一方に＋《プラス》ができれば他方には必ず－《マイナス》ができるのであって、太極が一度働きとしてあらわれると、直ちに陽と陰という、相互対立的であると同時に、互いに牽引《けんいん》的な活動をするものとして具体化するわけです。

しかも、陰陽の関係は常に相対的流動的であり、一方の関係からいえば陽であるものも、他方の関係からみれば陰となります。また、陰であると思い込んでいるものについても、ある観点からみる時、それは陽となるように、陰陽は状況の変化に応じて互いに転換して融通無碍《ゆうずうむげ》なのです。

例えば父親は、家庭での妻子との関係からすれば陽であっても、会社の中での父親は一社員として社長との関係からすれば陰となります。さらに、家庭にあっても、育児やその他家事万端を取り仕切るという観点からすれば、妻が陽となり夫が陰となることは、現実の家庭生活をみれば歴然としています。

男性は、女性との関係からみれば陽ではあっても、ほかの男性との関係からみれば女性的であったりします。これは、女性についても同様のことがいえるわけで、最近目立つ男性的な女性をみても明らかです。

このような男女、親子、兄弟という人間関係のみならず、剛柔、進退、勝敗、寒暑、南北という人事や自然の諸事象についてみても〝負けるが勝ち〟とか、〝禍福は糾《あざな》える縄《なわ》の如し〟とか、

〝人間万事塞翁《さいおう》が馬〟とかといわれるように、吉は凶に変じ、凶はまた吉に変じて定まり難いものです。陰陽、剛柔、吉凶、禍福の関係は、互いに反転し合いながらも、互いに補足し合い牽《ひ》き合う関係でもあるために、しばしば反転して、陽は陽中に陰を生じ、陰もまた陰中に陽を生ずるといったようなことが起こるわけです。

そこで単なる陰陽の対立的関係だけでは、一切の事物や事象の具体的な関係を把握するには不十分となります。例えば、男女の区分も、現実的には男性的な男性・女性的な男性・女性的な女性・男性的な女性などがいるように、季節も、冬と夏という寒暑の対立の間に、春と秋という過渡的な季節が設定され、南北の方位の間にも、東西の方位が設定されることによって、より具体的な把握ができるわけです。

このことは、勝敗、禍福、進退、その他の一切の陰陽関係についてみても同様であり、そこで「両儀（陰陽）は四象を生ず」ということになります。四象は、陰陽の符号を二つずつ使用して、老陽⚌、少陽⚎、老陰⚏、少陰⚍とに分けられます。

ところで、東西南北、春夏秋冬、男性的な男性・女性的な男性・女性的な女性・男性的な女性といった四象的な関係に、さらに東北・東南・西南・西北といった四隅を加え、同様に、春夏秋冬も春から夏への移行期間である春の土用・夏と秋との中間気候帯である夏の土用・秋の土用・冬の土用を付け加えることによって、方位も季節もより具体的現実的に把握できるわけです。

陰陽関係、四象関係によってとらえられるすべての諸関係は、このように八つに区分された関係によって残りなくほぼ完全に把握されると考えられます。これが「四象は八卦を生ず」ということです。そこで、陽陰の算木は三本となり、陰陽の原理はこの三本の算木、つまり天地人三才という三次元の場において働くことになり、ここに一応、陰陽の活動はその完成をみることになります。

八卦間の関係もまた、陰陽や四象の場合と同様に、一つの卦があらわれている時には同時にどこかにほかの七卦も隠れながらあらわれており、固定不動の単独的なものではなく、流動的相対的であり、また変化的な象徴的な意味合いを持っていますので、実際に易を行う時には、自由な推理力と想像力とをもって、一切の事物や事象間に当てはめ適用して、すべてをこの八卦の関係に分類し直してみるよう、拡大解釈を試みることが大切です。19ページには、「易に太極あり、これ両儀を生ず。両儀は四象を生じ、四象は八卦を生ず」の関係を図示してありますので、この図をよくみて八卦の卦名を順序よく暗記して下さい。

繫辞伝によれば、易は聖人が天地自然の有り様を観察して、天地の道を洩《も》れなく包括し、天地になぞらえてそれを卦の形に象徴化したものとあります。そこで、八卦に象徴されている意味を十分に理解することによって、天地万物の状態やその変化の成りゆきの様を、遠くかすかなものからはっきりとあらわれているものに至るまで残りなく、さらには鬼神の情状までをも隈なく知ることができるといっています。

このような天道、つまり陰陽の道を推理することによって、人間的事象すべてに陰陽の道を及

八卦と四象と陰陽の関係

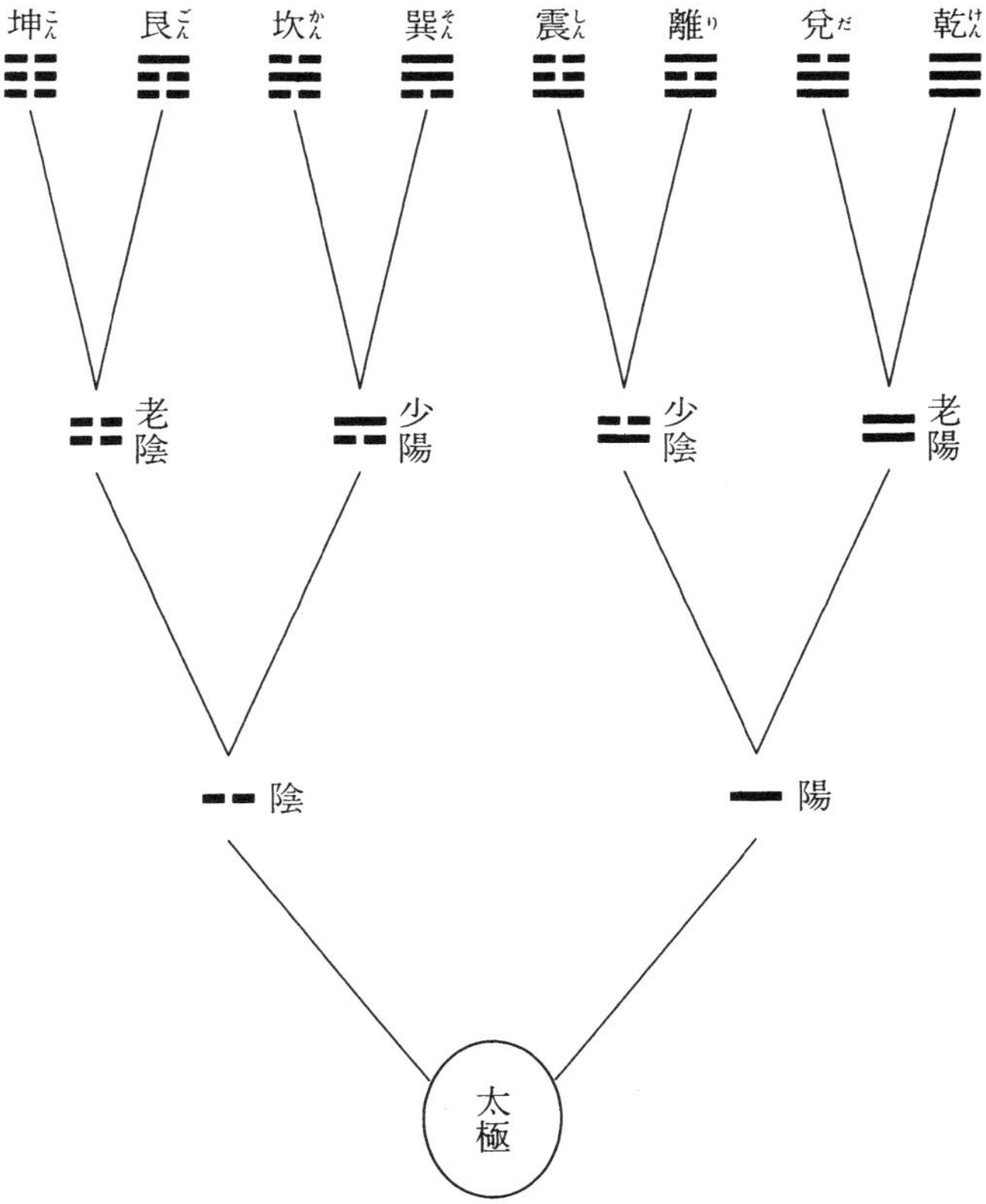

ぼしてゆく時、それは単に占筮の書たるに尽きず、修養の書となり、天下経綸《けいりん》の書となり、立命の書ともなるわけです。

われわれは易によって身を修め、易によって事業を興し、易によって出処進退して富貴安寧を保全し、また貧賤不遇に処して挫《くじ》けず運勢の転換を図るなど、八卦に象徴的に示される天の啓示を自ら解釈することによって、自力的に宇宙自然の原理に従って生きるという、一大哲理の書であるからです。

5　八卦に秘められている意味とは？

さて、ここで八卦に秘められている象徴的な意味とは、一体どのようなものであるのかを解説することにします。

八卦に示されている象の意味は、十翼の一つである説卦《せっか》伝の例にならって、天地間のあらゆる事物や事象に八卦の意味を適応させてゆくことの基準となるものですから、ここに挙げた事例を模範として、類推を重ね、想像力を存分に働かせて、各自、目に触れ、心に感ずるものすべてにわたって、実際に応用し、八卦に還元してみることが大切です。

☰　乾《けん》――正象＝天　卦徳＝剛健

純粋に陽爻のみによって成り立っている乾の卦に最もふさわしい象、つまり正象は天です。正象とは卦の象を代表するもののことで、天地人三才にわたって純粋な陽気が充満して、積極的な活動を続けてやまないものの典型は天であり、それはまた太陽であるといってもよいでしょう。

過去・現在・未来（天地人三才）という三次元空間を、純陽の気をもって満たして無限に拡がる天の象が持つ意味——つまり乾卦が持つ意味は、円満充足とか健全ということになるでしょうし、その徳は剛健ということになります。

これを人事に適用してみると、一国の首長、独立した諸団体や会社・自治体などの最高責任者が、乾の象意を持つべきだということがわかります。また、家族構成の役柄で考えてみると、家父長がそれに当たりますが、老陽ということから祖父のような老人ということにもなります。

さらに、純粋な陽爻として、精神の円満充足した働きとしての知恵・高貴さ・権威や権力・巨大資本などといった意味に拡大してゆけば、僧侶、神官、賢人、資本家、政治家も乾の卦のカテゴリーの中に含まれます。

人体では、頭・大腸・肺・心臓など、動いてやまない部位を指します。また、堅いという意味を乾は持っていますので、脊椎や手足の大骨も含まれます。肉体との関係で、心や精神や神経面においては、空理・空論・空想・夢・理想を追求することが、乾卦の働きとみられます。

病気も、以上述べた人体に関係した部位のものや、精神的な病気ということになります。また、動いてやまないというところから、変化の激しい病気・高熱を発する病気・伝染病ということも類推されます。

乾(☰)卦に該当する取象

象　意	天、剛健、創始、威厳、高貴、純粋、誠実、壮盛、向上、侵略、寛大、老成、決断、完全、堅固、至徳、驕慢
人　象	天皇、大統領、独裁者、首相、社長、資産家、名望家、父、夫、官僚、君子、上長、老人、頭、首、顔、肺、骨、精神、修験者、狂人
病　象	腫みのある病気、熱のある病気、頭痛、便秘、めまい、肺病、骨折、憂悶、逆上、食欲衰亡、心臓病、交通事故
場　所	神社、仏閣、教会、官公庁、ビル、大都会、首都、学校、大劇場、市場、競馬・競輪場、海、古蹟、墓地、景勝地
職　業	政治家、官吏、軍人、大会社の社長、資本家、投機業、銀行員、交通機関関係の実務、機械業、スポーツ選手、時計・宝石商、証券取り引き業、米屋
物　象	宝石、貴金属、交通乗物機関のすべて、重火器、時計、機械類の一切、帽子、傘、蚊帳、外套、手袋、マスク、靴下、資本、鉄鉱、大企業、箸
食　物	果実類、まんじゅう類、セロファンで包んだ菓子、干魚、鰹節、米、豆類、干貝
動植物	竜、馬、老馬、猛獣、架空の動物、犬、いのしし、鶴、薬草、菊など秋に咲く花、果実、神木、大木
天　象	晴天、太陽、雷、みぞれ、氷、晩秋、初冬、崩れやすし、午後7時～11時、西北60度、寒気、4、9、10月、11月
雑　象	青色、白色、黄金色、光色、辛い、予算超過、投機、相場、充実、施し、福、喜び、過分、満足、健康、大きな運気、度胸、多忙、4歳以下の幼児、守る、寄付、世話事、散財事、戦争、進撃、運動競技、飛行、勝負事、金に属する氏名、外国人、強欲の人、酷寒、猛暑

職業も同じように類推して、純粋に精神的な分野である学問――宗教・哲学・心理学・法律・政治――のほか、一般公務員とか公共的業種が該当《がいとう》するでしょう。

また、資本を投下して自ら事業を興すこと、株式など投機的な仕事、金融関係の仕事、貴金属商なども、乾卦の卦象から必然的に演繹《えんえき》されてきます。さらに、天空高く飛翔してゆく飛行機のパイロット、動いてやまず絶えず体力を鍛え技量を磨いていなければならないスポーツ選手、各種運輸機関の操縦士や運転士なども、乾卦の卦象の中に取り込まれます。

乾卦の卦象の示す場所は、天空や太平洋のような海洋がありますが、そのほかに大河川・砂漠・大湿原・荒野のような一般の人が近寄り難いところ、大都会・首都のような人々が活動してやまない繁華街、交通の激しい国道、博覧会場、スポーツ競技場、名所旧跡、神社仏閣・修験場のような神霊の住まう聖地や祭壇場なども、乾卦の卦意の示す場所として挙げられます。また、国会議事堂をはじめ、各地方議会の会場、一国の首長の住居、迎賓館、官公舎、高台にある高級住宅街、高層ビル、高級マンションのようなものも含まれます。

動物でいえば、第一に、古代人にとって貴重な存在だった馬が選ばれています。また、百獣の王であるライオンや虎のような猛獣、鷲や鷹のような猛禽なども、乾卦の動物といえるでしょう。さらに、龍とか大蛇とか鳳凰とか天馬というような現実と理想との間に跨った動物が、乾卦の象意を満たしたものとして挙げられます。

植物では、霊験のある薬草、一般に秋に結実したものという意味で木の実や果実がこれに当たり、固くて形がよく整っている豆や米（日本人の主食という意味を含めて）も乾卦の植物といえるでしょう。

☷ 坤《こん》――正象＝地　卦徳＝柔順

坤卦は純粋の陰卦ですから、乾☰の卦と正反対の意味に解していけばいいわけです。乾の天に対して、坤は大地であり、乾の精神・心に対して、坤は肉体を意味します。また、坤を代表する正象は地であり、形のない天の気を受けて万物を地上に形あるものとして生育せしめる「母なる大地」こそ、坤の卦の持つ象の意味をぴったりとあらわしています。そして、そこで父なる太陽の光と熱とを、四季折々に応じて柔順に受け入れることが、坤の卦徳で、卦の意味は静か・厚い・柔和・地味・卑・吝ということになります。

これを人事に当てはめてみますと、母とか妻ということになり、老陰ということからすると祖母や老婆を意味します。また、乾の社長に対しては従業員や平社員がそれに当たり、女房役・補佐役という観点からみると、次官、次長、庶務的なことやその他雑事・雑役的なこと一切を引き受ける立場にある人たちがそれに該当します。さらに、乾天の高いということに対して、坤地の低いという意味を適用してゆけば、土木作業や農業など土に関係した仕事をする人とか、社会的に低い立場に立つ人すべてが、坤卦に属します。

乾の積極に対して、坤は消極的で無気力で依頼心が強く吝嗇で、自分の意志を持たず受け身の立場を取ります。計画性がなく、怠惰で安逸に流れ、物欲や生命的欲望が強く、精神的なもの・高尚なものには無関心で、決断力がなく常に物的欲望のために迷って気苦労が多く、鈍重で曖昧です。しかし反面、奉仕的であり、辛抱強く柔順でコツコツと倹約しながら、平凡単調な生活に耐えていくために、職業の種類を問わず、下積み時代や庶民生活を維持してゆく上で欠かせない徳ということができます。

人体に当てはめてみますと、胃腸、脾臓、血肉に当たります。ですから、病気もまたそういった胃腸系統の病気、無気力な虚脱感や気苦労に基因するもの、慢性疲労病など、長引くものが多くなります。具体的には、生来の虚弱や疲労体質、冷えによる病気、血行不順による病、健忘症などがその主なものとして挙げられます。

場所でいいますと、野原や田畑がある田舎・農村・故郷・墓地などが当たりますが、そのほかにも古い家・作業場・物置き・倉庫・押入れなどの暗い所、ゴミゴミした雑多な場所や貧民街など坤の卦象に取っていきます。

動物では、柔順な牛・山羊・猫などが挙げられ、植物では、米・麦・その他の大地から生産された雑穀・そば粉やメリケン粉などの粉末にしたものが挙げられます。

坤(☷)卦に該当する取象

象意	地、柔順、温厚、正直、安静、謙譲、空虚、貞節、倹約、平凡、愚鈍、利欲、疑惑、労働、怠惰、卑怯、気苦労
人象	母、妻、老婆、庶民、一般労働者、農夫、雑役夫、団体、貧乏者、無能力者、迷子、同業者、旧知の人、田舎の人、身内縁故者、部下、次長、次席、死人、腹、血、消化器
病象	消化器疾、肥満症、過労、下痢、下血、腸チフス、黄疸、胃ケイレン、肩こり、不眠症、皮膚病、胃下垂、餓死
場所	野原、平原、空地、田畑、農村、葬儀場、押入れ、土間、光のとどかぬところ、物置き、作業場、質屋、郷里
職業	古物商、産婆、産科医、農業、不動産業、下積みの仕事、大衆向きの仕事、食品業、雑貨商、小売業、一般労働者、土木業の基礎工事の仕事、教師、町村吏、骨とう商
物象	土地、古い家、農耕地、ふきん、ズボン、袋、座布団、敷布団、畳、土器、テーブル、木綿、織物一切、中古服、角あるもの、平面なもの、空箱、カバン、紙、綿
食物	メリケン粉、玄米、芋類、魚類、パン、五目そば、羊肉、豚肉、甘味のもの、砂糖、寄せ鍋、はんぺん、かまぼこ
動植物	牛、牝馬、羊、猿、魚類、蠣、わらび、きのこ、アリ、苔
天象	曇、霜、霧、陰晴、晩夏、初秋、午後1時～3時、西南、温冷、静かな日、夜、5、10、7月、8月
雑象	黄、黒、甘味、資本、サービス精神、世話好き、古い、ぼんやり、落ち着き、真面目、努力、根気、虚、無、四角、寛容、欲ばる、用意周到、準備中、手配中、工夫、採集、不決断、実行する、怠ける、載せる、従う、迷う、乱れる、受ける、求める、失う、長引く、慎む

☳ 震《しん》――正象＝雷　卦徳＝奮動

二つの陰爻の下に閉じ込められ抑えられている一陽が、勢い強く陰気を吹き払って躍り出ようとしている象《かたち》が、震です。それは、長い冬の期間、陰気の下に隠れていた陽気が、春一番という雷となって地上に奮い出る姿がぴったりです。そこで、正象は雷ということになり、卦の徳は奮動、卦の意味は決断・発奮勉励・明朗・積極性ということになります。また、地震や電気・電力もこの象で、衝突や驚き事を意味します。

人事に当てはめてみますと、陰中に初めて一陽が生じたところから、長男とみます。さらに春の象から、若者、わいわい騒がしく掛け声ばかりで実績が上がらないこと、談判・争議、電信電話、教育、伝言、短気、爆発、音響、音楽、飛行機・電車・自動車などスピードの早い乗物一切、講演、放送、宣伝などのほかに、実質内容が伴わないことから詐欺や虚言も含まれます。

震は、何事にも競争心が強く、発奮勉励して早期に成功するという長所がありますが、性急・軽率なための失敗も多いという短所も持ち合わせています。万物が新しく芽吹くところから事業の創業者となったり、雷が声あって形なしというところから声優・アナウンサーなどの放送関係、芸術、芸能、時代の先端をゆく職業、学問研究なども適業です。また、発明や発見といった独創性の豊かな天分にも恵まれていますので、どのような分野にも広く発展してゆきます。

震(☳)卦に該当する取象

象　意	雷、奮動、発奮、勇敢、発展、成功、躁急、驚愕、繁栄、才能、憤怒、発現、独立、地震、感電、応答、速力
人　象	長男、賢人、祭主、著名人、青年、勇士、行人、元夫、性急な人、木にちなむ氏名、角音の氏名、右足、肝臓、肋膜、咽喉、拇指、弁護士
病　象	肝臓疾患、ヒステリー症、神経痛、ケイレンを伴う病気、精神異常、脚気、どもり、ぜんそく、リウマチ、打ち身
場　所	林、震源地、修理中の家、演奏会場、電話局、放送局、発電所、急行電車、原野、商店街、青物市場、春の庭園
職　業	電気関係の仕事一切、アナウンサー、楽器関係の仕事、音楽家、教師、演説家、植木屋、ちんどん屋、文芸家、市長、市区役人、医師、宣伝家、弁護士、塾経営
物　象	ピアノ・オルガン・ハーモニカなど楽器類一切、薬物、花火・ダイナマイトなど爆発物の一切、車、電信・電話器、電気器具(保温照明用を除く)、ワープロ、パソコン
食　物	寿司、酢の物、柑橘類のすべて、梅干、野菜類、海藻類、果実、筍
動植物	馬、鷲、鷹、つばめ、うぐいす、カナリヤ、ヒバリ、カエル、啼く虫のすべて、むかで、竹、草の芽、木の芽
天　象	晴、雷鳴、地震、春、東、午前5時～7時、3月、3、8
雑　象	青、酸味、銀色、玄黄、碧、講演、説教、声楽、口笛、お経、口論、冗談、銃声、爆発音、短気、発明、開業、幼年、若い、発育、火事、早熟早成、明朗、評判、宣伝広告、失言、噴火、進む、昇る、はしゃぐ、出過ぎる、真実性に乏しい、新しい、内容がはっきりとあらわれる

人体でいいますと、第一歩を踏み出す足、音声の出る咽喉、肝臓、神経系統の機能一切が震卦に含まれます。病気も、その部位の病気や足の怪我などが挙げられます。火炎や感電の事故、短気や軽率が原因での乗物による事故や怪我も多く、さらに隠れていた病気があらわれるということも暗示しており、どもり・逆上・ヒステリー・恐怖症など突発的で激しいものが予想されます。

動物では、馬のように足の早いもの、よく囀《さえず》る小鳥、雷を象徴する竜、秋に鳴く昆虫などが含まれます。

植物では、竹や葦や茅のように根が堅く強く張ったもの、また大木となるもののすべてが当てはまるとみてよろしいでしょう。

☴ 巽《そん》――正象＝**風**　卦徳＝**伏入**

☴中の上の二陽が積極的に進もうとしているのに対して、下の一陰は消極的で退こうとしている象ですので、進退をあらわします。

風が吹き去ってはまた吹き来たるというところから、巽卦の正象は風です。また、風がどんな狭いところからでも吹き入り潜むところから、卦徳は伏入、卦の意味は進退果たさず・不決断・気迷い・疑惑ということになります。さらに風は、花粉や種子を遠方に運び、樹木につく虫や病原菌を篩《ふるい》落とすということから、遠方・世間・評判・信用・人の出入りの激しいこと――つ

巽(☴)卦に該当する取象

象　意	風、出入り、利益、繁盛、柔和、依頼、命令、へつらい、風俗、世間、信用、多欲、薄情、恋愛、交際、不決断
人　象	長女、秀才、僧尼、額が広く顎が狭い人、白眼がちの人、ひげがあって寡髪な人、妾、仲介人、道に迷っている人、旅人、女中、腸、頭髪、股、神経、気管、食道、左手
病　象	風邪、潜熱、腋臭、内臓疾患、メランコリー、呼吸器病、ぜんそく、腸の病気、骨折、気管、食道、動脈、神経
場　所	道路、電車・汽車のレール、神社、船着場、材木置場、風致林、鳥屋
職　業	大工、材木商、指物師、仲介人、行商人、運送業、商人、反物呉服屋、ブローカー、セールスマン、宣伝広告業、スポンサー、映画俳優、小説家、出版業、人気商売
物　象	扇風機、扇子、建具類、電話線、針金、木材、マッチ、糸類、紐類、鉛筆、手紙、ハガキ、香典、線香、飛行機、香り高きもの、ガス、薪、船舶、竹木の器、引き出し
食　物	うどん・そばなど麺類のすべて、繊維質の野菜、酢の物、柑橘類の果物、ネギなど臭みのある植物、山菜の食物
動植物	蛇、みみず、キリン、鶴、蝶、トンボ、牛、豚、鶏、芋、朝顔、ツル草のすべて、楊柳、葦、花園、山村の禽鳥
天　象	風、密雲あれども雨降らず、東南、晩春、初夏、空気、午前7時～11時、靄、香気、臭気、3、8、4月、5月
雑　象	白色、青色、緑色、酸味、中小企業、完成の喜び、新鮮、縁談の喜び、整理、縁談、旅行、飛行、通勤、行き違い、考え違い、世話、解散、疑い、留置、教え、温順、遠方、他動的援助、青春、迷い、山寺、広告、往来、長引く、来客、歓迎、成功、到着、通信、未婚者、長い、軌道

まり商売繁盛ということにもつながっていきます。

巽はまた、進退果たさないところから、柔和であり丁寧親切であり、細心で緻密でよく調《ととの》っており間違いが少なく、そのために営業すべてに利益が上げられることになります。

人事に当ててみますと、震卦とは対照的に、二陽爻の下に初めて陰爻（⚋）が生じたものですから、家族では長女があてがわれています。何にでもよく気が付き、母親に代わって家事を事細かに調えていくところから、長女の評判はよく、遠方に良縁が得られるという意味合いを持っています。

職業的には、風の象意から読み取ると、次のようなものが挙げられます。各種商売をはじめ、貿易関係・セールス業・保険などの勧誘業、旅行の案内や仲介業、方針に悩み道に迷い困っている人を助ける各種のコンサルタント業、運送業、材木商・建具業・指物師、紡績やパルプに関係した仕事、宣伝業や出版・印刷業などがあります。いずれも繁盛し成功しますが、反面、気迷いで不決断で方針が定まらず、何事も長引くために、まとまりのない結果に終わる傾向があります。

人体では、大腸・食道・動脈などの細長い器官を指しますが、そのほかに肝臓・胆臓・神経系統・股という意味を持っています。そこで、病気に関してもこのような器官の病気とみます。また、風邪やアル中や中風など、ぶらぶらして長引くようなものも多く、メランコリーや寄生虫などで微熱が長く続く一進一退を繰り返すような病気など、いずれも病と戦う気力の乏しいものが目立ちます。

動物では、卦象および卦意から、蛇・長虫類・鳥類・魚類・草むらに隠れる豚などが挙げられます。

また植物では、匂いの強い野菜や香りのよい草花、葉が多く根があまり強くなく風に倒れやすい灌木類、枝葉の長い楊柳などが挙げられます。

☵ 坎《かん》——正象＝**水**　卦徳＝**坎険**

一陽の水が地上二陰の間を流れて土を欠き、二陰の間に深く陥っている象から、流れている水が坎の正象となります。

卦徳は坎険といって、悩み苦しみに陥っている意味です。山から流れ出た水が河川となって海に注ぎ入るまで、さまざまな曲折辛苦を経ても必ず目的を達成するように、人間の心や精神が、肉体からくるもろもろの欲望に妨げられながらも、しかし強い意志によって苦難に打ち勝って、所期の目的や計画を達成してゆく姿にたとえられます。

卦の意味は、水が坤地の底にあるところから、伏蔵・惑《まど》い溺れる・奸計・知恵・法律・忍耐・辛苦・流転・裏面・落とし穴・連絡といった意味に拡大して解釈していきます。

そこで人事についていえば、震の長男に対して、下から二番目の陽爻というところから中男を意味し、それは中年男性も含まれます。また、設計企画者、秘書、参謀、策士、黒幕的な人、潜伏者、犯罪者、病人、貧困者、さらには死人までも意味します。

職業的には、深い知恵を求める哲学者・宗教家・法律家・学者、著述家、書家、彫刻家、塗料・染物・クリーニング業、温泉・海水浴場・ガソリンスタンドやスイミングクラブの経営、漁業、魚屋、飲料品店、酒屋、水商売などが、坎の象意を満たす職業と考えられます。

しかし、いずれも経営に苦労が多く、波乱や失敗の後に成功するケースが予想され、初志や初念をどこまでも貫徹してゆく意志の強さと知恵の深さが特徴的です。

人体では、腎臓、膀胱、尿道のほかに、肛門・耳・鼻などの穴部、肉体中を流れる血液・動脈・静脈、子宮や卵巣、脊椎などが当たり、病気もそうした部位のものと判断されます。

また、坎には毒という意味もあり、毒物や薬物の中毒、酒毒、食毒、痔疾、性病、膿血、血塊、血行不順、月経異常などのほかに、精神消耗、精力消耗、腎虚、下痢、下血、冷えに起因した各種の病気、風邪、潜熱、悪性の感染病など難病が多く、併発した病気によって危険に陥るおそれがあります。糖尿病もまた坎の病気で、流産・死産ということも坎の象意です。

動物では、穴に住む狐・狸・もぐら・ネズミ、水辺の動物、魚貝類が、坎に当たります。

また植物では、トゲのあるあざみ・野バラ、柊、梅、枳、寒椿、水仙など冬に咲くもの、水草、海草の類がそれに当たります。

坎(☵)卦に該当する取象

象意	水、辛苦、困難、窮迫、妨害、狡猾、奸計、智慮、法律、忍耐、寂寥、惑溺、裏面、流転、外柔内剛、薄命、窮策
人象	中男、盗人、悪人、病人、盲人、浮浪人、淫婦、色情狂、死者、設計者、参謀、黒幕、脱走者、耳、肛門、陰部、鼻孔、血液、妊娠、脊髄、タンパク質、汗、涙、腎臓
病象	糖尿病、婦人病、耳痛、性病痔疾、腎臓病、血行不順、アルコール中毒、神経衰弱、疲労、下痢、下血、腎虚
場所	川、宴会場、葬儀場、医院、地下室、寒い場所、刑務所、裏口、本籍地、海水浴場、温泉場、消防署、滝、茶酒屋
職業	酒屋、染物屋、クリーニング屋、風呂屋、魚屋、印刷屋、ペンキ屋、警察官、法律家、思想家、宗教家、陰謀家、設計技師、参謀、外交員、彫刻師、表具師、芸者屋
物象	月、水晶、帯、紐、針、酒器、塗料、インク、ガソリン、石油、コールタール、タイプライター、印刷機、ペン、サンゴ、伸縮するもの、車、毒薬、消火器、錨
食物	酒、塩、しょう油、漬物、塩干、飲料水、ジュース類、豆腐、牛乳、海藻類、生魚、芋類、脂肪分、吸物
動植物	豚、馬、狐、ネズミ、魚、寒椿、寒紅梅、水仙、福寿草、冬咲きの花、へちま、水草一切
天象	雨、寒気、雪、霜、水害、闇、北、午後11時～午前1時、子歳月日時、露、1、6、午前零時、厳冬12月
雑象	黒、赤、塩辛い、貿易、物価下落、取り引き、調印、保証、貧乏、養子、薄縁、災難、敗北、物忘れ、失恋、失意、秘密、連絡、性交、反抗、密会、刑罰、約束、怨恨、失物、再縁、考える、描く、書く、濡れる、眠る、ごまかす、物を埋める

☲　離《り》――正象＝火　卦徳＝明智

☲をみて、外の二陽を明るいとし、中の一陰を暗いとすると、この卦は火の象ということになります。つまり、中の暗い一陰は火心であって、火は物に麗《つ》いて燃え、燃えるものがなくなれば火は消えてしまいます。ですから、火には実体がなく、常に物に麗き物を燃やし続けることによってのみ存在するわけです。外の二陽爻は火によって物が明るく美しく燃えている姿を、内部の一陰は燃え切っていない暗い部分をあらわしているので、離の正象は火となるわけです。

あらゆる事物を照明し識別することができる火の徳は明智となり、卦の意味は、美麗とか、物に麗いたり離れたりする、付着と離別といった意味になります。その巨大なエネルギーによって、永遠にわたり明るく輝く太陽こそ、最もよく火の美麗と明智とを代表するものといえます。

これを人事に当てはめてみますと、下から二位にあって陽爻にはさまれた陰爻は、中女をあらわしており、知性的美人を象徴するとともに、中年女性の意味にも解されます。

政治家、文化人、学者、医者、芸術家、芸能家、華美な人、軍人、浮気者、流行を追う人、自主性のない人、鑑定・鑑識・測量・設計をする人、公事を裁く裁判官・警察官・審判者、検査員、美容師、服飾・インテリアなどの各種装飾に関係した職業、出版をはじめ文書・証書・書籍に関係した仕事など、一般に知と美と名誉と権威に関する一切の業務が適業です。また、外部の二陽

離(☲)卦に該当する取象

象　意	火、明智、文明、美麗、顕著、礼儀、履行、付着と離別、装飾、発明、発見、疑惑、性急、分裂、多忙、内柔外剛
人　象	中女、美人、智者、文人、学者、芸人、軍人、芸術家、美術家、装飾家、妊婦、悪人、精神、耳、心臓、血液、眼、乳房
病　象	頭痛、心臓病、眼病、耳痛、精神錯乱、高熱を伴う病気、声がれ、逆上、ヤケド、不眠症、便秘症、不食
場　所	裁判所、警察署、学校、灯台、議事堂、消防署、火事場、噴火口、デパート、劇場、博物館、図書館、本屋
職　業	美容師、宝石商、著述業、芸術家、眼科医、教師、易者、鑑定家、裁判官、測量技師、警察官、新聞記者、会計士、顧問、理事、小間物商、化粧品商、装身具商、書籍商
物　象	書籍、手紙、印章、証券、公債、手形、証書、装飾品、装身具、照明器具のすべて、メガネ、鍋、釜、航空機、鉄砲、枯木、花木、願書、網類、許可証、免状、書面
食　物	ノリ、干物、馬肉、カニ、スッポン、色彩の美しい料理、貝類
動植物	キジ、鳥、馬、亀、カニ、エビ、貝類、金魚、スイカ、サルスベリ、紅葉、牡丹、花、美麗なるものすべて
天　象	晴れ、酷暑、太陽、日中、虹、あられ、6月(真夏)、午前11時～午後1時、方位は南方、2、7
雑　象	赤、紫、苦味、離別、火災、辞退、先見、派手、名誉、虚栄、物価上昇、柄、宗教、薬、タバコ、多忙、脱退、除名、手術、切断、戦争、ケンカ、立腹、栄転、昇位、抗議、解決、信仰、窓、繰り返して二度となる、裂ける、居どころ落ち着かず、拡がる、孕む、見学する、割る

爻と内部の一陰爻とから身辺を守るという意味になり、刀剣や武具・銃砲に関係した仕事や、株式などの投機的な仕事も、離の卦に含まれます。

人体では、目がその形（☲）からいって離の卦と合致しており、心臓もまた火の象意を持ち、小腸も熱の源となるので、離の卦意を持ちます。また、頭脳も明智の湧き出るところで、離の卦に含まれます。

病象も、これらの部位に関係したものとみますが、熱性のもの、伝染性のもの、病勢が定まらず激しいものが多く、精神過労、不眠症、不食、逆上、高血圧など、一般に部位が人命の中枢に関係するものだけに、かなりの危険性を蔵しています。

動物や植物に関しても、美麗な孔雀・キジ・錦鶏《きんけい》鳥、外側に堅い甲や穀を持っている亀・カニ・貝類・スイカなどのほかに、美しい花や美しく紅葉する木、紫蘇《しそ》、南天などが挙げられます。

☶　**艮《ごん》**——正象＝**山**　卦徳＝**静止**

一陽爻が二陰の土の上に上がり、そこで止まっているものといえば山であり、艮卦の正象は、この坤地の上に一陽が高くどっしりと落ち着いて静かに止まっている山ということになります。

艮卦の形（☶）をみても、門とか山の感じが出ていますが、山は静止して動かないことが卦徳となり、卦の意味として高尚、頑固、拒絶といったことが類推されてきます。

艮(☶)卦に該当する取象

象 意	山、静止、丁寧、篤実、敬粛、質朴、高尚、頑固、障害、渋滞、謝絶
人 象	小男、子供、肥満でいかり肩の人、頑丈な身体つきの人、丈高き人、強欲の人、蓄財の人、無知の人、囚人、獄吏、勤務人、身体、背、腰、鼻、手、左足、指、関節、こぶ
病 象	腰痛、鼻カタル、関節炎、リウマチ、血行不順、肩こり、疲労に起因する病気、骨折、身体不髄、肋膜、虚弱
場 所	門、家、ホテル、旅館、中継所、倉庫、物置小屋、石垣、階段、墓場、突き当たりの家、行き止まりの家、留置場
職 業	旅館業、駅員、菓子業、僧侶、教育家、警察、倉庫業、力士、守衛、番人、受付、靴屋、家具商、山僧、隠士、踏切番、きこり
物 象	石、小径、丘、門、塀、城、積み重ねたもの、テーブル、重箱、チョッキ、机、椅子、座布団、つぎあわせたもの、傘、磨きをかけたもの、鉱物、岩石、土中のもの
食 物	牛肉を用いたもの、数の子、筋子、さつま揚げ、団子、高級菓子のすべて、貯蔵のきくもの、芋類、獣肉、
動植物	くちばしの強い鳥、ネズミ、鹿、キリン、鶴、猪、虎、竜、牛、犬、樹上の果実、芋類、筍、竹、つくし
天 象	曇り、天候の変わり目、気候の変わり目、雲、星、時、方位は東北、午前1時～5時、5、10、1月、2月
雑 象	黄色、甘味、留守、終と始、定期預金、開業閉店、復活、再起、中止、変化、移転、相続、交換、変わり目、発芽、誕生、整理改革、知己、親戚、身内、同業者、アパート、山林、出口、玄関、辻、責任の後継者を得る、遅れる、高い、握る、握りつぶす、ひと休みしているところ

人事に当てはめますと、一陽が最後に陰中に生じたので少男とみ、また家に落ち着いてどっしりと陰爻を支配しているので相続人ともみます。

また、内に止まって蓄えるという蓄財の人、進まずに待って古きを捨て新しく始めようとする継ぎ目・曲がり角・節目・変わり目にある人、進退決せず方針未定で思案中の人、篤実な人、頑固な人、保守的な人、ホテル・旅館経営者、土地・不動産売買周旋人、仲介業者、僧侶、神官、高尚な人、墓地・宿泊休憩所・駐車場・駅などの終わってまた始まる中継地の管理人、質屋、倉庫業、土木建築業、変わったところで禁固刑中の囚人などが、山を正象とする艮卦から類推されたものです。

人体でいえば、どっしりと落ち着いている部位の肩・背中・腰、継ぎ目である手足の関節、顔の中で高い位置にある鼻、脾胃の消化器および皮膚や男性器が、艮卦の意味を持ち、病気もこれらの部位に関係するものとします。また、骨折、打撲症、腫れもの、リウマチ、全身硬直、半身不髄、麻痺的な症状など止められ停滞して頑固な病原となる意から、食滞、不食、血行不順、癌性の病気、結核など長引いて次第に衰弱してゆくものが多いとみます。

動物でいえば、がっしりとして落ち着いている牡牛、猪・犬・鹿などのように肩や背に、あるいは嘴《くちばし》の強い動物や昆虫類が、植物では、ジャガイモ、サツマイモ、山芋などのほかに、節の目立つ土筆《つくし》や筍などが類推されます。

☱ 兌《だ》──正象＝澤　卦徳＝悦

この卦は、☵の流水の下位の陰爻が陽爻となり、いわば流れをせき止めて溜池となり澤となった状態──つまり二陽爻は水、上の一陰は澤の表面で土の欠けた部分とみて、正象を澤とします。澤の水を引いて生活に利する悦《よろこ》びがあり、澤の中や周辺にも草木や鳥獣虫魚などが繁殖して悦び和むことになるので、卦徳は愉悦《ゆえつ》、卦の意味は和とします。

また、この卦は、上に向かって一陰（少女）が口を開いて笑い楽しんでいる形でもあり、さらに乾卦（☰）の上爻が欠けて陰爻となっている象から、毀折、中途挫折、三分の一不足の七分目といった象意も生まれてきます。そして乾の固い剛金を削って、鋭利な刃物にした意味と合わせて、剣難、故障、怪我、欠損の意味もあり、そこに遊興や飲食に楽しみ浮かれた結果が予想され、こうした二つの全く相反する意味を同時に含んでいます。

人事に当てますと、二陽爻の上に一陰が乗って笑い楽しんでいる形と、三番目に陽爻中に生じた一陰ということから、少女を兌の卦に配しますが、各種サービス業の若い女性もこれに含まれます。

柔らかく魅力的で喜び笑う和やかさと、おもねり甘く誘惑的に話しかけるということから、サービス業のほかに、各種勧誘やセールスの業種、飲食業を中心とした各種商業、金融業、娯楽

兌(☱)卦に該当する取象

象　意	沢、池、沼、歓喜、柔和、親愛、娯楽、厚情、不注意、雄弁、弁解、中途挫折、卑劣、色情、狭量、偽善、誘惑
人　象	少女、妾、下級軍人、下級官吏、芸妓、芸人、非処女、通訳、趣味人、肉多く気弱な人、サービス嬢、親なし子、出戻り、口、頬、舌、肺、歯、呼吸器
病　象	口腔疾患、胸部疾患、歯痛、せき、怪我、性病、腎臓病、血行不順、両便不通、神経衰弱、ぜんそく
場　所	沢、沼沢地、池、窪地、低地、溝、堀、穴、溜池、バー、キャバレー、鶏肉屋、門の壊れた家、飲食店、講習会場
職　業	講演家、セールスマン、弁護士、飲食業、銀行・金融業、芸能家、趣味、・娯楽関係の仕事、仲介者、軽金属刃物商、勧誘員、歯科医
物　象	鍋、釜、バケツ、刃物、破損したもの、修理したもの、楽器、鈴、筆、紙、廃物、扇、井戸、頭部のないもの、借金
食　物	トリ肉、おしるこ、コーヒー、紅茶、ビール、スープ、酒、牛乳、ガム、・キャラメルなど子供向きの菓子
動植物	羊、虎、豹、鶏、沢鳥、秋咲きの花、沢地に生える草木、ショウガ、沢中の動植物、雀、小禽
天　象	雨、秋晴れ、雨ならまもなくやんで晴れ、露、雪、霧、曇り、方位は西方、午後5時～7時、4、9、9月
雑　象	白色、茶赤色、辛味、3分の1不足の意味での不平不満、流通的金融、貨幣、紙幣、明るくぜいたくな恋愛、道楽、歓楽の喜び、隠居、礼儀、ご馳走、清潔、質屋、相続人、趣味、人形芝居、宴会、おせっかい、小間物屋、口論、隠退、井戸端式の冗舌、如才なし、傷つく

やレジャー産業、酒店、水商売、芸人、演説・講習・説明をする人、弁護士、歯科医、薬剤師、司会者、趣味遊興三昧の人、新興宗教家などが挙げられます。一見切れ味の鋭い頭脳を持ちながら、思慮浅く軽率に安請合いして事を始め、金銭に不足し中途挫折しやすいので、平時から節度ある生活習慣をつけることが望まれます。

人体では、舌や歯などの口、女性器、肺がこれに当たり、病気もまた舌や歯や肺を中心としたものが多く、そのほかに、メランコリー、神経衰弱、種々の婦人病、血行の不順、両便の不通、食欲不振、怪我、打撲症などが挙げられます。

動物では、小鳥・虫・小動物など愛玩的なものや、九官鳥・インコ・鸚鵡《おうむ》など人間の言葉をまねる動物のほかに、羊、猿、虎などが含まれます。

植物では、薬草、秋に収穫する各種果実、秋の七草などが、兌の卦意を満たします。

以上で八卦の説明を終えますが、当然、説卦伝が作られた時代と現代とでは事情が全く異なっています。そこで、当時とは較べものにならないほど複雑に多様化した現代社会に合わせて、私たちの生活にとって不可欠な事物や事象に、改めて八卦を適用してみなくてはなりません。

どうか皆さんも、範例にならって自由に想像力を働かせ、類推を広げて、八卦の象の意味に馴れるよう努力してみて下さい。本書では、できる限り広範囲に事例を挙げてみましたので、皆さんも積極的に身辺の事象に当てはめて、存在する限りのすべてのものを、八卦に還元することを試してみて下さい。『易経』本文の六十四卦は、この八卦を重ね、八卦を基本にしてできているのですから、八卦の十分な理解なくしては、六十四卦の正しい理解も、正確な占断も望めないからです。

6　卦変活用法と先天図・後天図

すでに述べましたように、八卦はその一つひとつが個々バラバラに独立してあるものではなく、東があれば、西をはじめほかの七方位が同時に常にそこに予想され類推されるものです。一つの卦があるところ、常に同時に、ほかの七卦が予想され、すぐにもほかの七卦に変化し転換する可能性を、必然的に持っているわけです。このことを、「易は変易である」といっているのです。

八卦の各々がそれぞれほかの卦に変化するということは、当然その卦に示された意味も事象も変じて、ほかの卦の意味となってしまうことです。

それは、私たちの日常的常識の立場とは全く次元を異にした世界で、八卦に還元された一切の事物や事象は、さらに四象から陰陽に還元され、結局、太極という形のない宇宙エネルギーそのものに還帰してゆくと考えられます。そのことを逆転してみる時、「易に太極あり、これ両儀を生ず。両儀四象を生じ、四象八卦を生ず。八卦大業を興す」ということになるわけです。

ここで、八卦の変化の意味について練習するために、いくつかの事例を挙げて参考に供しておきますから、皆さんもいろいろな場合を想定して工夫してみて下さい。

〔☰→☱〕

乾卦の上爻が変じて兌の卦となった場合で、円満充足していたものが欠損して損失となったり、頭部の怪我、剛強の気持ちが弛《ゆる》み和やかになるなどと解されます。

〔☰→☲〕

乾卦の中爻が陰となって離の卦に変じた場合で、剛強一点張りの人に明智が付け加わるとか、三人共同の場合一人が欠けるとかの意にとれます。

〔☰→☴〕

剛強に進もうとした人が足許が弱体化して自信を失い迷い始めているとか、資金面でも不良債券や回り手形などが出たりで、危険な局面を迎えているとかとみます。

〔☳→☷〕

震の奮励努力の卦の意味が消えて、無気力・怠惰になるとか、進行を中止して元の状態に安んじている姿です。

〔☳→☵〕

震が坎になったわけで、進行中穴に陥って苦しむ――つまり交通事故をはじめ、万事苦難に合う危険な状態や失敗を意味します。

〔☳→☶〕

震の進行が途中で障害に遭ってそこで止まるとか、目的地に達しホテルで宿泊するなどの進行の中止を意味するほかに、反転の意もあります。

〔☵→☱〕

坎が兌に変じたので、苦しみが悦びに変じたとみられ、病気の快癒や金銭苦からの脱出とか、涙が喜びの笑いに変じた状態です。

〔☵→☷〕

坎の悩みの中心が消えて、平穏な坤の状態に帰ることを意味しています。病気の平癒なども、その例です。

〔☵↓☴〕

坎の孤独や孤立が解消されて、交際が拡がった明るい状態で、イメージとしては冬から春への変化を意味します。

〔☶↓☲〕

事態が好転して目先が明るくなり、計画立案もできて方針が定まる時です。

〔☶↓☴〕

頑固に拒絶していたものが、自信を失い迷い始め、進退決しない状態で、方針の変更などもあります。

〔☶↓☷〕

山が崩れて平地になる象で、築いてきた事業も財産も崩壊してすべてを失ってしまったり、頑固な拒否の姿勢が柔軟になり妥協的となる状態です。

〔☷↓☳〕

坤の平地に、震の樹木を植えるとか家屋を新築するとか、平穏無事の中に動きが出て、休業し失業していた人が新しい事業を始めるとか、新しい就職が決まるとかの状態です。

〔☷↓☵〕

坤の胃腸に潰瘍性の病気が出るとか、土地の権利の件で厄介な問題が生じたり、平穏な生活の中に難しい事件や事故が発生する状態です。

〔☷→☶〕

境界線をめぐって争い事があり、不動産相続による土地の区分や家屋の建築、土地の不動産管理会社への信託などが挙げられます。

〔☴→☰〕

迷い疑い進退を決しかねていたところに、資金も調い、目上の後援者もできたので、自信が出てきて積極的に実行に移す決意を固めた状態です。

〔☴→☶〕

進退に関しての迷いを捨てて、一切を中止して動かず静観する状態です。

〔☴→☵〕

迷いが深まりノイローゼとなったり、人間関係が悪化して孤立し、世間に悪評を立てられ一切の援助を失う状態です。

〔☲→☶〕

火が灰の山になるので、明るさが消え、計画・方針・希望などすべて消滅して孤立し意固地になり、熱情を失い元気も衰えてしまう状態です。

〔☲→☰〕

計画通り順調に成功して内容が充実し、自信をもって事に当たり、万事規模を拡大してゆく状態です。

〔☲→☳〕

計画を実行に移し、明るい見通しに自信をもって努力し、一気に成功させようとしている状態です。☳→☲は、まず実行し行動することによって、見通しを得ようとすることですが、これはちょうど反対のこととなります。

〔☱→☵〕

物事を甘く考えていたことに気付き苦しんでいる状態です。資金不足や遊興のための失費で困窮したり、虚言が禍いとなって身にふりかかったりします。

〔☱→☳〕

説明や弁解でなくて実行で示す時で、休養やレジャーから仕事に転換し、万事積極的・行動的に出て成功する時です。

〔☱→☰〕

欠損していたものを補足して充実させる意味で、資金にせよ機械や車の修繕にせよ、これからは自信をもって行動する時です。何事も、小事が大事に発展する状態をあらわしています。

以上各卦とも、一つの爻が変化して他の卦に移った場合の解釈の一例を示しました。これは、

先天図

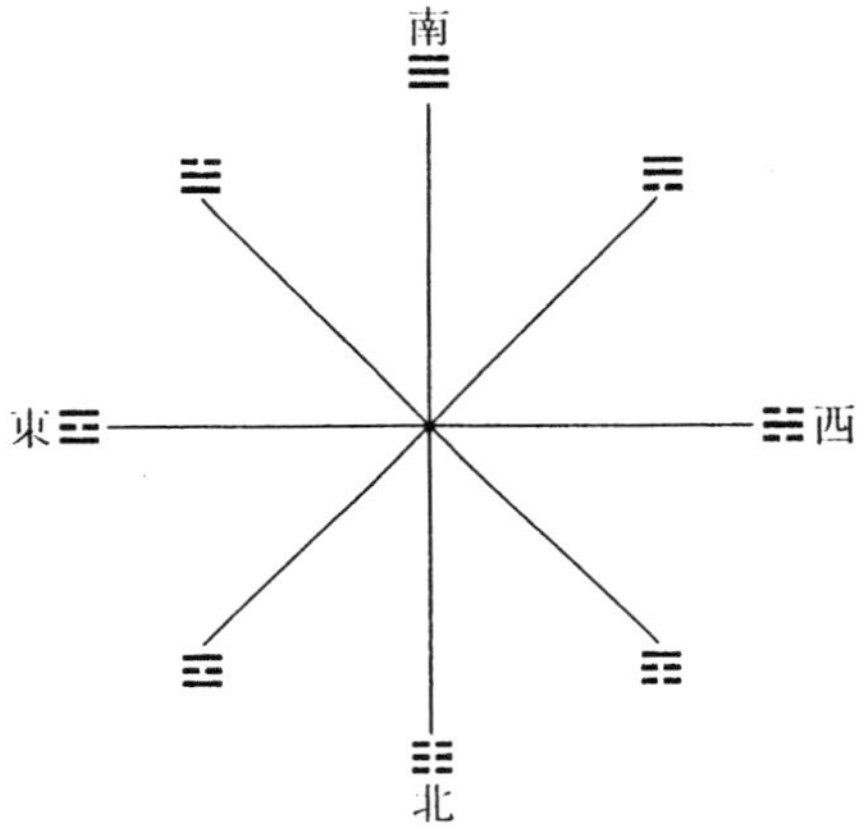
南
東
西
北

後天図

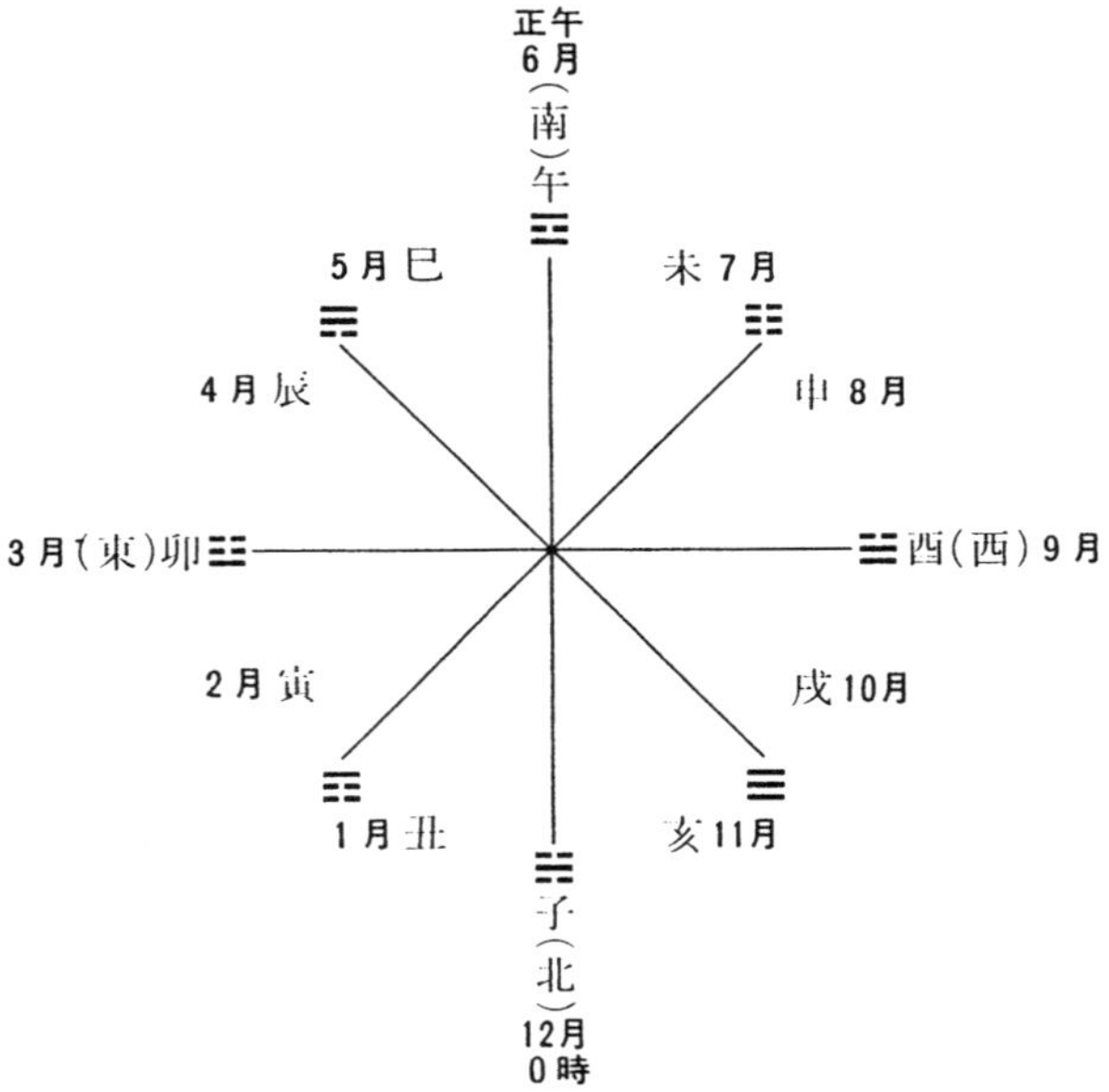
正午
6月
(南)午
5月 巳
未 7月
4月 辰
申 8月
3月(東)卯
酉(西) 9月
2月 寅
戌 10月
1月 丑
亥 11月
子
(北)
12月
0時

二つの爻や三爻すべて変じた場合についても同様で、各卦の持つ意味を十分に理解して類推し解釈をすればよいわけです。

ここで、八卦が、時間的空間的に三次元的世界を包括的に象徴形式をもって表現したものであることを示すために、宋の邵雍《しょうよう》（一〇一一年～一〇七七年）以来用いられている先天図方位と、後天図方位とによって、季節と時刻および方位とを一括して八卦に当てて図示しておきます。

この場合、先天図方位は後天図方位の根底に含みとして存在するものと考え、後天図方位を中心にみていきます。普通の地図をみる場合と異なり、東西南北が正反対となり、北は下方で南は上方、東は左で西は右に表示します。

7　大成六十四卦と易の基礎用語

先に、陰陽の原理と三才観（天地人）との結合によって成り立つ（小成）八卦について説明をしてきましたが、今度は八卦を上下に組み合わせた六十四卦について解説することとします。

六十四卦は、大成卦と呼ばれています。それは、二つの三次元的世界（八卦）が出合ったその瞬間において開かれる、いわば四次元的世界の明るさの中で、宇宙間における一切の事物や事象が、その巨細《きょさい》に至るまで、過去・現在・未来にわたって透明となり、予見可能となる象徴形式と考えられます。それは、各人の主体的な占断と不可分一体となって、四次元的世界を構成するものであるといえましょう。

易による占いは、いわば不透明な三次元的世界から、三次元的世界のすべてを包み透明ならしめる四次元的世界への跳躍の試みということになります。また、占いという主体的な行為を離れて六十四卦をみれば、六十四卦は、三次元的世界における一切の事物や事象が、そこにおいてあらわれ出るとともに消滅してゆく、世界の内に存在しているもののあり方のすべてを包括し尽くしています。それ故に繫辞伝では、「易の書たるや広大ことごとく備《そな》わる。天道あり人道あり地道あり。三才を兼ねてこれを両《ふたつ》（陰陽）にす」と述べています。

小成八卦を二つ重ねた大成の卦は、六つの爻によって成り立っており、下から初爻、二爻、三爻、四爻、五爻、上爻というように数えていきます。そこで六十四卦には、三百八十四爻あることになります。

卦と爻と合わせて易の本体が構成され、卦には卦辞が、爻には爻辞が繫《か》けられて、吉凶が述べられ、さらに卦辞の解説として彖伝が、爻辞の解説として象伝が、卦爻辞とともに『易経』本文の中に上下経に分かれて掲載されてあります。本書の第二部において、その全体を、占いに必要な限りわかりやすく解説いたします。

〈九《きゅう》と六《りく》と位〉

易では、陽爻を九《きゅう》、陰爻を六《りく》と呼びます。例えば六十四卦中の一つ、水火既済《すいかきせい》⚋上六 ⚊九五 ⚋六四 ⚊九三 ⚋六二 ⚊初九という卦を取り上げてみますと、初爻を初九、二爻を六二、三爻を九三、四爻を六四、五爻を九五、上爻を上六というふうに名付けています。

これは、本筮《ほんぜい》法という占法において、九、八、七、六本といった筮竹の余りが必ず出ます。そこで、九を老陽、七を少陽、八を少陰、六を老陰とするところから、奇数でしかも数の多い九を陽、偶数で数の少ない六を陰とみたて、九と六とをもって陽陰と表現したものと思われます。

また、六爻には三才の位、陰陽の位、貴賤の位などがあり、六爻中、初爻と二爻は地の位、三爻と四爻は人の位、五爻と上爻は天の位としています。

さらに、陰陽の位とは、初爻・三爻・五爻の奇数が陽位、二爻・四爻・上爻の偶数が陰位とみています。六爻の各々に適用する時、先の水火既済の卦は、すべて位が正しいということになります。つまり、初爻・三爻・五爻は陽で、二爻・四爻・上爻が陰で、すべて定位にあるからです。

貴賤の位について述べますと、六爻をそれぞれ、社会的地位にみたてたり、身体の部位に当ててみて、初爻を一般庶民、二爻を士、三爻を卿大夫、四爻を公、五爻を君主、上爻を隠君子または上皇とし、これをいろいろと当てはめてゆくわけです。

〈内・外卦と互卦と互体〉

大成卦六爻中の下の三爻を、内卦または下卦と呼び、上の三爻を外卦または上卦といいます。そして内卦を我とし内とし、外卦を相手とし外とします。

また、二爻から四爻までに小成卦をみたて、それを互卦と称します。一方、三・四・五爻をもってする小成卦を、互体または約象と呼んでいます。

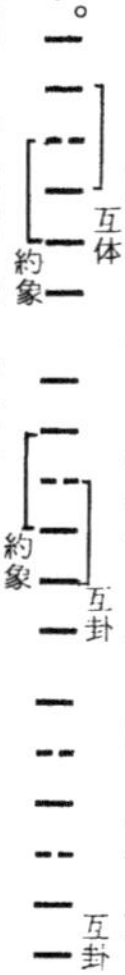

この両者によって、大成卦を作り、内に秘めた彼我間の対応関係を類推したりすることもあります。

各爻が意味するもの

	国家	会社	家庭	都邑	人体	顔面	家屋
上爻	議会	会長	祖父母	郊外	首・頭	髪・額	屋根
五爻	首相	社長	父	首都	胸・背	眼	天井
四爻	大臣	重役	母	大都会	腹部	耳・頬	鴨《かも》居《い》
三爻	知事	部長	長兄姉	中都市	股・腰	鼻	壁・窓
二爻	市長	課長	中兄姉	小都市	脛・膝	口	床上
初爻	市民	社員	末弟妹	僻村	足・指	顎	土台 床下

〈爻の中と正、不中と不正〉

内卦と外卦の中爻――二爻と五爻は、それぞれ中位を占めていますので、これを中の位を得るといい、占断において特に吉の意味を持つものとして重要視します。つまり、陽爻の場合は剛中、陰爻の場合は柔中といい、ともに吉幸を得られる場合が多いとみます。

これに対して、その他の爻の場合では、位が正しいか、正しくないかが重要視されます。そこで、五爻の陽位に陽爻をもっている時は剛健中正といい、二爻の陰位に陰爻をもっている時は柔順中正といって、最も吉幸に富むものとされ、たとえ位が正しくなくとも、剛中であるとか柔中であるとかといって、不正は咎《とが》められないのに対して、ほかの諸爻は位が正しくとも、必ずしも吉幸とはならず、不正の場合は明らかに凶の意味が強調されることになります。これは、三爻（凶多しといわれています）と、四爻（懼れ多しといわれています）、および上爻の場合に、顕著です。

そこで、爻の中・正・不中・不正に関連して、吉・凶・悔《かい》・吝《りん》・咎《とが》なしといった判定が下されるのです。

吉と凶に関しては、皆さんおわかりと思いますが、悔とは、いったん過ちを犯してしまったが、深く反省して後悔することです。悔によって、正しい方向に向かえば、「悔いなし」ということになりますが、どこまでも自分の過ちを弁解し偽り飾る時は、けち臭くて恥ずべきですので、「吝《りん》」

ということになり、当然「凶」の方向性を持っています。
また、「咎なし」とは、咎を受けるべき状態にあったが、努力した結果、運よく咎を受けないですむことをいいます。

〈応・比・承・乗〉

応爻とは、内卦と外卦のそれぞれの爻が、二爻ずつへだてて、陰陽互いに相応じ、呼応し合う関係のことをいいます。初爻と四爻、二爻と五爻、三爻と上爻との関係について、陰陽応じているものをいい、陰同志・陽同志の場合は不応、または害応・敵応といい、すなわち応じていないといいます。

左図の卦では、初爻と四爻とは不応、二爻と五爻とは応、三爻と上爻とは不応ということになります。

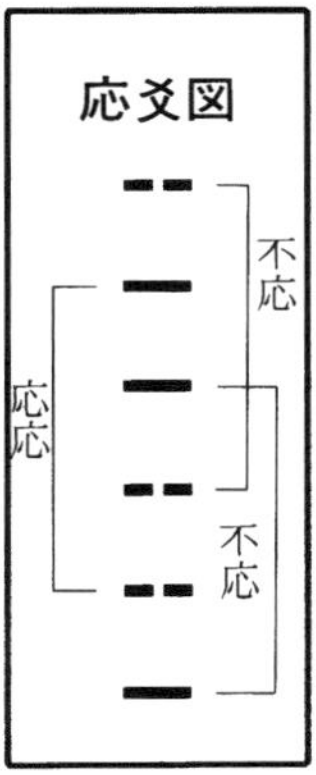

応で重要なのは、二爻と五爻との応で、ともに中を得ているもの同志の応であり、両者の協力によって大事をなし遂げることができると考えられるからです。これに対して、不応、つまり害応の場合は、応援や協力を得られないため、大事の決行は無理ということになります。

比爻とは、隣接するお隣り同志の陰陽和合する関係をいい、陰と陰、陽と陽とは不比となり互いに親しまず、他人同志で

応比爻図

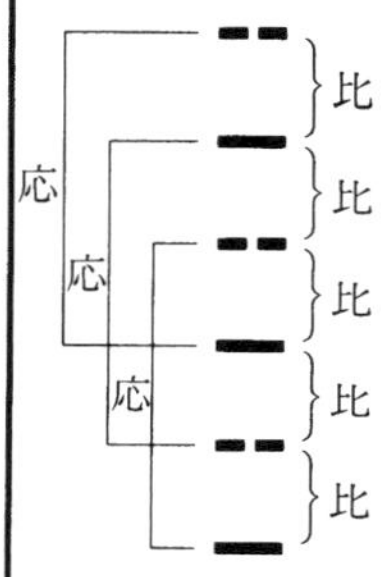

よそよそしい関係とみます。

応爻の関係が世間や取引先からの応援や協力であるのに対して、比爻の関係は、友人や親類や隣り近所といった身近な狭い人同志の協力や援助を指します。ですから、スケールは小さく、大事を決行するには心許ないことになります。水火既済（右図）の卦では、六爻すべて応爻および比爻となっています。

また「乗る」というのは、陰爻が陽爻の上に乗っている状態で、下位の者からの突き上げが心配な状態をあらわしています。逆に、「承ける」というのは、陰爻が下にあって、上の陽爻を受けとめている状態を指しています。

なお、五爻のことを定卦主ともいいますが、そのほかに、その卦を成り立たしめている重要な爻に成卦主というものがあり、第二部の六十四卦の解説の中で、その都度説明をすることとします。

以上で、重要な易の用語の解説を大体終えましたが、本書の初めに、六十四卦の卦名を覚えやすいように配列した図を掲載してありますので、よくみて早く覚えて下さい。

8　筮竹なしでできる占いの方法

繋辞伝に述べられ説明されている占いの仕方――いわゆる本筮法は、煩雑なばかりで実用的ではありません。筮竹や算木を用意しなければならないといった不便さもあります。

そこで、いつでもどこでも占うことのできる、簡便でしかも結果的には筮竹で占うのと全く同一効果を持つ占いの方法を、いくつか紹介してみることとします。重要なことは、皆さんが自分に合った占い方法を自分で選択し、真摯《しんし》な態度で占断に臨まれることです。

一切の事物や事象が八卦によって象徴的に意味づけられ、しかもそれらの相互間は不可分に関連しあっており、一つとして孤立した偶然的な無意味なものがないとするならば、実際には、目に触れ心に感じたことすべてによって占えることになるからです。

荀子（前三一五年～前二三六年）の「よく易を為《おさ》める者は占わず」という言葉の意味も、実はこの境地を語っているわけですが、そこに到達する過程として、私たちはやはり確信をもって占える自分の方式を持つことが必要です。

〈サイコロで占う方法①〉

最近、赤や青や黒といった色彩の八面体のサイコロが出回っていますが、このサイコロを入手できれば、大変便利です。

色違いの八面体のサイコロ二個と六面体のサイコロ一個と、合わせて三個のサイコロを用意します。これは、同時に一緒に転がして出たサイコロの目を数えるというやり方です。

この方法ですと、八面体に出たサイコロの目、乾《けん》1兌《だ》2離《り》3震《しん》4巽《そん》5坎《かん》6艮《ごん》7坤《こん》8に対応させて、7がでれば艮（☶）であり、3が出れば離（☲）というふうに、簡単に八卦二つが得られるわけです。その場合、色違いによって、あらかじめ内卦と外卦とを自分で決めておけば、どんな時でも、どこでも、大成卦（六十四卦）による本格的な易占いが可能となります。

また、同時に振って出た六面体のサイコロの目は、初爻から上爻までの六爻のどれかに当たりますから、例えば5が出れば、その卦の五爻を指すことになります。

一方、八面体のサイコロが一個しかない場合なら、その八面体のサイを二度利用して、最初に八面体のサイコロを振って出た小成卦を内卦とし、次に八面体および六面体のサイコロを同時に転がして出たサイの目によって、外卦（八面体）と一緒に内外卦合わせた大成卦の爻位（六面体）を知ることができます。

六面体のサイコロだけで占う場合もあります。六面体のサイコロは、手軽に入手できますから一番便利だと思いますが、その場合、三個のサイコロが必要となります。それは、三個を同時に転がして出たサイの目を数えて、それを八で割り、残った目の数を、先ほどの要領で乾から坤までの八卦に対応させていくやり方です。

まず最初に内卦を立て、同じ要領で外卦を立て、最後に六面体のサイコロ一個を転がして大成卦の爻位を決めてノートに記入するという方法ですが、都合三回サイコロを振ることになります。

例えば、現在の自分の運勢を占って、サイコロ三個転がして出たサイの目が、1、5、6であるとしますと、三つの目の数を足した12を八で割った残りの数4は、1乾《けん》☰、2兌《だ》☱、3離《り》☲、4震《しん》☳、5巽《そん》☴、6坎《かん》☵、7艮《ごん》☶、8坤《こん》☷のうち四番目に当たりますから、内卦は震☳ということになります。そして、もう一度三個同時に転がして3、5、5のサイの目が出たとすれば、合算した目の数13を八で除した残りの数5は、小成卦の巽☴に当たりますので、内外卦合わせた大成卦は☴☳（風雷益）という卦になります。さらに、一個のサイコロを転がして6というサイの目を得た場合、自己の運勢判断は、風雷益の上爻（☴☳）ということになり、これに基づいていろいろと判断し推理しながら占ってゆくわけです。

ちなみに六面体のサイコロ三個を使用することの意味は、三個のサイコロに出た目の合計数が、最小3、最大18を八卦に割り振った場合、平等に（二回ずつ）割り振れるからという意味もありますが、ほかに、次に紹介する変化に富んだ占法にも使用できるからです。そしてそれは、ほとんど本筮法と同じ効果を発揮します。

〈サイコロで占う方法②〉

それは、三個の六面体のサイコロの目の奇数（陽）と偶数（陰）とにだけ注目して占う方法です。これは硬貨三個を用意して、その表（陽）と裏（陰）とのみによって占う方法と同じですから、覚えておくと大変便利です。

三個のサイコロを使用する場合、全部が奇数の場合を老陽といい、全部が偶数の場合を老陰といいます。また、二個偶数で一個が奇数の場合を少陽、二個奇数で一個が偶数の場合少陰といいます。

そこで実際に占う場合、初爻から一爻ずつ上爻まで、陰陽いずれかを決めてゆくわけで、全部で六回サイコロを振って初爻から上爻までノートに記入し、大成の卦を立てていきます。その場合、肝腎なことは、老陽と老陰とは変化し、老陽は少陰に、老陰は少陽に変わるということです。ですから、老陽や老陰が六爻中にある場合、最初に得た大成卦（本卦《ほんか》）そのものが、全く異なった大成卦（之卦《ゆくか》）に変じてゆくことになります。これを本卦から之卦に変わるといいます。

いま仮に、私が現在手がけている仕事の成りゆきや成果を、この方法によって卦を立て占っていくとします。

三個のサイコロの目が最初148、次に145、三回目が445、四回目は346、五回目は246、最後が156であるとすれば、初爻は奇数一つで少陽、二爻は偶数一つなので少陰、三爻は奇数一つで少陽、四爻も奇数一つで少陽、五爻は偶数ばかりなので老陰、そして上爻は偶数一つで少陰となります。これを大成卦であらわせば、⚋《少陰》⚋《老陰》⚊《少陽》⚊《少陽》⚋《少陰》⚊《少陽》（雷火豊）という本卦が得られたわけですが、五爻は老陰なので少陽に変じて⚋⚊⚊⚊⚋⚊（澤火革）という卦に変化し、それが之卦ということになります。この二つの大成卦によって、その成りゆきと結果を占断してゆくわけです。これは、同一硬貨三枚をその裏（陰）表（陽）によって占う場合も、要領は全く同じです。

そのほかに、初爻から上爻まで一爻ごとに小成卦を出して、陰陽符号を重ねて大成卦を作り、乾・坤両卦の爻を変爻とみて、本卦から之卦の動向を中心に占断する、中筮法と呼ばれているものがありますが、占断の要領は本筮法と大体同じです。各爻位の小成卦の意味を加味した占断が特徴的です。

〈サイコロを使って占う方法における注意点〉

以上、サイコロを使って行う易の占いには二種類あることを紹介しましたが、この二つの方法の違いに注目することが大切です。

一つは、大成卦（六十四卦）を得る時、六爻中どの爻位に当たるかを、占考の吉凶判断の中心として求めるために、六面のサイコロ一個を使って特別に爻位を決めるというやり方です。この占い方法は、最も広く一般に適用されており、特に右すべきか左すべきかの進退の決断のみが要求されている時には、この占法を用いるのがよろしいでしょう。この占法の特徴は、大成卦に繋けられている卦辞やその注釈の象伝のみならず、その卦の爻位を重視して、そこに繋けられている爻辞やその注釈である象伝とを合わせ考えて占断してゆくものです。

従って、六爻中どの爻位に当たるかを確認した場合、その爻について吉凶判断を述べている爻辞の意味をよく理解して占断することが第一であり、次に爻辞の範囲を越えて、その爻を変化させ裏返して、別の大成卦に変えてみるということも重要です。これは、一つの占法として成立しますが、変化はどこまでも含みと考え、そうした変化も予想されるという程度に理解しておくのが正しいでしょう。変爻によって、吉の卦に変わるようでしたら、積極的にそうなるように努力すべきですし、凶の卦に之《ゆ》くようでしたら、そうならないように警戒すべきことが啓示されている、と理解して下さい。

これに対して、サイの目の奇数（陽）と偶数（陰）とに注目して、陰陽の爻を初爻から上爻まで積み重ねていくという第二の占い方法（本筮法）では、老陽と老陰とは必然的に少陰と少陽に変わりますので、改めて爻位を求める必要はありません。

しかし、老陽・老陰によって変化をみる場合、一爻も変化しない場合もあれば、また全爻変じて本卦の裏卦に変わってしまう場合もあり、千変万化し得ることが予想されるわけです。占断の仕方も、本卦と之卦とに示された大成卦のみによって占うことが普通で、占断内容の成りゆきと結果がはっきりと示されるでしょう。

ただ、老陰も老陽もなく不変の本卦のみによって占断する場合、何となく心許ないようでしたら、六面のサイコロ一個を使って、あえて爻位を求め、そこの爻辞を参考にして、占考に中心点なり具体性を与えてみるのも便法かと思います。

〈身近なものを使って占う方法〉

しかし、私たちの生活は偶然に左右されることが多く、サイコロも硬貨も用意できなかったり、もしあっても利用できるような状況でなかったりする場合もあります。しかも、生涯の運命をさえ左右しかねない重大決定を、その場で決断しなければならないような状況に直面する場合が間々あるわけで、そのような時、どんな占い方法があるのか、二、三挙げてみましょう。

まず、とっさに目に入ったものとか、ふと気がついたもの――例えば、目の前に駐車してある車の番号とか、今日の日付の何年何月何日だとか、だいたい四桁か五桁の数字のものが手頃です。また、時計の文字盤なども選びやすく便利です。

もし今日の日付が63年7月31日であるとすると、この場合、63731のうち下三桁を加算して八で割った残数3によって内卦を作り、上三桁を加算して八除した残数8を、同様に八卦の配列の序数に対応させ外卦を設置し、五桁の全数を加算して六除した残数によって爻位を決定して、占断するという方法です。（ただし1〇月などゼロがある場合は下四桁、上四桁を加算します）この場合、大成卦は☷☲（地火明夷）となり、爻位は二爻ということになります。

時計の文字盤を利用して立卦するという方法もよく用いられます。その場合、「後天図方位」を念頭において、文字盤をとらえ直してみることが大切です。

67ページの図が、文字盤に配置された後天図に基づく八卦の配列です。この場合、短針の位置によって外卦が震（☳）となり、長針の位置によって内卦は坎（☵）となります。

さらに爻位は、長針の示す「何分」かの位置をみて、十分間の間隔がある場合（東西南北）は、最初の一分間の間隔が初爻で、以下五爻までは二分間隔となり、上爻は最後の一分間隔となります。また、五分間の間隔の場合は、最初の三十秒が初爻で、後は一分間隔で五爻までをとり、最後の三十秒を上爻とみて、素早く立卦します。図の場合は、☳☵（雷水解）の四爻ということになります。

また、少し手ぬるくなりますが、爻位を秒針によって何秒かをみて、その数を六除して決めてもよいわけですし、六十分を六つに分けた十分間の位置によって決めても結構です。

以上挙げた占いの方法は、いずれも切端つまった場合に選ぶ一回限りの占い方法ですから、占い項目が複数ある場合は不適当と考えておいた方がよろしいです。

そして最も大切なことは、いったんどの方法か一つを選んだなら、ほかの方法にすればよかったなどと、絶対に迷ってはいけないということです。このような迷いは、さらに別の迷いを呼んで、得られた卦に対する確信がグラついて、占断そのものが成り立たなくなるからです。

これと似たようなことで注意すべき点は、サイコロによって簡単に立卦できるからといって、

時計の文字盤と八卦の関係

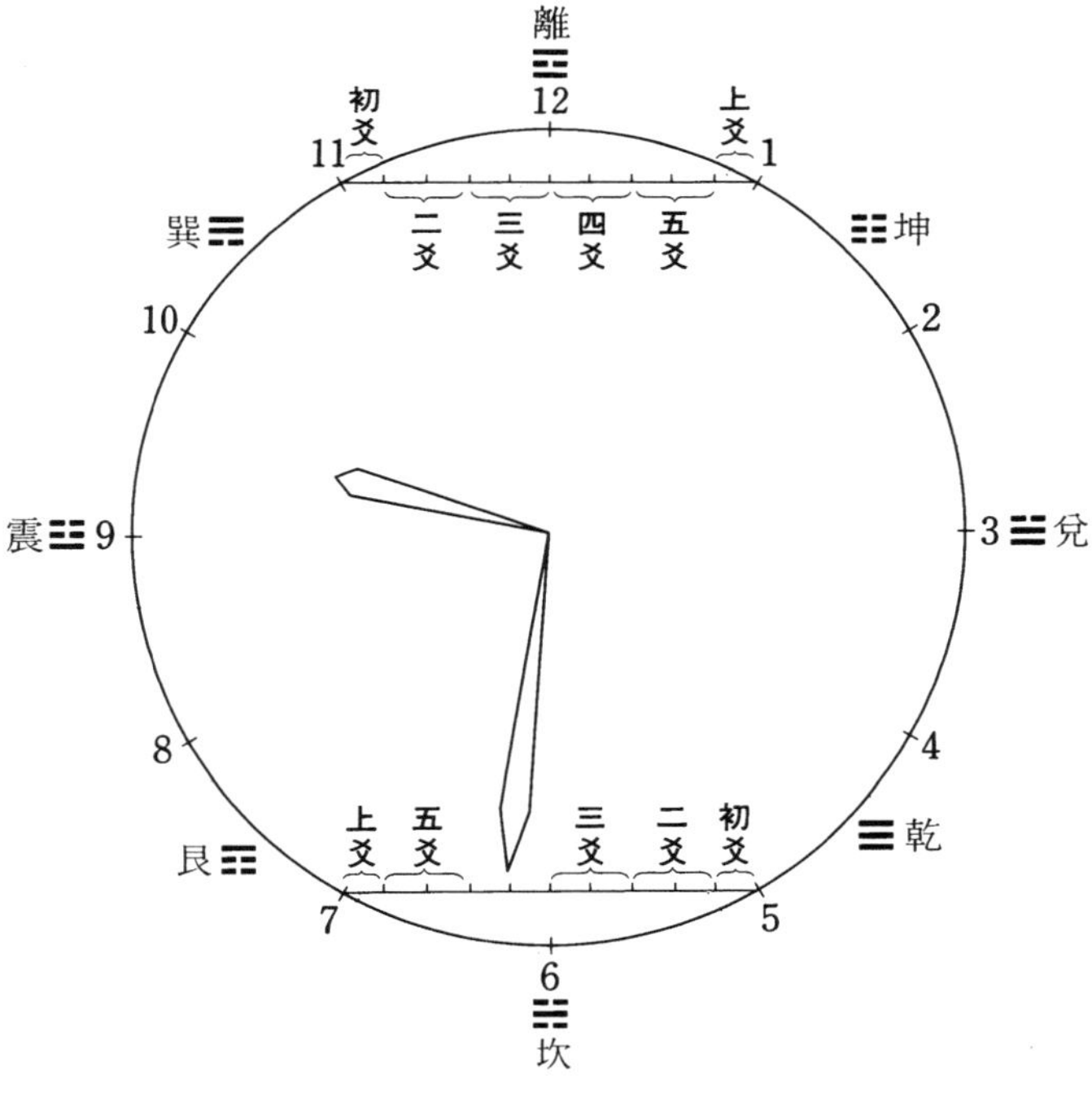

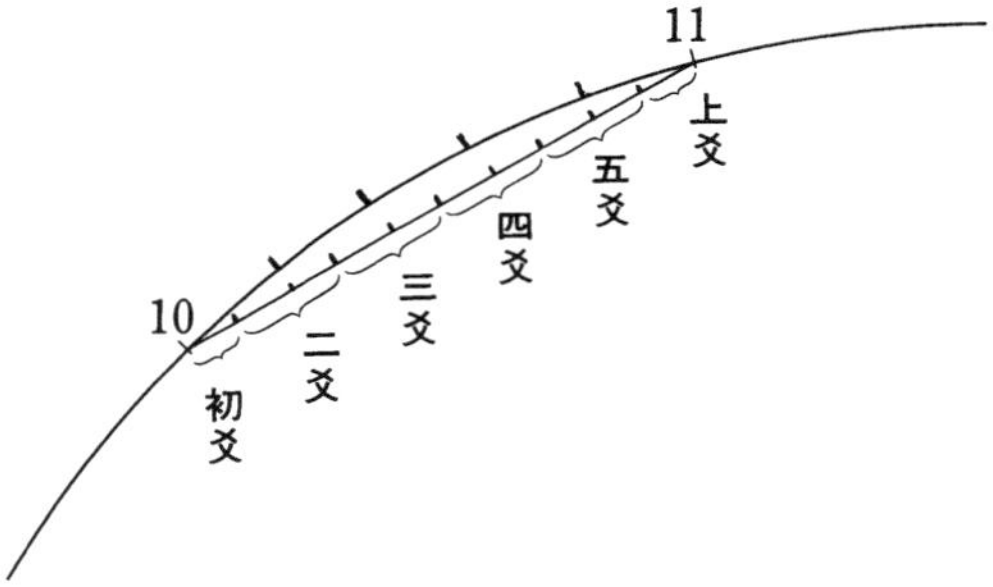

安易に卦を立てる習慣が身についてしまいますと、少しでも自分の意に反したことを予測させるような卦が出たような場合、何度もサイコロを振り直すことです。これは占断を狂わせますので、厳に慎しまなくてはなりません。

『易経』本文中「山水蒙」☶☵という卦の中で、二度三度と同一の占題に対して立筮することを厳しく戒めています。どのような占法を選ぶにせよ、立卦は、自分の三次元的知恵によっては何としても知り得ない出会いの世界、四次元的事象（未来予見）に直面して、右すべきか左すべきかの決断を、六十四卦という神明的な啓示に求めるものである以上、謙虚な精神的緊張が必要です。

この立筮に当たって要求される最低限度の真剣さを、朱子の「占筮の辞」に倣《なら》って、次のように表現してみます。「何の誰某《たれがし》（自分の姓名）何々の件について疑うところを易に質《ただ》す。吉凶得失の一切を、願わくは六十四卦に明示し給え」

なお、筮竹を使っての占法を知りたい方は、岩波文庫版『易経』上巻の62ページから70ページまでに詳しく説明してありますので、本書では省略いたします。もちろん、筮竹を使用しようと、サイコロその他で立卦しようと、得られた卦の持つ厳粛性は本質的に何ら変わりありません。

なお、第二部で、六十四卦各爻の吉凶を、◎は大吉、○は吉、△は小吉、×は大凶、●は凶、▲は小凶という符号によって示しておきましたが、しかし、それは初心者向きに大体の目安を示しただけですので、それにこだわらず、占断内容に応じて、皆さん思いおもいに自由に占断を試み、自分の易を発見していって下さい。

9　易と占いの世界

第一部の最後になりましたが、易の世界を私たちの日常的現実の世界と比較してみることにしましょう。

日常的現実の世界――それは「事《こと》」または「物《もの》」の存在秩序であって、そこには無数の「事」や「もの」が、それぞれ相対的に他から独立し、自分の分限を固く守って自立し、緊密な相互連関性において日常的な存在秩序を形成しています。この存在秩序は、それを構成しているものがそれぞれ自立していることで、AとBとはそれぞれ固有の本質を持ってはっきりと区別され、この境界線を越えて、AがBになったりCになったりすることはありません。

一切の事物や事象は、すべてこうした境界線によって、数限りなく分かたれ、種々様々な名称をもって呼ばれ、それらの名の喚起する意味の相互連関性による、有意味的な秩序世界を作っているわけです。私たちは、このような世界の中に安心して生活しているのです。

一方、日常的意識はこうした存在の差別相にとらわれ、個々の事物がそれぞれ固有の本質を持つと考える、仏教でいう事物の「自性《じしょう》」という観念から脱け出ることができず、それを自己同一的な不変的実体と思い込み、動きのとれない状態を作り出しているのです。仏教では、それを分別心とか妄念とかといっています。

つまり、存在世界は隅から隅まで虚像であって、そのすべてはコトバ、つまり一つの心が作り出したもので、心のあらわれにほかならないというのです。そして、心から離れた客観的な「物《もの》自体」などというものは存在しないといいます。

実際に、一切の事物や事象は、時々刻々に生成しつつあると同時に衰滅しつつある変化流転の中にあるものとして、一見固定不動とみられる個々の事物の固有の本質は浮動的なものとなり、無化しつつある限りにおいてのみ存在するものとして、それらの本質は、いわば痕跡のようなもの、虚構的な幻想、幻影とも考えられるのです。

そこで私たちも、日常的現実界の「事」または「もの」の存在秩序の実在性に対して、「判断中止《エポケー》」をし、「在り」と断定することを差し控え、事物を事物として成り立たせている相互間の境界線を取り払って、まず八卦に還元してみることにします。それからさらに陰陽に、そして最後に陰陽未分の太極（宇宙エネルギー）にまで還元して、事物をみると一体どうなるのでしょうか。

当然一切の事物の差別がなくなるのですから、ものが一つもなくなることになります。つまり、お互いの間の境界線を消されたすべての事物は、のっぺらぼうとなって融合し、渾沌化し、ついには存在全体が、「一物もない」無的空間に変貌してしまうからです。

このように太極にまで還元されれば、万物は解体して「空」化されますが、再びもとの差別の世界に復元されると、一体どういう存在秩序を構成するのでしょうか。

それが、「太極→両儀（陰陽）→四象→八卦→六十四卦」という枠組の中でとらえられた易の世界にほかなりません。千差万別の事物は、外面的には全く同じであっても、「八卦―六十四卦」という、全く新たな次元における枠組の中でとらえ直されることによって、一切の事物や事象に対する予見的認識が可能となるのです。

「八卦・六十四卦」の易の世界では、すべてがすべてと関連し合う関係全体性の構造の中で、個個の事物は初めてAであり、またBであり、そしてAとBとは個的に関係し合うことになります。そこには「もの」はなくて、易の記号的な関係性のみがあるわけです。
A、B、C、D……など、すべてのものは、相依り相関わって、互いに縁となり合いながら、「八卦・六十四卦」という純粋な関係性の中でのみ、それぞれAであり、Bであり、Cであるのです。こうしてすべてがすべてと関わり合う、全体関連性において、ものをとらえるということは、B、Cとは区別されたAという一つのものの内的構造そのものの中に、B、Cをはじめ、ほかの一切のものが隠れた形ですべて含まれていることにほかなりません。
つまり、易の八卦のうちの一つの卦には、同時に残りのほかの七つの卦が、また六十四卦中の一つの卦が得られた場合、残りのほかの六十三卦のすべてが、同時に隠れた形で含まれていること完全に対応しているわけであります。

ある一つの事物や事象の生起は、一切万象の生起でもあり、常にすべてのものが同時に全体的に生起しているのです。このような存在実相を、仏教では「縁起」と呼んでいます。「縁起」とは、自分だけでは存在することのできないものが、自分以外の一切のものに依りかかりながら、つまり他の一切のものを「縁」として、存在する事物となって現成してくるということで、すべてのものが互いに依りかかり、依りかかられながら、全存在界が一挙に現成するということです。

そこで私たちがサイコロであれ、その他何であれ、占って卦を得た場合、その卦は決して単なる偶然的、虚構的なものではなく、私たちの一回限りの生誕や、日常生活における一瞬一瞬の出来事と同様、このような「縁起」の世界における得卦との根源的な出会いの生起として、それ自身必然的な出来事と考えて、厳粛に受け止めなければならないのです。

第二部　六十四卦の解説と占考

上経

1 乾《けん》為《い》天《てん》

━━ × 大凶
━━ ◎ 大吉
━━ △ 小吉
━━ ▲ 小凶
━━ ○ 吉
━━ ● 凶

乾《けん》は元《おお》いに亨《とお》る貞《ただし》きに利《よろ》し。乾元亨利《けんはげんこうり》貞《てい》とも読む。

乾、すなわち天の一元の気は、万物を生成化育する巨大なエネルギーであるから、一度《ひとたび》活動を始めるやそれを妨げる何ものもありません。そして物事すべてがスラスラと成し遂げられ、大いに発展し、その成果はいつまでも堅固に守られ、終わりを全うすることができるというのが、74ページの卦辞の意味です。

元は物事の始めで、春、草木の芽生えることであり、亨はその草木がスクスクと伸び栄えてゆく夏の状態のことです。利とは成長したものが秋には引《ひき》緊《しま》り結実してゆくことであり、貞とはその結実したものを収穫して、冬中堅固に守り春に備えることです。

かくて再び元亨利貞を反復してゆく、自然のこの偉大な万物生成化育の神秘性を、神変不可思議な竜という神獣のイメージによって説明しています。すなわち伝説によれば、竜は千年もの長い間、地下の深い淵の底に潜んで力を養って地上に出現し、さらに千年の修業を経て後、天に昇り、雲を呼び雨を降らせて、地上の生命を養うといわれています。

そこで六爻のすべては六つの位における竜の働きをあらわしており、それによって万物の生成化育がなされ、宇宙の調和と人間社会の秩序と人類の安泰とがもたらされるというのです。

〈占考〉

八卦の乾（☰）の卦の象意を、そのまま推して判断してゆきます。卦辞の説明にもあるように、世の中すべてのことが自分の考えている通りに動いているといった自己過信や独りよがりの驕《おご》り亢《たか》ぶる気持ちから、身のほども弁《わきま》えず自己の力以上の事を企てて失敗する気運です。ですから最高の首長や実力を十分に備えた人であっても、独善や暴走を慎しみ、目上の人の忠告や助言に耳を傾ける謙虚さが必要です。

表面よくみえても内容がなく、応爻も比爻もないため、協力者も応援する者もいません。官公庁や大会社など目上筋の引き立て援助に関係したもの以外のすべては、分不相応の希望や企画であって、予算超過となり銀行管理などになりやすい時です。

商談や財利を求める占いは失敗することが多いですが、株式投資や名誉や地位に関した占では、目上筋の指導や引き立ての有無が成敗を決します。

縁談その他の交渉事は、双方強気で妥協する気持ちがないため成立しません。物価や相場は目下最高値で下落の危険を孕《はら》んでいます。

失物は出ません。家出人は都会にあこがれ夢を抱いて出たので、なかなか戻ってきません。勝負は勝っても長続きしないとみます。天気は晴れで、秋冬は晴れが長続きしても、春夏は崩れやすいです。

病気は頭や神経系統や伝染病・心臓病などで、重病患者は急変して危険な場合が多く、大病院や専門医などの名医を選ぶことが大切です。

初九は「潜竜なり用うることなかれ」とあるように、地下にあってまだ修業中の「潜竜《せんりゅう》」ですから、その途中で世間に飛び出して、いろいろのことに手出しをしてはいけないと戒めていますので、万事そのように占断します。

九二は「見竜田《でん》に在り」といっていますが、学問修業ができ上がって初めて世間にあらわれ出たばかりの竜ですから、まだ経験も浅く、応援してくれる人も心を許し合える友人もいないので、事を始める前に、真に人生の師として尊敬しうるような人にお目にかかって、その指導を受け、意見を聞いて行えば、すべてが好転してゆく気運にあります。

九三は、内卦の乾から外卦の乾に移り変わる危険な位置にあります。持ち前の剛強な気質（陽位に陽爻でいる）によって、終日努め努めて休まずに努力を重ねても、やっと過失を免れ、咎を受けずにすむという程度ですから、新規事業も交渉事もすべて手控えることはもちろん、いままで継続してきたことも危険な状況にあるとみます。つまり、本業に専念していく以外にはないのです。

九四は、実力も経験も十分身に備わっているため、時として首長の代行を

初九
潜竜なり。用うること勿れ。

九二
見竜田に在り。大人を見るに利し。

九三
君子終日乾々、夕に惕若たり。厲けれども咎无し。

九四

することがあります。しかし、その場合も、補佐的な地位にあることを考えて、自己の分限を守り、謙遜に控え目にしていれば無事であるというのです。地位、身分に不安定さがあり、目前に地位や目的物がありながら、手に取りえないもどかしさのある時です。

九五は「飛竜天に在り。大人を見るに利《よろ》し」とあります。剛健中正の徳を備えた大人物が、多年の希望が叶って、いま最高の地位に就き、万人から仰がれ尊敬され、帰服されている状態ですから、万事意のままに通達するとみます。

上九は「亢竜《こうりよう》悔あり」とあるように、過剛不中で進むを知って退くことを知らず、勢いに任せて行き過ぎ・やり過ぎて、あたかも空気のない高いところにまで昇り過ぎた竜が、酸欠状態になって墜落するように、破滅的な失敗をするという、万事に危険を孕《はら》んだ占考となります。

用九――六十四卦すべてにわたって、陽爻を得た時に心がける道が説かれています。それは、陽剛なるものは、決して自己の才能をひけらかしたり、進んで首長になろうとしたり、人に先駆けようとしてはなりません。万事柔和に控え目にしている時、吉を得られるからです。つまり「天徳は主となるべからず」なのです。

或は躍りて淵に在り。咎无し。

九五
飛竜天に在り。大人を見るに利し。

上九
亢竜悔有り。

用九
群竜首无きを見る。吉。

2 坤《こん》為《い》地《ち》

━ ━　×　大凶
━ ━　◎　大吉
━ ━　▲　小凶
━ ━　△　小吉
━ ━　◎　大吉
━ ━　●　小凶

坤は元《おお》いに亨《とお》る。牝馬《ひんば》の貞に利《よろ》し。君子往く攸《ところ》あるに、先《さきだ》つときは迷い、後《おく》るるときは主を得。西南には朋《とも》を得、東北には朋を喪《うしな》うに利し。貞に安んずれば吉なり。

坤は純粋に消極的受動的な柔順そのものですから、乾（天）の気を素直にそのまま受け入れ、柔順にそれに従うので、坤は元亨利貞という乾の卦の働きを実現することによって、実質上、乾の働きと合致することができるのです。そしてそれが、純粋な受動性という坤の卦徳から生ずる偉大さなのです。

このように、自らは何の力も持たぬ絶対の無力、絶対の他力こそ坤卦の本質であり、こうして無為《むい》でいながら、かえってそこに乾天の働きを完全に遂行しうるということこそ「無為自然」であり、少しでも自己を主張して積極性を混入する時は不純となり、禍《わざわい》を受けることとなります。そのため、乾卦の竜に対して、牝馬《ひんば》という柔順な動物を引き合いに出して、坤の卦徳の説明がなされています。

この卦を得た時は、自分から進んで何かをしようとしたり、自ら先導者、首唱者となって進んでゆこうとする時は、必ず道に迷い、どうしていいかわからなくなってしまいます。そこで、人の後からついて行き、人に従ってゆく時は、必ずよき主人、よき指導者を得て、無事に目的地に到達できるというわけです。また、自分の生まれ故郷で同郷の仲間たちと仲よく暮らすのはよいのですが、一度公共的に責任ある地位に就いたならば、同族・同郷人のことは忘れて公平無私に、乾の徳を持つ賢人に従い、またその人を用いるようにしなければなりません。これが、坤徳を正しく守ることから生ずる落ち着いた安らかさなのです。

このことは、乾徳を中心にとらえる儒家系の思想に対し、坤徳に一切を託する老荘系の思想の根本がここに示されているわけで、この両者を包括し統一しているところに、周易の中に秘められている古代中国の思想の持つ偉大さがあります。

〈占考〉

占考は、以上の説明に基づいて、人に先立たず、すべて受け身で自分の分限を守って、今までの仕事や環境に安んじ、地道に努力していけばいいわけです。応爻も比爻もないところから、新規事業に着手することはもちろん、利欲につられて他人に誘惑されることすべてに凶の意味をみていきます。

運勢的にも、身内そのほか他人のことで世話・苦労が多く、何事も優柔不断であるため、時機を逸しやすく、手堅くとも姑息で目前の利益を追うことに汲々としているため、小利はあっても大利は得難くなります。しかし、先輩や上長の命によって、柔順に行動することはすべて良好です。引き立ててくれる人も真実の友もなく、孤独で暗いはっきりとしない環境にあるので、退守して現状を維持するのが良策といえましょう。

交渉事はのれんと棒押しのように埒《らち》があかないし、縁談も双方が優柔不断で進捗《しんちょく》せず、また縁そのものも不明のことが多過ぎます。失物は隠れたまま出てくることはありません。待人は遅れて期待外れとなります。天候は曇り後雨。

病気は、八卦の坤の卦の象意そのままで、消化器系統や元気虚損など、長引いて気力の衰えてゆくものが多いです。体力が衰弱して危険な場合が多いのですが、軽いものはもちろん、その他胃腸病など病根が消えて平癒する場合もありますので、病人の状態をよく知ることが大切です。

物価は下落したまま動きません。出産は遅れますが、無事安産です。家出人は行方知れず、また故郷の母の許に帰ったともみられます。

初六の陰は、初めは霜のように微弱であっても、次第に勢いが増して、遂には堅い氷となることを考えて、早い時期に警戒して用心しなければなりません。万事に不吉の前兆があるとみて占います。

六二は、柔順中正である坤の徳の理想的な体得者で、乾の気を十分に受け入れて柔順にこれに従うので、すべてが真直ぐに進展し、また、さらにそれが四方に拡大されて、限りなく広大となっていくので、取り立てて学んだり練習しなくとも万事に吉を得られるという結構な占です。

六三は、上級事務職にあって、時として重大な仕事を補佐して功績を上げる機会があっても、いまは自分の才能を外に顕《あら》わす時ではなく、人々の嫉視を避けて、ひたすら上長の指示に従い、それを成功させるように努めることです。功績を上長に譲り、控え目にしていると無事なのです。

六四は、五爻に近いため、周りの人々からその地位に対して野心があるようにみられているので、物事すべてにわたって特に控え目にして、袋の口を結んだように無能を装《よそお》い、自己の才能を表面に出さないことが大切です。

初六
霜を履みて堅氷至る。

六二
直方大習わずして利しからざる无し。

六三
章を含みて貞にすべし。或は王事に従うも成すこと无くして終り有り。

六四
嚢《のう》を括《くく》る、咎も无く誉も无し。

過失もない代わりに名誉もありませんが、それが陰爻のみの暗い環境に対応する唯一の処し方です。三爻の凶多き地位に対して、五爻に近いので懼れ多き地位なわけです

六五は、柔順中正の美しい坤徳を体得して、最高の首長の地位にあります。一切を周囲の部下や補佐役に委ねて、自らは何もしないで最大の吉を得ているという坤徳の極致の状態です。

六五
黄裳元吉。

上六は、陰が増長して極点に達し、堅い氷となった状態です。陰極まって陽に変じ竜となり、首長に叛逆して、その地位を奪うべく不義の戦いを挑んだ結果、両者ともに傷つき斃れて陰陽の道を滅亡せしめるという、大凶の占です。

上六
竜、野に戦う。其の血玄黄なり。

用六——陰の道は、それにふさわしい牝馬の徳を堅く守っている時には、乾の道と全く同じような限りない功績を上げることができます。

用六
永貞に利し。

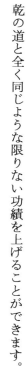

3　水《すい》雷《らい》屯《ちゅん》

⚋ ×大凶
⚊ ○吉
⚋ △小吉
⚋ ●凶
⚋ △小吉
⚊ ○吉

屯は元《げん》亨《こう》利《り》貞《てい》。往くところあるに用うるなかれ。侯を建つるに利し。

屯は難《なやみ》なりで、進もうとして進むことのできない場合に処する道を説きます。すなわち内卦の草木（☳）が発芽するに当たって、外卦（☵）の寒気が強く、生長する気力はあっても十分に伸びることができず、無理に発芽すれば凍《こご》え枯死してしまいます。

このように、無理に物事を新しく始めて進んでゆく時には、深い坎険の穴（☵）に陥り身を亡ぼすことになるので、いまは無理に進んでいってはなりません。そして自分の進むべき道を堅く守りながらも努力は継続し、有能な人材がいたなら、その人を採用するよう思い切った処置が大切です。また、世の中の状態が乱雑ですべてが暗く、先の見通しのつけ難い時でもあるので、計画を細目に渡って検討しておくことが必要です。

〈占考〉

占考も、一般の運勢は卦辞の通りで、物事を新しく創始し創業するに当たっての、将来性のある希望が持てる悩みとか、春の到来を前にしての冬いまだ去らないための生き生きとした希望の持てる悩みです。それは創業につきものの陣痛の悩みですので、今は急進せず、片腕になれる人や相談に乗れる人がいたら採用してみると効果が大きいはずです。

水難をはじめ災難が生じやすく、本業以外の方面に軽挙妄動をしたり、あせりからあれこれ無用な動きをしたり脱線したりすることなく、屯難克服に専念することが大切です。交渉事も、当方より進む時は策略に陥るので、有力な人を代行させることが得策でしょう。婚姻も嫁ぎ先に問題が多く、次男（☵）が家督を継ぎ長男（☳）が下位に独立できないでいるなど、家庭内部が複雑です。また物価や株式も、目下は低迷を余儀なくされています。このように卦辞の解説を、その時その事情に合わせて自由に活用してみて下さい。

天候は曇りから雨となります。病気は足の病気や、五爻の胸部や心臓の病気、血行の循環や排泄系統、腎臓病、冷えに原因するものなど、いずれも初期で急変はなくとも、長引いて苛立ち苦しみます。待人は故障ができて来ません。失物は途中で落としたりして、人手に渡り出てきません。家出人は、家出後、進退に窮して苦しんでいます。

初九は、陽位陽爻で位が正しく、応爻も比爻もあり、屯の難を克服しうる十分の資質を持ってはいます。しかし、時期も早く身分も低いので、軽率に行動せず、どっしりと落ち着いていることが大切です。陰爻の下にへり下っていますが、大いに人望を得て将来活躍することができます。

六二は、柔順中正で、才能は乏しくとも屯難を打開するために、自らの分限に合った協力をしようとして、応爻の九五に向かって進もうとしますが、しかし、下位の比爻初九にも心を惹《ひ》かれて思い切って進むことができずに迷い悩んだ末、応爻の九五との和合を求めて初九との関係を断ち、辛抱強く長年月の後、九五の許に嫁ぎ、協力して屯の難を解決することができたというのです。つまり、自己本来の大目標の達成が行き悩んだ時、ややもすれば手近な、または副次的な方面に脱線してゆきやすいですが、その誘惑に打ち勝つことを中心に占断していきます。

六三は、不中不正で才能乏しく、応爻も比爻もないのに軽挙妄動して利を求め、坎険に陥ります。すなわち道案内人もいないのに、山中深く鹿を追っ

初九
磐桓《ばんくわん》たり。貞に居るに利し。侯を建つるに利し。

六二
屯如、邅《てん》如、馬に乗りて班如たり。寇《あだ》するに匪《あら》ず、婚媾せんとするなり。女子貞にして字《あざな》せず、十年にして乃ち字す。

六三
鹿に即《つ》きて虞《ぐ》无し。唯

て分け入り、獲物はおろか自分自身山中から出ることができなくなるようなものなのです。欲望のために、失敗の前兆を読み取ることができなかったわけです。☳は林とし進むとします。☷は無知と欲望、☶は山、☵は穴をあらわし、このような象を使って説明しています。

六四は、位正しく五爻と比し、現在の行き悩みの状態を解決すべき責任ある地位にありますが、自らの才能の足りないことを自覚していることも事実です。そのため応爻の剛強の初九の力を借りようと、和合協力を求め、ともに力を合わせて目的を達成する爻です。

九五は、剛健中正の才能と徳とをもって首長の地位にあり、応爻も比爻も多いのですが、皆陰爻のため才能の乏しいものばかりであまり頼れず、現在の厳しい環境下では、小事はいままで通りやっていて差し支えないが、大事は思い切ったこと――例えば、初九のような有能な人材を抜擢したり採用したりするなどの破格的な手段を、取らなければなりません。

上六は退守していることができず、才能乏しく位のない地位に応爻もなく孤立しています。それにもかかわらず、屯の時、ある種の熱情から、いったんは積極的に進んで屯の難を解決しようとしますが果たせず、悲しみに打ちひしがれ破滅に追いやられていきます。

だ林中に入る。君子は幾《き》をみて舎《や》むに如かず。往くときは吝なり。

六四
馬に乗りて班如たり。婚媾を求めて往けば、吉にして利しからざる无し。

九五
其の膏《こう》を屯す。小貞なれば吉、大貞は凶。

上六
馬に乗りて班如。泣血漣如たり。

4 山《さん》水《すい》蒙《もう》

━━ ▲ 小凶
━ ━ ◎ 大吉
━ ━ ● 凶
━ ━ × 大凶
━━ ◎ 大吉
━ ━ △ 小吉

蒙《もう》は亨る。我童蒙《どうもう》を求むるに匪《あら》ず。童蒙我を求む。初筮《しょぜい》は告ぐ。再三すれば瀆《けが》る。瀆るれば告げず。貞に利し。

山の下の小流が、次第に大きな流れになって大海に注いでゆくように、今は幼稚で、その前途は山に霧のかかったような不確かな状態です。しかし、後には必ず知恵が開かれてくるので、特に蒙昧を啓いてくれる立派な先生が必要です。九二と上九とが先生で、ほかの四陰爻は生徒を意味します。

この卦には、先生が無知蒙昧な少年を教えることの道と、生徒が先生に教えを受けることの道とが説かれています。

九二は剛中の徳を持つ先生で我であり、六五は柔中の徳を持つ生徒であり、生徒から望まれもしないのに先生の方から出かけていって教えるという道はありません。生徒の方が教えを受けようという純一な志を起こして初めて、そこに教育が成り立つわけです。

これは、占筮に対して疑念を持ち、二度三度と筮を立て直しながら占断をする不真面目な態度と、先生に対して不信を抱きながら教えを受ける者とが比較されており、真の教育は、教える者と教えを受ける者との志がぴったりと一致してこそ成立することを語っています。

〈占考〉

一般的な運勢としては、何事も見通しがはっきりせず、無知蒙昧のために人に騙されたり、法的な過失を犯したり、見込み違いのための失敗をしたりすることが多い時です。霧が次第にはれるように、何事も初めは見込みのないようなものでも将来的には有望ですので、焦らずに漸進的な努力をすることと専門的知識のある人の意見を聞くことが大切です。

新規事業も交渉事も縁談も、蒙として不確かですから進まないことです。また、失物も出ませんし、それは忘失したとも考えられます。待ち事も障害が生じて間に合わず、家出人も当てもなく出て不明です。物価は、いまは安いですが将来は有望です。天気は曇りで雨もよう。

病気は、胃腸病、血行不順、内部出血、神経症、老人痴呆症、その他病名不明のものなどすべて長引くとみます。

霧に煙る山水の水墨画が蒙卦の象にぴったりで、そこからいろいろと類推して占考してみるのも一つの方法です。

初六は陽位陰爻の不正不中の学ぶ志の弱い生徒ですが、幸いに近くの九二の剛中の先生と比して、その教えを受けて啓蒙される恵まれた境遇にいます。従ってこの生徒に対しては、まず厳正な規律を設けて放漫に流れないようにし、それに従わない時は厳しく懲《こ》らしめて戒め、甘くしてはいけません。何事によらず師について学習を志したら、その初めが大切です。

九二は、剛中の徳を持ち度量が広く、四つの陰爻の童蒙を包容して彼らの蒙を啓《ひら》くので吉です。その中には、六五のように将来最高の首長となることを約束されている童蒙もいて、彼を立派に教育することによってその信任を得、将来天下をも指導教育する任につきます。

六三は、陰柔で不中不正の生徒です。というのも、身持ちの悪い女性のように、上九の先生と応じてその教えを受けていながら、比爻である九二の先生の評判のいいのを聞くと、それに乗り替えてゆくような無節操な生徒だからです。このような志の定まらない生徒を引き受けて教えてはいけません。彼はどこに行っても、相手にされず、また物にはならないからです。

初六
蒙を発く。用て人を刑するに利し。用て桎梏を説き以て往くときは吝なり。

九二
蒙を包ぬ、吉。婦を納《い》る、吉。子、家を克くす。

六三
女を取るに用うること勿れ。金夫を見て躬を有たず。利しき攸《ところ》旡し。

六四は、互体（☷）の中央に陰柔蒙昧の極にいて、しかも応爻も比爻もなく、自分を啓蒙してくれる先生が一人もいないために、生涯知識も学歴もないままに終わりやすく、知識や学歴の不足のために苦しみ恥ずかしい思いをすることはありますが、しかし大きな禍《わざわい》を受けるほどのことではありません。六四は、無知蒙昧のための苦しみを代表する爻です。

六五は、柔順中正の志の正しい理想的な生徒です。自己の才能の豊かなこと、身分の高いことを忘れ、ひたすら九二の剛中の立派な先生と応じ、その教えを受け、啓蒙された名君となって、広く社会に貢献することになります。

上九は過剛不中で、あまりにも厳しく偏《かたよ》りすぎています。そのため、教師には不向きな先生で、教育の効果を上げることができません。そこで、この先生は、生徒を厳しく責め叱りつけることよりは、むしろ生徒にとって害となる外部からの誘惑を取り除くとか、そのほか教育環境の改善を試み、間接的に生徒たちの勉学を授けてやる方面に転向してゆくことが望ましいのです。

占断も、こうした内から外へという方針の変更が一般に要求されているとみます。

六四
蒙に困しむ。吝なり。

六五
童蒙、吉なり。

上九
蒙を撃つ。寇を為すに利しからず、寇を禦《ふせ》ぐに利し。

5 水《すい》天《てん》需《じゅ》

△ 小吉
○ 吉
▲ 小凶
× 大凶
△ 小吉
△ 小吉

需は孚《まこと》あり。光《おお》いに亨《とお》る。貞にして吉。大川を渉《わた》るに利《よろ》し。

需の卦は、内に充実した剛健の徳を持ち、積極的に進もうとしていますが、前方に坎の大川が横たわっています。

それを渉《わた》り越えるためには、適当な準備期間が必要で、いやでも待機せざるを得ない状況ですが、この卦の主爻である五爻は剛健中正の徳があるので、決して困窮することはありません。泰然として焦らずに、英気を養いながら待つことができます。

そのため、急進して坎険《かんけん》に陥《おちい》ることはなく、やがて準備も調い、情勢も好転するや、大川を渉り越えて大いなる成功を収め、その成果を確保することができます。

〈占考〉

運勢としては、卦の示すように、前方に坎の大川が横たわっているとみたり、雨雲が天上高くかかっているけれども、雨となって地上を潤すに至っていないとかとみます。もちろん、いやでも需《ま》つ以外にはなく、川の向こう岸にあるものを手に入れたいと思うもどかしさがあります。

しかし、水雷屯《すいらいちゅん》の卦の場合のように早く仕遂げたいと焦る青年（☳）の待ち方ではなく、英気を養いながら悠々と待つゆとりのある大人《たいじん》（☰）の確信に満ちた待ち方です。前途は必ず明るく開かれるのですから、時期もこないうちに自信過剰から急進して坎険に陥ることを最も警戒して下さい。需の卦は、時機の選択がキーポイントということになります。

願望も交渉事も、五爻の時まで待つ以外にはありませんが、先行きは明るく開かれています。結婚も、当面の相手にこだわらずに、ほかを待つと良縁を得られます。出産、待人はともに遅れ、失物や家出人は出ないか、尋ね難いとみます。天候は曇りで雨は降りません。

病気は、飲食を原因とした糖尿病、胃腸病、腎臓病、神経系統の病気、酒毒や中風など時間をかけて待つ以外にない痼疾等です。しかも、軽いものを除いて長引いて根治にまで至らないものが多いのが特徴です。物価も、上がる気配を示しながら、上がり得ない状態を示しています。

初九――城の外を郭《かく》、郭の外を郊《こう》、郊の外を野《や》といいます。初爻は、五爻の川の流れの坎険から遠く距《へだた》っている郊の場所にあり、日常そのままの生活をしながら悠々と進むべき時機を待つことができますので、現状に安んじて、あえて野心や功名心を持たないのがよろしいのです。

九二は、川の砂浜という多少の危険性のあるところで待っていますが、剛中の才能資質を持ち、身分地位もあり富裕であるので、積極的に動くことを世間から期待されています。しかし、本人は五爻と応ぜず比爻もないため、中庸の道を守ってあえて動かず、多少その慎重さを非難されることがありますが、結果的に正しかったことが後でわかるはずです。

九三は、水・陸の境界の泥地において、坎の険難に接近して待っていますが、内卦乾の上爻という過剛不中に加えて、応爻も比爻もあることから、待ち切れずに暴進して禍を受ける、最も凶意の強い爻であるということがいえましょう。

六四は、血を流すような険難の中にあって、危険に晒《さら》されつつ待つ状態にあります。しかし、一方、柔順で位正しいため、応爻と比爻の陽剛の助言を

初九
郊に需つ。恒を用うるに利し。咎无し。

九二
沙に需つ。小しく言有るも、終に吉。

九三
泥に需つ。寇の至るを致す。

六四
血に需つ。穴より出づ。

素直に受け入れて、危機的状態から脱出することができることを指しています。六四は水難、その他危険が多く、旅行は特に注意すべきです。

九五は、需卦の主爻で剛健中正、内に充実した力を持つ理想的な首長です。しかし、上下の陰爻と比しており、力と恃《たの》む九二の賢人と不応で、その協力を得られないために、大事を決行できない状態にあります。ただし焦らず、自然に九二が和合協力してくれる日を酒食によって英気を養いながら、悠々と待っていれば、いつか必ず九二の協力を得て大業を成し遂げることができます。

上六は陰柔で無能無力の身をもって、坎険である深い穴に陥《お》ちたまま、長い期間脱出する時を待っていたのですが、今その時期が到来して内卦の三陽爻が思いもよらずやって来るので、この人たちを尊敬して、その教えに従う時、ついには吉に転じ、危うく苦難から脱出することができます。

九五
酒食《しゅし》に需つ。貞にして吉。

上六
穴に入る。速《まね》かざるの客三人来る有り。之を敬すれば終には吉。

6　天《てん》水《すい》訟《しょう》

● 凶
◎ 大吉
▲ 小凶
△ 小吉
▲ 小凶
△ 小吉

訟は孚《まこと》ありて窒《ふさ》がる。惕《おそ》れて中すれば吉。終れば凶。大人を見るに利し。大川を渉《わた》るに利《よろ》しからず。

訴訟というものは、自分の正しいと思うことが通ぜず、お互いの正義が相反する時、自分に道理があると思って起こすものではありますが、それは決して愉快なものではなく、勝敗いずれもしこりを残すことを知って、できることならほどほどにして訴えを中止すれば吉ではあるが、もし勝つことに固執して最後まで訴訟を続けるならば凶となります。

そして、訴え事は、すべて九五のような剛健中正の徳を備えた大人に、裁定してもらうのが一番いいのです。人と争い、物事すべてがチグハグにゆく訟の卦の時には、到底大事を成し遂げうるものではありません。強いて行えば、破滅することになります。

〈占考〉

天は高く運行し、水は低きに流れます。そして、天水互いにその向かうところを異にするように、一方、上位の特権的な階層が不当な利を貪《むさぼ》って天上高く繁栄し、他方、下位の誠実な人々が困窮しつつますます下降してゆく、このような不公正な社会には争いはつきもので、不満や嫉妬の険悪な気分の中に至るところ訴訟事件が相次ぎ、あらゆる人間関係が分裂と対立の状態に置かれている時は、自分が正しいと信じ計画したことのすべてがチグハグとなり、現実と一致せずに失敗するので、積極的に進むことはすべて差し控えなければいけません。

その他、目上との対立や労働争議、親子・兄弟・夫婦間の争い、相続権や財産権利上の争い、そしてまた富豪の零落してゆく姿でもあります。一身についてみても、一方を立てれば他方が立たずといった、相矛盾した方針や目的のための苦しみが、訟の卦の運勢の特徴です。

希望も結婚も交渉事も、すべてそうした意味での凶意をもつことは当然で、失物、家出人、待人についても、訟の卦の意味から当然期待できない占断となります。

病気も、天水背行ということから、逆上や自律神経失調症、血行の不順、排泄系統の病、肺や心臓に関係した難病が多いです。また、医師の見立ての違いや薬が合わないことまでも含めて、治療法もみつからない場合も多いようです。
天候も不順で長雨となります。物価も不安定で、株など高値からの暴落に警戒が必要です。

初六は、陽位に陰爻でいることの不満を訴えようとしましたが、気の弱いところがあって、どこまでも押し通すことはせず、途中で諦めてしまったが、後には自分の立場を理解してもらえて、万事好転し、吉を得られるというのです。

初六　事とする所を永くせざれば、小しく言あるも終には吉。

九二は、内卦坎の主爻として責任のある立場から、正義感に燃えて不公正の是正を求めて訴えを起こしたが、しかし、相手は九五の目上であり、しかも剛健中正の徳を持つ首長でもあるため、到底勝ち目のないことを知って途中で訴訟を取り下げ、自分の村落に逃れ帰って謹慎しているので、大きな禍《わざわい》を受けずにすみ、村人たちも連累の罪を免れたわけです。自分を抑制することができずに、狭い自己の正義感や意見を押し通そうとしたり、分不相応なことを企てて失敗しやすいとみて占考してゆきます。

九二　訟に克たず。帰りて逋《のが》る。其の邑人三百戸、眚《わざわい》无し。

六三は、不中不正の境遇から生ずる不平不満を抑制し、それを分相応と考えて訴えることをしません。現状に甘んじて、固くいままで通りの仕事を続け、ひたすら上長の指示に従い、事を処理してゆくので、たいした能力はなくとも、長く現在の職場に止まることができますから、吉です。

九四は、不中不正の陽爻で、自分の置かれた境遇に対する不満を九五の首長に訴えようとしますが、剛健中正の九五には到底勝ち目のないことを覚《さと》って訴えを中止し、志を改めて柔順に九五に仕え、旧来の地位に安んじ固くこれを守り、すべてを失わずにすみます。

九五は、剛健中正の理想的な首長で、自己のみならず、すべての人の訴えをも公正に裁決しうる才能と権威とを持っています。その裁きはすべて公明正大で、反対するものはなく、すべてに受け入れられて大いなる吉幸をうることになります。

上九は不中不正で、訟の卦の極限に位置するため、最後まで訴訟を続けて妥協することなく、時には勝つことはあっても、またすぐに敗れるといったことを繰り返して果てしなく、ついに社会的信用の一切を失ってしまうことになります。

六三
旧徳に食む。貞なれば厲《あやう》けれども終には吉。或は王事に従うとも成すこと无かれ。

六四
訟に克たず。復りて命に即《つ》き渝《か》えて貞に安んずれば吉。

九五
訟元吉なり。

上九
或は之に鞶《ばん》帯を錫わるも終朝に三たび之を褫《うば》わる。

7 地《ち》水《すい》師《し》

- ▅▅ ▅▅ △ 小吉
- ▅▅ ▅▅ ○ 吉
- ▅▅ ▅▅ ▲ 小凶
- ▅▅ ▅▅ × 大凶
- ▅▅▅▅▅ ○ 吉
- ▅▅ ▅▅ △ 小吉

師は貞なり。丈人《じょうじん》なれば吉にして咎《とが》なし。

師とは戦争のことで、もろもろと読み、多数の人を戦争に参加させることで、この卦は戦争をすることについての道を説いています。

師の卦をみると、外卦坤の地上にあった水が皆地下に集まり、水が地上で用をなさなくなり、そこで農民が多数集まって水争いから戦争に発展していくという意味が生じています。

さて、多勢の人を率いて戦争をするには、まず第一にそれが正義の戦であることが必要です。正義の戦ということによって、人々を協力一致させることができるからです。そして衆人を指揮する人が、九二のような知仁勇兼備の徳望高く、万人に信頼される丈人である時には、戦争に勝利して吉を得ます。戦争に伴うさまざまな害悪も、天下に平和をもたらしたことによって咎とはならないのです。

〈占考〉

集団的、あるいは多数の人たちの争いや競争の渦中にあって、安泰を得難く、憂い多く、苦労の絶えない運勢です。

人格をみても、一技一芸に秀でてはいても、負けず嫌いで競争心が異常に強くて一歩も退かず、謙譲さがありません。そのために、人との和合や協調性に乏しく、陰険で孤立して人気がなく、常に暗く何かを策謀しながら憂うつそうに沈んでいるといった感じです。

家庭運も暗く不和合で、戦争状態となっています。縁談も交渉事も、争いとなり凶占です。失物も大勢の人や地下に隠れるという意味なので出ませんし、家出人も同じ占です。

病占では、流行性の消化器系統の病気や、手術を要する潰瘍や癌などで、精気の虚脱や脱水症状を伴ったもの、その他すべて病勢が激しく、重病人は危険です。天候は、夏は晴天続きで蒸し暑いのですが、雨もよいの曇りとみるのが一般的です。待人は来ないでしょうし、物価は下落とみます。

初六――戦争のために、軍隊を出兵させるに当たって、最も大切なのは規律です。命令系統を中心とする規律の守られていない軍隊は、単なる烏合《うごう》の衆に過ぎず、必ず敗北することになります。このことは、集団でスポーツをしたり、競争の激しい商業戦を展開したり、激しい試験戦争に参加したり、すべてのことに、この意味を適用して占断します。

九二は、剛中の徳を持つ知仁勇兼備の指揮官です。応爻・比爻も多く、すべての人の信頼に応えて大功を樹《た》て、何度も感状を授与され、社会国家を安泰ならしめたわけです。集団的なあらゆる競争や戦争には、指揮官や監督の人がらが第一なのです。

六三は、不中不正、柔弱にして才能乏しく、応爻もありません。このような信望のない無能な人を指揮官に選べば、必ず戦争に惨敗し自らも戦死し、計りしれない凶禍をもたらすことになります。

六四は、位は正しいが陰柔不才であり、自らも自己の能力の限界を自覚しているので、進んで失敗をするようなことはありません。つまり、勝ち目のない戦争を前に全軍を退かせて、兵を損失せしめなかったのは、戦争の常道を心得たものといえましょう。進むべき時に進み、引き上げ退く時は断固として退くこと、それもまた高等戦術の一つなのです。

初六
師は出づるに律を以てす。否らざれば、臧《よ》きも凶。

九二
師に在りて中す。吉にして咎无し。王三たび命を錫う。

六三
師或は尸《しかばね》を輿《の》す。凶。

六四
師左次す。咎无し。

六五は、柔中の徳を持つ首長です。自国が他国から侵略を受けた場合、相手の非を鳴らし声明を発して、これを討伐するすることは当然で、咎められるべきことではありません。しかし、このような正義の戦において肝腎なのは指揮官です。九二のような知仁勇兼備の偉丈夫を選ぶならばよいが、もしも六三、六四のような無能な人物を指揮官にすれば、多くの死傷者を出して敗北し、たとえ正義の戦であっても凶となります。

上六は、戦争終結後の論功行賞が問題となります。もちろん、功績の大小に応じて、それぞれ適当な地位や名誉が与えられるべきです。しかし、特に心すべきことは、たとえその功績がいかに大であっても、徳のない小人に対しては責任のある高い地位を与えてはいけないという点です。やがて国を乱す原因となるからです。そのような人には、一時的な金銭や財宝を与える程度に止めるべきです。

六五
田に禽有り執言に利し。咎先し。長子師を帥《ひき》ゆべし。弟子なれば尸を輿《の》す。貞なるも凶。

上六
大君命有り。国を開き家を承く。小人は用うる勿れ。

8 水《すい》地《ち》比《ひ》

⚋ × 大凶
⚊ ◎ 大吉
⚋ ○ 吉
⚋ × 大凶
⚋ ◎ 大吉
⚋ ○ 吉

比は吉。筮《ぜい》に原《たず》ね元永貞《げんえいてい》なれば咎なし。寧《やす》からざるもの方《まさ》に来る。後夫《こうふ》は凶。

比とは、人が二人並んでいる象形文字で、人と人とが親しみ合い助け合うことを意味し、この卦は人と親しみ助け合うことの道を説いています。また、この卦は地上の水が土中に浸《し》み潤《うるお》し、水と土とが密着して区別がつかないように、九五の首長に五陰爻が親しみ比している象でもあります。

人と人とが親しむことは吉ですが、人と親しむのにも正しい道があります。すなわちまず親しもうとする人の人格をよくみて、筮を立てて占うように、他人にも相談し、よく考えた結果、親しむに値する人であると判断したならば、友情篤く、常に変わらぬ誠実さをもって、親しまなくてはなりません。そのようにすれば、咎められるべき過失はないのです。

このような立派な人、九五を目指して、四方から急いで親しみ比そうと人々が集まって来る時に、最後まで意固地《いこじ》に親しみ比そうとしない人は凶で、後には誰からも相手にされず身の置きどころがなくなります。

〈占考〉

戦争が終わって平和が訪れ、人々が互いに親しみ比し助け合う状況の中で、何といっても戦争を勝利せしめて帝王の地位に就いた九五と、それと親比しようとする諸侯との関係は、平和維持のために最も重要なことです。卦辞にはその親比する方法について述べておりますが、実際にはワンマン的経営者と社員との関係とか、狭い地域社会や諸団体や会社などにもこうした現象がみられるわけで、広く応用して占断してゆきます。

光源氏のような九五の男性に親しみ比そうとする五陰爻の女性とか、人気の高い男性が人気に溺れて五陰爻の中に埋没し、水が土に吸い込まれてゆくように没落していったりします。また、とりとめなく誰とでも親しもうとして悪性の人に誘惑されたり、遊興に流れ、酒食色情に溺れたり、柔和に過ぎて騙されたりと、運勢判断では警戒することが多いわけです。

縁談も同様で、男性の場合、素行が問題となったり、選り好みが過ぎてなかなかまとまらないとみます。男性から女性を占った場合も同じで、一人の男性をめぐってライバル意識を燃やしているとみたり、その他、交渉、談判などもいろいろと引き合いが多くて目移りがしたり、まとまりそうでまとまらないが、誰か九五のような人を介したら案外スムーズにまとまると判断します。

病気は、胃腸系統とか五爻の坎を肺とみて、肺結核や肺ガンなどです。中でも重症者は次第に体力・気力が衰えて、水が地に吸い取られるようにして死亡する占です。

天候は雨。家出人は、遊興的な温泉地、歓楽街などで働いて戻ってきません。待人はとりとめもなく、途中で脱線してあらわれません。失物は、商店や飲食街など人の集まる場所で落としたとみます。また、物価はジリジリと下降していきます。

初六は、身分も低く不中不正で、応爻も比爻もありません。五爻から最も遠く離れていますが、認めてもらえるか否かは別として、純心素朴な真心を尽くしているので、その誠意が通じて九五から思いも寄らぬ吉報を受けることになります。

六二の陰爻は柔順中正で、ひたすら応爻の九五と親しみ比し、心底から誠

初六
孚有りて之に比す。咎无し。孚有りて缶に盈つれば終に来りて它の吉有り。

六二
之に比するに内よりす。

心誠意これに尽くそうとして、正しい道を堅固に守っているため、吉です。

六三は不中不正で、応爻も比爻もありません。人と人とが親しむべき時に当たって、親しむべき人を求めますが、それを得られず、そこでやむをえず親しむに値しない害応である上六と親しんでしまいます。ところが、上六は正常人でない悪人であり、そのための禍《わざわい》は避け難く、これもまた、まことに気の毒であるといわざるを得ません。

六四は陰柔で位正しく、賢明なる九五と比してその指導を受け、自分の先生が同時に自分の上長でもあるという幸運に恵まれ、吉を得ることになります。

九五は剛健中正の首長であって、人との親しみ方が公明正大で一点の私心なく、去るものは追わず、来るものは拒まずといった王者の親しみ方をしています。その様は、狩りにおいて逃げる獲物は追わず、三方から包囲して一方を開けて逃げるに任せ、引っかかってくる獲物のみを取るように、強いてすべてを自分に服従させようとはせず、彼らの自由意志に任せておくので、かえって人々は心服するようになるというわけです。

上六は、比の時に当たって傲慢でへり下ることを知りません。そのため、下位に位置する九五に親比すべき時期を失ってしまい、終わりを全うすることができず、結局は凶禍を受けることとなります。

貞にして吉。

六三
之に比すること人に匪ず。

六四
外之に比す。貞にして吉。

九五
比を顕にす。王用って三駆して前禽を失う。邑人誡《いまし》めず。吉。

上六
之に比するに首无し。凶なり。

9 風天小畜《ふうてんしょうちく》

⚊ △小吉
⚊ ○吉
⚋ △小吉
⚊ ●凶
⚊ △小吉
⚊ △小吉

小畜は亨る。密雲あれど雨ふらず、我が西郊よりす。

この卦は、位の正しい六四（互体☲）の陰爻によって、上下の五陽爻、特に内卦の乾がその積極的な活動を中止させられています。そのため、この卦を小畜といいます。この活動の中止は、陰爻による陽卦の抑止ですから、そう長くは続かず、少しの間畜《とど》められる程度のものです。そして、九二と九五との剛中の徳により、後には必ずその志は行われ亨《とお》ることができるのです。

ただし今は大空一面に雲が盛んに湧き起こっています。しかし、この雲は陰陽和合せず、外卦の風（六四）によって吹き払われ、雨となって地上を潤すことができません。それにもかかわらず、いつかは必ず自分（文王）の忠告や意見が（紂王《ちゅうおう》に）聞き届けられ、雨となって地上に降ってくることを信じて、西（互卦☱）の方から雲を盛んに湧き起こすのを止めないでいるのです。

〈占考〉

一陰が上下の五陽爻の働きを止め、彼我上下の意志の疎通を妨《さまた》げています。そのため現に着手し、あるいは計画していることのすべてが、その進行を止められ、待機することを余儀なくされている状況です。急功を望まず、暫《しば》らく時を待てば、好機が到来するともみられますが、多くは待ち切れずに行動して挫折してしまいます。

六四を社長の女性秘書とみたり、家庭では主婦、または第二夫人といったようにみます。女性の権力が強いことから内部問題が多く、資金の不足と相俟《ま》って大事は見込みが薄いといった運勢です。しかし、時を待ちながら志望するところのものを決して諦めず、成否を問わず努力だけは続けてゆくというのが、この卦の特徴です。

相談や交渉も、間に妨害するもの（女性）があって、うまくまとまりません。縁談も妨げが多く、先方の母親の力が強かったり、あるいは婿養子を望む形でもあります。待人も、引き止められてあらわれません。失物はどこかに保管されています。天候は〝密雲あれど雨降らず〟です。物価は上昇気運を抑えられて、もどかしい状態です。

病気は、神経衰弱とか血行不順、高血圧、風邪、肺結核など、案外に長引くものが多く、軽症が重症に変ずる危険性があります。

初九は位が正しく、しかも六四と応じています。六四は、内卦の陽爻が進んでいこうとするのを、時期尚早として引き止めます。初九はこの意味を理解して、進もうとする積極的な意志を捨てて、従来の生活に帰り、失敗しないですみます。

初九
復るに道よりす。何ぞ其れ咎有らん。吉。

九二は剛中の徳を持って陰の位にいるので、冷静です。積極的に行動を起こそうとはしますが、応爻がないことを知り、時期いまだ至らず、受け入れてもらえないと判断します。そこで志をともにする人たち、初九・九三とともに退き帰り、中道を守って安泰です。

九二
牽《ひ》きて復る。吉。

九三は陽の位に陽でおり、しかも内卦乾の上爻です。そのため、その積極的な行動への意志を抑えることができません。それを六四の陰爻によって阻止され、自分が乗っていこうとした車を動けなくされたことから大いに怒り、九三と六四の夫婦は互いに反目し、にらみ合い、家庭が崩壊寸前になってしまっていますが、このような状態では何事もうまくゆくはずはありません。

九三
輿輻《とこしばり》を説く。夫妻反目す。

六四は、陰位に位正しく、三・四・五爻をもってする互体（☲）の主爻と

六四

して、明智を持つとともに、自己を虚にする孚《まこと》があります。それは、内卦乾をより充実させようとする真心からあえて抑止してきたのですから、たとえ傷つけられるような危険に遭っても、血を流すような禍は免れ、咎められるべき過失もなくなってしまいます。それというのも、六四は九五の剛中の首長から絶対的に信頼されており、志を同じくしているからです。六四は、誠意をもってしたことが通じないで、いろいろと誤解を受け、危害を加えられそうな運気とみます。

九五は、比爻の六四と協力一致して事に当たったために、大成功を収めます。しかも、その広大な富を決して私有しないで、六四をはじめ広く協力者たちに分かち与え、ともにその成功を楽しんでいます。

上九――これまでなかなか降らなかった雨が、すでに十分に降り、地上を潤し、その目的も達成されたのであるから、もうこれ以上雲を湧き起こす必要はありません。六四は女性の本分である柔順の徳に立ち帰るべきで、これ以上、現在の地位に止まり進んでゆくことは危険なのです。月は満月になれば次第に欠けてゆくしかないし、満月の明るさは太陽を欺くまでにもなりますので、疑いを招きます。そこで、これ以上進んで行こうとすれば、凶禍を受けることになります。

孚有り。血去り惕《おそれ》出づ。咎无し。

九五
孚有りて攣《れん》如たり。富其の隣を以てす。

上九
既に雨ふり既に處《とど》まる。徳を尚び載す。婦貞なるも厲し。月、望に幾し。君子征けば凶。

10 天《てん》澤《たく》履《り》

○ 吉
△ 小吉
△ 小吉
× 大凶
△ 小吉
△ 小吉

虎の尾を履《ふ》むも人を咥《くら》わず。亨る。

外卦乾の後を内卦の兌がついてゆくこの卦は、小さい人、力の弱い人が、力の強い人の後に随ってついてゆくことです。また、人が実力以上の大事大業に着手してその後を追い、それに随ってゆくことでもあり、人が人としての道を、祖先や父の跡をついで履み行ってゆくことでもあります。

最も高い天が上に、最も低い澤が下にあることは、賢愚をはじめ上下尊卑の秩序が厳しく定められていることで、礼の本質がこの卦に示されています。

それは例えば、虎の後からついてゆくようなもので、危険で恐るべきことではあるが、しかし、この卦には、兌の和やかさと悦びの徳と、乾の剛健の徳とがありますので、虎に喰らわれずに困難を克服し、その志すところを達成することができます。

〈占考〉

身分不相応な野望や事業、または高利貸しや不良暴力団グループとの関わりなど、現在、虎の尾を履むような危険な状態におかれています。極度の不安を持ち続けていますが、そのような状況からの脱出はなかなか困難で、行きつくところまで進んでゆく以外にない場合が多いのです。そこで、外は剛健、内は和悦の精神をもって忍耐し、力以上に努力し、危険を克服し、志を遂げることが要求されています。

家出人は、都会に憧れたもの、また冒険心から出たもの、若い女性は妻子のある年輩者を慕ってついていったものなどで、行きつくところまで行くとみます。失物は繁華街の道路上に落としたと考えられます。

談判、交渉は相手が強く、こちら側の希望も高過ぎて、急ぐものは不調です。縁談の場合、この卦は女子裸身の象ですので男女ともに不品行とみ、婚後も不倫問題で、あるいは男性は暴君となるために、家庭は乱れます。物価は下落しそうで保合いが続きます。天候は晴れで雲が多く崩れやすいです。

病気は性病、肺や呼吸器病などです。悪性の病気を恐れて不安がっていますが、医師の注意をよく守ると案外に早く治るものが多いのです。

乾を祖先とし大きな遺産とするので、相続の問題（養子）も多いです。

初九は位正しくその志も正しいのですが、現在危険な履の状況の中で、仕事も人間関係も難しい問題が多く、しかも応爻も比爻もなく、人から迎えられ助けを受けることもありません。しかし、ありのままの自己を守って他を羨《うらや》まず、誠心誠意自分が本来なすべきことをなし、その本心において志し願っていることを行ってゆくことが大切です。

九二は剛中の徳を持ち、十分な実力を備えながら、九五と不応のため、用いられて出世することは望めません。しかし、少しの不満も抱かず、世間的な栄誉心から超脱して淡々とした心境をもって、幽閑なる境遇に心静かに自らの正しいと信ずる道を堅く守って生活しているので、決して功名富貴などのために心を乱すことはありません。

六三は陽位の陰爻で不中不正、才能乏しいにもかかわらず、自分では識見においても、実行力においても、誰にも勝《まさ》っていると思い込み、また吹聴しています。しかも、それをおだて上げる比爻と応爻とに取り囲まれており、大事を企て決行し、いったんは成功しますが、結局は大きく失敗して、虎に喰われるような凶禍を受けることになります。それというのも、六三の志が

初九
素履にして往くも咎无し。

九二
道を履むこと坦坦。幽人貞にして吉。

六三
眇にして能く視るとし、跛にして能く履むとす。虎の尾を履む、人を咥う。凶。武人大君と為る。

実力に比して剛強で、高望みすぎたからなのです。

九四は陰位陽爻で、しかも虎の尾の位置に危険な状況下にあります。九五の地位を奪う嫌疑を受けながらも、自らの才能や実力を柔和に、そして畏れ慎みながら発揮するので、ついには誤解も解けて吉を得ます。つまり、その志すところを達成することができるのです。

九五は剛健中正の徳と才能とをもって、最高首長の立場にあります。応爻も比爻もないので、自らの履むべき道を、自分自らの決断のみによって決定し実行してゆきます。しかし、たとえこの決断の内容が正しくとも、賛同者も支援者もない決定であるために偏《かたよ》りやすく、独断的となって危ういところがありますが、立場上そうするしか仕方がないのです。

上九は履の卦の終わりにあります。自分がいままで履み行ってきたことを回顧反省してみて、もしそれが始めから終わりに至るまで、すべて正しかったと判断することができるのなら、吉を得られ、大いに喜ぶべき結果を得られることになりましょう。

九四
虎の尾を履む。愬愬たれば終に吉。

九五
履むことを夬《さだ》む。貞しけれども厲し。

上九
履を視て祥を考う。其れ旋《めぐ》れば元吉。

11 地《ち》天《てん》泰《たい》

☷ × 大凶
○ 吉
△ 小吉
☰ △ 小吉
◎ 大吉
○ 吉

泰は小《しょう》往《ゆ》き大《だい》来《きた》る。吉にして亨る。

泰は、天地陰陽の気がよく通じ合って調和し、万物の生成化育がなされています。すなわち、陰の気は外へと出ていって衰えるのに対して、陽の気は内に充実して勢い旺《さか》んです。

これに対応して、君子の道が栄え小人の道が衰えて、万事公明正大となり、上下の意志疎通がよどみなく行われる時は、必ずすべてのことが安らかに伸び栄えてゆきます。

〈占考〉

現在は非常に安泰な運勢です。上下の意志がよく通じ合い、言論は自由で、人、皆親しみ和合して平和です。しかし、この平安さに馴れているうちに、怠惰となり緊張が弛んで、知らぬうちにすべてに乱れが生じ、終わりを全うすることができなくなります。

ですから、治に居て乱を忘れぬ心構えが大切です。特に年輩者や功成り名遂げた人には吉占です。しかし一方、青年や女性、一般に中人以下には、吉変じて凶に化する意味が強く、平安に泥《なず》み努力を怠り遊興的となり、特に男女とも色情問題に深入りしてゆく傾向が強くなります。

縁談はすでに本人同志が合意しているものが多く、その他の場合も大体吉占です。談判、交渉など相手のある事柄は、すべて意志が通じ合い利害が一致するとみて吉です。

家出人は男女そろって出て世帯を営む占ですし、その他の場合なら〝小往き大来る〟のですから、女性は出て行ったきりになりますが、男性は帰って来るとみたり、時宜に応じて占断していきます。待人はあらわれます。失物は早ければ戻りますが、時経たものは出てきません。転業その他変化を求めるものはすべて不良で、現状維持が吉となります。天候は大体晴れですが、次第に崩れて雨となります。

病気は、泰という現在の健康状態を中心にしてみてゆきますが、すでに重症の場合は、内卦の乾を癌などとみて不治とし、現在は小康を得ていても次第に悪化すると判断します。物価は保合《もちあ》いで高価に動きます。

初九は位正しく剛強の才能があり、高い地位にいる六四と応じます。六四に用いられる時は、上位の二陽爻とともに、それぞれの応爻に採用されてゆきます。その様は、一本の茅《ちかや》を引き抜こうとすると、同じ根で連なっているほかの茅まで一緒に引き抜かれてゆくようなもので、多くの有能な人たちが同時にともに採用されて、大いにその能力を発揮して世の中に貢献してゆくことになります。それというのも、初九の志すところが、もともと個人の利得ということにはなく、公共的な奉仕ということにあったからです。

九二は剛中の能力をもって六五と応じ、その信任を得て重大任務を引き受けています。その徳たるや、雑草のような人たちをも包容する、公明正大な豊かな器量を備え、時としては大川を危険を冒してまで渡るような果断さを持ち、遠く隠れて野にある賢人にも目が届き、身内その他の親しい人に対しても決して公私を混同することはなく、常に公平無私の態度をもって中庸の徳を実践してゆきます。そのため、六五の信頼に応えて、光り輝くような業績を上げることができるのです。

九三は泰の内卦乾の終わりで、泰平の世の頂点を過ぎようとしているとこ

初九
茅を抜くに茹たり。其の彙《たぐい》を以てす。征けば吉。

九二
荒を包ね、馮河を用い、遐《とお》きを遺《わす》れず、朋亡ぶれば中行に尚《あ》うを得。

九三

ろです。このように、衰《おとろ》えの端緒に立っていますので、油断してはいけません。泰平が久しく続けば、安楽に溺れて怠慢になり、人道乱れて世の中が傾くことになります。そうならないように、今この現在において、心を砕き努力して泰の道を堅固に守らなければいけません。そうすれば、泰平の崩れ始める時であっても、なお大きな幸福を享受することができます。

六四は位は正しいが、陰柔不才で高い地位にあり、泰平の衰退を喰い止めようと努力します。しかし、何分《なにぶん》にも力不足で、下位の三陽爻の賢人の指導に従い、六五と上六ともどもに、自分たちの高い地位のことも忘れて、誠心誠意おのれを虚にして教えを受けるので、泰の道はなお保持されてゆきます。

六五は柔中の徳をもって、応爻の剛中の能力を持つ九二の賢人を深く信頼して、彼にすべてを委ね、その指導に従い、泰平の維持存続を達成し、大いなる福を得ることができます。

上六に至って、ついに泰平の世は覆《くつが》えり乱世となり、上下の意志は全く通ぜず、人々は皆、各自勝手気儘《きまま》に行動する事態となり、一切の秩序は崩壊し、もはやその全体を収拾し難い状態ですから、このような場合には力の及ぶ範囲に限局して、せめてそれを守り抜く以外に方策はありません。

平かなるものにして陂《かたむ》かざるは无く、往くものにして復らざるは无し。艱しみて貞にすれば咎无し。恤うる勿れ、其れ孚有れば食において福有り。

六四　翩翩たり。富めりとせずして其の隣を以ゆ。戒めずして以て孚有り。

六五　帝乙妹を帰がしむ。以て祉あり元吉。

上六　城、隍に復る。師を用うること勿れ。邑より命を告ぐ。貞なれども吝。

12 天《てん》地《ち》否《ひ》

⚊ ◎大吉
⚊ ○吉
⚊ ▲小凶
⚋ ▲小凶
⚋ ◎大吉
⚋ ○吉

否は之《これ》人に匪《あら》ず。君子の貞《てい》に利《よろ》しからず。大往き小来る。

天地陰陽の気が通ぜず、上下の意志が互いに塞がって通じない天地否の状態を出現させたものは、人間として扱うことができない悪人たちの仕業です。

このような状態の時に、公明正大の道を歩もうとする人が、自らの道を正しいとして、悪人たちと戦ってみても何の効果もなく、かえって彼らによって大きな禍を受けるだけですから、小人の道の衰える時期が到来するまで、正論《せいろん》を差し控えて外にあらわさず、彼らからの一切の俸禄も栄誉も謝絶して退き守っていなければなりません。

〈占考〉

泰とは正反対に、小人の道が栄え君子の道が衰えてゆく否の社会では、上下の人間関係のみならず、一般に人と人、物と物との関係が塞がって、正常ではなくなっています。富と権力を持つものと持たないものとが、両極に分裂し、しかもそれが固定化し永久化されてすべてが不調和で和合せず、贈収賄をはじめ、不正が当然のこととして横行する社会となっています。それを批判する正論も弾圧され、言論の自由はなく、民主政治（泰）は逆転して完全に権力政治（否）に取って代わられた状態です。そこにあるのは、広汎にわたる権力の偏重のみです。

こうして、表向きは通ぜぬことも、裏面や裏口といった根廻し的工作によって、何事も通ずるのであり、小人の道の支配するこの異常な社会的諸関係の中で人間性は限りなく頽廃してゆきます。

事業、交渉、縁談、その他志望することは、一切が裏面工作のみによって成功するとみられます。病気は陰陽交わらずというところから、薬効もなく精神と肉体とが分離して安静を欠き、重病は危篤とみます。失物も待人も期待できませんし、天気は晴れで雨は当分望めません。物価は天井高値の後、急落します。家庭運では、夫婦・親子の不仲のほかに、相続者不在の悩みとか、遺産の浪費や家業の破産などが考えられます。万事に凶占です。

初六は、権力政権下における柔順な新官僚の採用に、仲間たちとともに応募して採用されます。そして、ひたすら自分を引き上げてくれた人たちのために尽力して、否の状態の維持存続に間接的に奉仕してゆくことになります。

六二の小人は、中を得て九五と応じ、その柔順善良な性格を買われて、否の時代に吉幸を得ています。しかし、公明正大の道を歩もうとするものであったなら、おのれの信ずる道を曲げてまで、小人の権力者におもねり服し、彼らから俸禄や栄誉などは決して受けず、おのれの守るべき道を通してゆきます。というのも、大人《たいじん》ならば小人《しょうじん》の仲間に交わり入ることは決してしないからなのです。

六三は不中不正の小人で、否の権力政権下の時代に最も出世するタイプの人間です。また、公明正大の道を妨げ、地天泰の社会を堕落させ、天地否の社会を出現せしめた否の卦の成卦主（中心となる爻）でもあります。彼は九四と比し上九と応じて、権力者にうまく取り入り、その愛顧を受けて高い役職に就き、合法・非合法のあらゆる手段を使って、さかんに恥ずべき不正を行います。また、それを隠すためのあらゆる工作をして、上下の意志疎通を阻むことができているのは、高位の権力者と不正な応・比の関係にあるからです。

初六　茅を抜くに茹たり。其の彙を以てす。貞なれば吉にして亨る。

六二　包承す。小人は吉。大人は否にして亨る。

六三　羞を包む。

九四は次のようになります。小人による不正と非合理との横行する否の時代も、ようやくその頂点を過ぎて、今や天命も革《あらた》まり、否の時代にありながら、公明正大な生活を続けてきた人たちにも、それなりの幸福が得られるという時代が訪れたわけです。こうして、同じ生活をしてきた仲間たちとともに、否を救済しようとする志が次第に達成されるようになります。

九五は剛健中正の徳をもって、否の時代を一時的にではあるが休止させ、公明正大な人たちが幸福に生活できる世の中を出現させたのですが、しかし、心底から安心することはできません。いつ再び否の状態に逆戻りせぬかと常に緊張し、警戒していれば、同じ志を持つ人たちである九四や上爻が桑の根が連なるように協力して、安全を確保することができるようになります。

上九において、否の時代は終局します。九四や上九の賢人や君子たちが、力をあわせて九五を助け、否運を挽回して小人を追放したからです。人々は皆、明るい陽道、すなわち公明正大な君子の道が行われる時代が到来して、大いに喜んでいます。つまり、世の中は、そういつまでも小人の横行する否の状態であることはできないからです。

九四
命有り咎无し。疇、祉に離く。

九五
否を休す。大人は吉。其れ亡びん其れ亡びん、苞桑に繫ぐ。

上九
否を傾く。先には否がり後には喜ぶ。

13 天火同人《てんかどうじん》

━━　△小吉
━━　◎大吉
━━　▲小凶
━━　▲小凶
━ ━　△小吉
━━　△小吉

同人野《や》においてす。亨る。大川を渉《わた》るに利し。君子の貞に利し。

人と共同一致するに当たって、遠く野《や》においてするというのは、公平にして一点の私心なく、広く天下の同志たちと協同一致するということです。そうすれば、その志すところは通達して栄え、どのような困難をも突破して乗り越えてゆくことができます。

このように同志の者たちの協同一致が永続しうるのは、その目的とするところが公明正大のものであって、決して私利私欲の追求でない場合のみであるからです。

この卦には、内卦文明の徳と外卦剛健の徳とが、六二と九五の中正の徳によって、互いに応じ合って志を同じくしています。このような公明正大な君子による正しい協同の道により、広く世の中の人たちの協同の実を上げてゆくことができるわけです。

〈占考〉

多くの人たちの協力によって、否の時代を終結せしめたことは、人々に協同して事を行うことの力を自覚させ、人々の意志の疎通も自由になされるようになりました。そのため、志を同じくする人たちによる共同事業がさかんに行われる時代が出現したのです。

内卦（☲）や外卦（☰）をともに太陽とみるのも、六二と九五と正応して上下志を合わせるのも、五陽爻が六二の陰爻をともに求めているのも、同人の象を指します。そこでこの卦は、同じ志を持ったもの同志が、同じ方向に向かって進んでゆくことにおいて、いかに協同すべきかの道を説いています。

運勢では、万事共同して行うことに関しては吉ですが、単独で行うことは不利と考えられます。

共同事業というものは、人の和を得ることが大切ですが、どうしても人には好き嫌いがあり、意に叶うものと意に叶わぬものとを分け隔ててしまいます。そのために、内部から裏切り者が出たり、あるいは、表面は協力し合っているようで、内面では有利な地位や利権や女性等をめぐって、激しい競争や戦いが行われていたりすることが多いのです。

このように、いろいろと困難な問題に直面している場合が多いのですが、多くは専門家に相談して解決する以外に方法はないといえます。内卦（☲）の特殊な計画や商品の生産を、資本を投下する人（☰）と共同事業で始めるなど吉占です。

談判、交渉は、相手が多く利害が複雑に絡むため、手間取ることがありますが、最後は大体まとまります。待人は同人ですのであらわれます。家出人は仲間たちと一緒に出たとみられ、男女同伴の場合も多いです。縁談は、女性の場合は多くの男性から求婚されて目移りがし、遊び友達も多くて今しばらくはまとまりません。失物も人の手に渡って出ません。

病気は、人と同じですから、流行性のものや感染したものが多く、眼病や心臓病、肺病などの重病人は合併症のため危険ですが、軽いものは平癒は早いです。天候は晴れ、物価は高騰します。

初九 同人門に于《おい》てす。咎无し。

初九は同人の時、応爻がなく六二と比していますが、六二は九五と応じて初九を省みません。そこで初九は、引き留められ、未練を残す何ものもないので、広く世間に出かけていって公平無私に真の同志を求めて、その人と協同することができます。そしてこのことを咎める人は誰もいません。

六二は、正応である九五の、いわば宗家宗主とのみ協同しようとして、ほかの一切を省みません。しかし、いまこそ広く人々と公平無私に協同すべき時であるのに、応爻のみに心を寄せるというのは、偏狭に過ぎてけちくさく、公明正大さに欠けるものといわざるをえません。

九三は過剛不中で邪《よこしま》な意志が強く、比爻の六二との協同を求めます。が、六二は中正の徳を持ち九五と応じて九三に従わないので、九三は六二を奪い取るために、強引なあらゆる方法を講じてみても、九五の勢力が強く、敵対し難く、形勢をみること三年の久しきにおよんでも、手出しができなかったというわけです。

九四もまた、いったんは六二を手に入れようと実力を行使しようとしてみましたが、六二は九五と応じていて、自分とは応・比いずれでもありません。それで、自己の不正であることを反省して引き返し、本来の自己の正しい道に帰り、吉を得ます。

九五は、六二と正しく応じ協同しようとしましたが、九三・九四に隔てられて会うことができません。初めは大いに嘆き悲しみますが、後には九三・九四に対して大軍を動かして、これに打ち克ち、妨害するものを実力で排除

六二
同人宗に于てす。吝なり。

九三
戎を莽に伏せ、其の高陵に升る。三歳まで興らず。

九四
其の墉《かき》に乗るも、攻むること克わず。吉。

九五
同人、先には號咷し、後には笑う。大師克ちて相遇う。

することにより、六二と相遇《あ》うことができ、また、これを大いに喜び笑いあえるというのです。

上九は応爻も比爻もありません。人の極めて少ない郊外において、世の中の煩《わずら》わしさから離れ、たまたま人がやって来て、自分と志を同じくするならばその人と協同するというように、自然に任せ、天命を楽しんで悔いることがないというのです。それというのも、心底から志を同じくすることのできるような人となかなか出会えないからです。

上九
同人郊に于てす。悔无し。

14
火《か》天《てん》大《たい》有《ゆう》

◎ 大吉
◎ 大吉
○ 吉
△ 小吉
◎ 大吉
△ 小吉

大有《たいゆう》は元《おお》いに亨る。

私心なく、人々が広く協同一致して努力すれば、何事も盛大となります。そこで、同人の次に大有の卦が置かれたのです。

大有とは、たくさんのものを自分の所有として持つ盛大にして豊かな卦で、国も人も財も大きく、太陽が天上高く万物を照らしているような盛運に処する道を説きます。

大有は、剛健の徳と文明の徳とを兼備しています。六五の首長は、柔中を得て、応爻の九二をはじめ陽剛の徳と才能とを持つ天下のあらゆる賢人を心服させ、さらに、天命に順応しながら、彼らの力によって事を行うので、なすところのことは大いに発展し通達してゆきます。

〈占考〉

一陰が五陽の充実した富を保有しています。柔よく剛を制して、太陽が中天に輝くような盛運をもたらしたものは、天佑神助によるものであって、決して自力によるものではありません。このことを自覚し、現在の富裕を持続する道は謙虚さであることを理解しなければなりません。

天の時を得て好運に恵まれ、現在の運気は絶頂ですから、現在の盛大を長く維持するためには、努力とともに、時運を察する明智が必要です。中人以下の普通人の場合は、いわゆる位負けして、これから次第に衰運に向かってゆくので、各人それぞれ分相応に時とところとを心得て、最善を保つように工夫することが大切です。

また、占い事すべてに対して、吉と判断します。ただし、病気だけは凶占で、昇天するとみる場合が多く、老人の場合大往生とみます。肺や心臓、そのほか伝染病など、高熱を発するものが多く、脳溢血や高血圧に起因するものなどすべてに危険性があり、薬効も乏しいと考えます。

初九は大有の始めで、富裕となることに専念して他を顧みず努力しています。応爻も比爻もないことが、かえって散財を誘う人と関わりを持たず、そ

初九
害に交わること无し。

のために、ほかから非難され憎まれることはあるかもしれません。が、位は低いし、また正しいので、咎められるほどのことではありません。

咎に匪ず。艱めば則ち咎无し。

九二は剛中の才能をもって中庸を実践しています。また、応爻の六五の深い信任を得て重大な責任を果たし、どんなに重い任務を負っても決して圧しつぶされたり転覆してしまうことのない、大きな車のように頼もしい力を持っています。ですから、万事において吉となります。

九二
大車以て載す。往く攸有るも咎无し。

九三は陽位陽爻、乾卦の上爻にいるので、富有にしてまた知恵も経験も豊かです。この豊かなものを提供して六五を助けるわけですが、それが本当に善美なものであるならば、六五に饗応されます。しかし、もしそれが悪事や悪知恵を提供して、単に私欲のために機嫌をとるのであれば、饗応はおろか、結局は害され禍を受けることになります。

九三
公用って天子に亨せらる。小人は克わず。

九四は、大有のさかんな時代に高い地位（多懼の位）にあって、六五と比しています。実力者として何でもできる立場におり、ややもすれば六五の首長を凌いで権勢をほしいままにしやすい危険性があります。しかし、陰位陽爻であり、控え目であり道理もよく弁《わきま》えているため、そのような疑いを受けることはありません。

九四
其の彭なるに匪ず。咎无し。

六五は柔中にして、文明の徳を持って最高首長の地位にあります。虚心に、

六五

大有

ひたすら現在の大有の状態を幾久しく守ってゆきたいと願う誠が、人々を感動させて、そのことに協力したいという信頼の気持ちを起こさせます。しかも六五は、その気取らない無雑作な自然そのままの親しみやすさの中に持つ威厳によって、九二をはじめとする実力のある五陽爻の誠心誠意をもってする協力を受けて、長く吉を保っていきます。

厥の孚交如たり。威如たり。吉。

上九に至っても、いささかの衰えも見せず、大有の状態が保持されているのは、これはもう天祐神助によるものと考える以外にはありません。どのような事柄に関しても、すべてが吉であるのは、上九の行為が天の意志に叶っているからなのです。

上九
天より之を祐く。吉にして利しからざる无し。

15　地《ち》山《ざん》謙《けん》

⚋ △小吉
⚋ △小吉
⚋ △小吉
⚊ ○吉
⚋ △小吉
⚋ △小吉

謙は亨る。君子終りあり。

高く聳えるべき山が地の下にあります。外卦坤の柔順にして和平、内卦艮の篤実にして自己の分限に止まる謙譲の徳をもってすれば、なすことすべて通達していくはずですが、最後まで謙遜していることはなかなか難しく、それをなし得るものこそ、君子という名にふさわしいということになります。

謙は、人間の守るべき道ばかりを指しているのではありません。天道も日が中天に昇れば、やがて西に傾きます。月も満つれば欠け始め、地道も高い山は崩れて谷を埋め、鬼神も満ち足りているものに禍を降《くだ》します。

このように、自然は謙遜し不足しているものに福を与え、人間も得意になっているものを憎み、謙遜しているものに好意を持つなど、謙遜こそまことに善美な徳というべきです。そして身分の高い人が謙を行う時、その徳はいよいよ輝き、身分の卑い人が謙遜している時、誰も彼を侮《あなど》り踏みつけにするものはいないのです。

〈占考〉

一般的運勢としては、大きな野心も希望もなく、小さな幸福に満足しながら波風もなく、地味平凡なつつましく質素な目立たぬ生活に安んじている状態です。

一般サラリーマンなどはしばらくは下積み的な努力が要求されており、万事表立たず控え目にしていてこそ、平穏無事です。人間的にも、将来は別として、今すぐには役立たず、覇気《はき》とか積極性に欠けるため、引き上げてくれる人もなく孤独で友人も少なく、コツコツと努力している状態です。その反面、情事に楽しみを求める傾向もあります。

待人、失物、家出人、縁談、談判、交渉などは、すべて待つ以外にない状況です。病気は消化器系のものが多く、癌性であることもあります。その他には、子宮癌や性病などがあります。病勢は緩慢ですが、長引いて根治できないものが多く、重病の場合危険です。天気は小雨です。

初六は、謙の時、陰爻をもって最下位にあります。へり下る上にもへり下る謙遜の徳によって、あらゆる困難を乗り切ってゆくことができます。そして、人望と信用とによって、将来、大きな仕事をやり遂げられますが、今はそのための基礎固めの時であり、陰忍自重が続きます。

六二は柔順中正の徳をもって、九三の剛強な才能と徳とを持つ人物の謙遜の徳に感応して、自分もまた言語動作に謙遜の徳があらわれ出るまでになっているので、それによって大きな幸福を得られます。というのも、六二は心底から謙遜になろうとして、九三を見習っているからです。

九三は☵の主爻、☶の主爻、☳の主爻という位置にあって、休む暇もなく勤勉労苦して、大きな功績を上げたのですが、深く謙遜して少しもその功を誇らないので、すべての人々はこの人物に心服しようとします。かくて九三は君子としての終わりを全うすることができます。

六四は位正しく、高い役職・地位にありながら、一挙一動に謙遜の徳を発揮して、前後左右すべての人に対してへり下っているので、すべてのことがうまく運び達成されてゆきます。

六五の柔順にして中庸の徳を持つ首長は、大きな功績を樹《た》てながら謙遜にしている九三の賢人を尊敬しています。また、六四・上六という高い地位や

初六　謙謙す。君子用って大川を渉る。吉。

六二　鳴謙す。貞吉。

九三　労謙す。君子終り有り。吉。

六四　謙を撝《ふる》うに利しからざる無し。

六五　富めりとせずして其の

役職にある人も、ともに九三に深い信頼を寄せるので、すべての人々もまた皆この六五の首長に心服しています。そこで心服しない人は悪人とみて、この謙遜の徳をもって、兵を動かし征伐することができます。占断は、消極策、積極策どちらも難しい状況にあり、進退両難で内部充実の時とみます。

隣を以てす。用って侵伐するに利し。利しからざる无し。

上六は、九三の謙遜の美徳を持つ君子と応じ、それに見習うべく努力しており、今ではそれが自然に外にあらわれるまでに至っています。そこで、この謙遜の徳をもって兵を動かし、内部にあって服従しないものを征伐することができるのです。が、陰柔不才のため、せいぜいその程度のことしかなし得ず、十分に志を遂げるわけにはいきません。

上六
鳴謙す。用って師を行り邑国を征するに利し。

16 雷《らい》地《ち》豫《よ》

- -　×　大凶
- -　▲　小凶
—　○　吉
- -　●　凶
- -　○　吉
- -　●　凶

豫《よ》は侯《こう》を建《た》て師《し》を行《や》るに利《よろ》し。

一国の首長が、諸侯を封《ほう》じたり軍を動かして戦争したりするような重大事を行うためには、この豫の卦の道——すなわち天の道、地の道、人の道に順応して動くということが大切です。「順以て動く」という言葉の持つ意味は、まことに広大無辺であって、天地そのものでさえ順以て動くこの理法に従っています。ですから、日月星辰の運行も、春夏秋冬の推移も、誤り違《たが》うことはなく、順以て動くなら、たとえ刑罰を行っても一人の不平者も出ないということになります。

〈占考〉

豫とは、安らかにゆるやかに和《やわ》らぎ悦《よろこ》び楽しむという意味で、悦び楽しむことの道を説いています。豫の卦は、震雷が地上に奮い出ている形であり、また冬の間地下にあって眠っていた禽獣や虫や草木などが、春になって地上にあらわれ出て悦び楽しんでいる姿でもあります。

豫は、それ故、新しい希望の達成や新規計画の実現に向かって、積極果敢な行動を開始することです。地位の昇進や引き立てをはじめ、就職やその他豫《あらかじ》め計画し準備していた新規のことは大いに期待できますが、これに対して、従来の旧いことのすべては衰亡してゆくとみられます。

また、反面、悦び楽しむことに夢中になり怠慢となって、束の間の喜びに終わりやすく、気分的な成功に酔って実質内容が伴わない場合が多いです。学芸、名誉、発明・発見、ヒット商品の発売、入学試験、その他豫め準備し用意し努力していたこと、精神的・心理的な悦びなどを中心に判断します。

談判、交渉、取引、縁談、就職などは、すべて予定し予想した通りの結果となり、大体吉占です。家出人は豫め計画して出たので当分戻りません。また、失物も出てきません。天候は晴れで、夏は暑気の続いている時、雷雨とみます。病気は、潜伏していたものがあらわれ出た場合が多く、悪性でしかも根が深く危険です。が、手当てが早ければ平癒も早いです。

初六は不中不正、柔弱の小人で、自分自身に何ら楽しむべきことがないにもかかわらず、応爻の九四の楽しむのをみて、それにあやかろうと有頂天になっています。しかし、それは永続するはずはなく、まもなくその悦びも消えて行き詰まり、凶禍を招くことになります。

六二は柔順中正で、応爻も比爻もありません。そのために、人々が悦び楽しむ豫の時において、ほかから誘われることもなく、独立独行で、楽しみに溺れて節度を失うこともありません。けじめ正しく決然として、自分の守るべき限界を自覚し、その日のうちになすべき自己の本務に向かって態度を決定するので、常に吉を得られます。

六三は陰柔不才で不中不正の小人であり、悦びの主役である九四と比し、その愛顧を受けてそれに媚《こ》び、その力を借りて悦び楽しみに有頂天となっています。そして、ぐずぐずとけじめをつけることができないでいるので、必ず後悔するようなことが生じてきます。つまり、反省すること遅きに失して後悔するような失敗をするわけです。

九四は衆陰中、唯一の陽爻で成卦主です。六五の首長と比してその信任を得、上下五陰爻を心服させ、その力を束《たば》ねて大いに志を遂げて成功に至ります。また衆陰の五陰爻を悦び楽しませる事ができるので、自然に権力が身に

初六
鳴豫す。凶。

六二
石に介す。日を終えず。貞にして吉。

六三
盱《く》豫す。悔ゆること遅ければ悔有り。

九四
由りて豫しむ。大いに得る有り。疑う勿れ、朋盍《あ》い簪《あつま》まる。

豫

着いてきます。そして何事も意のままにできるため、六五を追放して自分が首長に取って代わる野心を持っていると疑われて（多懼の地位）、思いもよらぬ禍の発生する危険があります。そのため警戒が必要ですが、しかし九四の志は一点の私心なく、ただひたすらに自分を信頼してくれるすべての人に和平悦楽をもたらしてやりたいと願うだけですので、疑い危ぶむことなく、自らの信ずるところに向かって決然と進むべきであり、そうすれば一本のかんざしが何万本もの髪の毛を束ねるように、多くの人々の協力を得られます。

六五は豫の時に才能乏しく、名ばかりの首長の座にあって実権は比爻の九四の賢人に握られています。そのためか自らの才能の乏しいのを苦にして、憂さ晴らしの快楽に耽っています。しかし、この関係が今後どれほど長く続こうとも九四には野心がないので、決して自分の地位は侵されることなく安泰です。むしろ心配なのは、逸豫《いつよ》からくるもろもろの悪性の心身の病気です。

上六は陰柔不才の身をもって、豫の悦びの頂点におり、悦び楽しみに溺れ、その心は真暗闇となっています。そのため、凶禍を受けるべきことはいうまでもありません。今のうちに、これまでの自分の行為を反省して、目覚め悔い改めるならば、決定的な咎は免れるでしょう。しかし、悔い改めない限り、その滅亡はもう間近で、到底長く持ちこたえられるものではありません。

六五
貞疾あり。恒に死せず。

上六
冥豫す。成れども渝る有れば咎无し。

17　澤《たく》雷《らい》随《ずい》

- ▬ ▬ △ 小吉
- ▬▬▬ ◎ 大吉
- ▬▬▬ ▲ 小凶
- ▬ ▬ ▲ 小凶
- ▬ ▬ ▲ 小凶
- ▬▬▬ ○ 吉

随は元《おお》いに亨《とお》り貞《ただ》しきに利《よろ》し。咎《とが》なし。

こちらが動いて相手に随《したが》う時は、相手は大いに悦《よろこ》んで、こちらに随うようになります。かくて行うところのことすべてが結果的によく亨り、さかんに伸び栄え、好結果を得られ、それを確保することができるようになります。

ただしこの場合、それはあくまでも公明正大な正しい道に随ったものでなければなりません。そうすれば、高い地位や優《すぐ》れた才能のある人が時の宜しきに随って、自分より地位も卑しく才能も乏しい人に随うことから生ずる、もろもろの咎められるべき過失はなくなります。また、世の中の人も皆、このような時の宜しきに随って行動する随順の道に随って、進退出処して吉利を得るようになります。

〈占考〉

初九、および九五の陽爻の上に陰爻があって、これに随っています。また、内卦の震が外卦の兌の少女に随って、その後を追っています。このように、身分地位の高く才能あるものが、地位も卑しく才能のないものの後に随うことが、随の卦の持つ意味です。

夏の間、勢いを奮っていた震雷が、兌の秋になって引き込み、日中働いていた人が兌の夕暮れに休息するといった象《しょう》で、一般的に、下位の爻が上位の爻に随い、時の宜しきに随って進退することをも意味しています。

運勢も陽気に悦楽に耽った豫の結果、金銭に困り、つまらぬ人に屈従したり、表立って派手にやっていた仕事を整理して目立たぬ裏通りに引き込んだりします。また、停年退職したり失業したりして、つまらない仕事をつまらない人に使われてそれに随っていったり、年輩者が若い女性の後を深追いして家産を傾けたりと、善悪いずれにも主体性がなく、無節操に随ってゆく危険性を持っている運気です。

時勢に随い事に随って、吉を得るのですが、転勤や転職や住居の移動など、発展の方向ではなく、整理し隠退し自己主張を控えるといった方向性をもっています。この方向性をすべての事柄に当てて占断してゆきます。さらに、流行に随うなど、臨機応変に対処すると、好結果が得られ、少女たちの意見なども重要な参考となります。

談判、交渉などは、先方のいいなりになりながら勝機を掴むことが大切ですが、積極的に期待するとすべては裏目に出ます。家出人、失物、待人なども期待できません。天気は、晴れから崩れて夕方は雨になります。

病気は肺系統のものをはじめ心臓病など、精気が衰え、重病者や老人の場合は死病とみます。

初九は陽位陽爻で、位正しく心も正しい成卦主ですが、応爻がないので何人にも拘束されず自由であり、自ら正しいと信ずる道を守ってゆくことができます。しかし今は随の時ですから、時として他の人に随って、自分の地位や職業が変化することもありますが、自らの正しいと信ずる道を固く守っているので、吉を得られます。そして人と交わるにも、自分と親しい関係にあるものにのみ私せず、門外に出て広く公明正大に交わるので、大きな成功を成し遂げます。これも、随の道を失っていないからなのです。

初九　官渝ること有り、貞吉。門を出でて交われば功有り。

六二は、随の時に柔中を得ています。が、気が弱く、小人の六三に関わり引っ係《かか》って、比爻の初九の丈夫と応爻の九五の丈夫とを失う結果となります。

六二　小子に係りて丈夫を失う。

これは、もともと丈夫と小人との両方に交わることができないから生ずることなのです。

六三は、もっぱら上位の比爻の九四の丈夫と関わりを持ち、六二を見捨て私利を得ようとしています。しかし、不中不正の者同志の交わりのため、一時的な繁栄は得られても、不正不義の道に随って協力し合っている限り、永続するものではありません。自己本来の道を固く守っていた方がよいといえるでしょう。

六三
丈夫に係りて小子を失う。随いて求むる有れば得。貞に居るに利し。

九四は不中不正で、陽剛の才能をもって高い地位にたち、比爻の六三以下を随えて権勢さかんで、九五の首長を凌いでいます。しかし、たとえそれが当然として是認される場合であっても、道理において不正ですから、凶禍を受けることになります。そこでもしも九四が人を感動させ、私心のないことを証しするだけの真実の孚《まこと》があり、正道に随って事を行う明智があるならば、咎められるようなことはないのです。

九四
随いて獲ること有り。貞なれども凶。孚有り、道に在りて以て明らかなれば、何の咎あらん。

九五は剛健中正の首長で、九四以下多くの部下に心服され、随順されているので、これより優れた吉はありません。それというのも、九五は至誠真実の孚をもって、部下の賢人を信任しているからです。

九五
嘉に孚あり。吉。

上六は、現役を退いて位のない地位にある会長とか在野の隠れた賢人に、

上六

多くの人々が太い綱でつながれているように随従してきて、それを引き離すことができないほどで、随の道の窮極に達したものです。このように、周の文王は天下の人心の三分の二を得たにもかかわらず、臣下たる道を守って殷《いん》の天子に仕え、あえて天子の祀りを行わず、領内の西山に自己の祖先のみを祀り、諸侯の地位に安んじていたのです。

之を拘係し、乃ち従って之を維ぐ。王用って西山に亨す。

18　山《さん》風《ぷう》蠱《こ》

━━━	○	吉
━ ━	○	吉
━ ━	×	大凶
━━━	△	小吉
━━━	△	小吉
━ ━	▲	小凶

蠱《こ》は元《おお》いに亨《とお》る。大川を渉《わた》るに利し。甲に先だつこと三日、甲に後れること三日。

蠱は、長年月にわたる無事泰平に馴染《なじ》んだ結果、怠慢となり、世の中の風紀が乱れ頽廃《たいはい》している状態のことです。治極まって乱生じ、乱極まればまた治生ずるわけで、すべて物事は行き詰まれば必ず変化して通ずるようになり、沈滞していた物事も大いに伸び栄えてゆくようになります。

しかしこのようになるためには、大川を渉るような冒険をあえてし、幾多の困難を克服して、勇往邁進《まいしん》する気概をもって、積弊の打破と改革刷新に当たる必要があります。しかも改革刷新を行うには、風紀や規律があらゆる階層に亘《わた》って今日まで乱れてきた原因や来歴を、数年ないしは十数年に溯って調べなければなりません。それとともに，改革を断行した結果に対しても、数年、ないしは十数年先の将来の成り行きについても、よく考えて実施しなければならないのです。

この卦は、次のような意味をもっています。陽剛なる艮卦および主爻の上九はあまりにも上にあって倨傲《きょごう》であり、内卦の巽卦およびその主爻初六はあまりにも下にあって卑屈です。かくて上下の意志疎通は欠けて、為政者と人民とは離ればなれとなってしまっています。上位の為政者は、現在の状態に満足してそこに居据わり、進取向上の気概はありません。一方、下位の人民もまた、それを批判する勇気もなく、かえって彼らにへつらいおもねって私欲をはかっています。

このような世の中では、社会全体がだらけて網紀は弛み風紀も乱れ、各階層至るところに不正は横行し、不快な事件が頻発《ひんぱつ》するようになります。それは、上位に立つ者の志操道徳が萎靡《いび》沈滞して、規律が紊乱《びんらん》しているために、世の中の風俗が頽廃し、人民の志が卑しく萎縮してしまったからなのです。

〈占考〉

事業であれ家庭であれ、談判、交渉、取引などの人間関係であれ、万事に腐敗と頽廃とが進行して、崩壊寸前の状態となっています。このままではどうにも仕様がなく、壊れるものは壊して、旧弊の打破による思い切った改革刷新が必要です。単に外見を繕《つくろ》って過ごせるような状況ではなく、古い関係の清算と新規出直しを中心に占断していきます。

ということは、すべての事が破れやすく、また思わぬ事故が発生して災禍を受けることが多いので、また、年輩の女性と若い男との淫靡な色情のもつれなど、すべてが内部から腐敗して破れるということを万事の占断に適用してゆく時、安定的な吉占となるものは何一つとして残りません。病気は、病毒が体内で全身を腐敗させていると考えられ、手遅れの状態にあります。天候は夏は蒸し暑くて曇り、秋冬は木枯らしが吹き荒ぶなどの荒天とみます。

初六は陽位に陰爻で、志も弱く力不足であるにもかかわらず、先代の作った破れを自ら中心となって修繕し正してゆかなければならない時です。しかし、その破れはまだそれほど大きくはなく、負担も軽いのですが、非力のため、その修復刷新は容易ではありません。このことを自覚して、慎重に事を処置してゆけば、吉を得られます。

九二は、父亡き後、六五の母の作ったいろいろの破れを、九二の子供が改革刷新しようとしています。その時、母に対して正道を主張して、あまり厳しく責め立てないで、物柔らかに漸次良い方向に導くよう中庸を守ることが

初六
父の蠱を幹《ただ》す。子有れば考《ちち》も咎无し。厲けれども終に吉。

九二
母の蠱を幹す。貞にすべからず。

大切です。決して激しく改革してはいけません。

九三は、父の代からの深い破れを刷新するに当たって、過剛不中で、物事をやり過ぎる嫌いがあります。その時、少し後悔するようなこともありますが、しかし断固として改革刷新しようとする、その志は立派です。多少の行き過ぎは止むを得ないので、大きな咎はなく、終いには過失はなくなります。

六四は陰位陰爻で、あまりにも柔弱かつ控え目にすぎる傾向があります。先代以来の蠱敗《こはい》を刷新できないばかりか、その優柔不断な姑息なやり方によってかえって破れを深く大きくし、ついには救うことのできないような状態にしてしまいます。改革刷新の時、柔に過ぎることは最も悪いことなのです。

六五は柔中の徳を持っています。九二の剛中の賢人と応じ、その補佐の力を借りて、ついに先代以来の積弊を改革一新して、大きな栄誉を得ることができます。

上九は卦の終わりにあって、矯正すべき蠱敗もすでになくなっています。いまや功成り名遂げて、その上に名利を求める心はなく、身を引き退いて王侯にも仕えず、また世の中の事柄に直接関わりも持たず、自ら高く徳を養い、その行為を高潔にしていることが、自然に世の中の人々に感化を与え、間接的に世の中の風紀の刷新をしているというのです。

九三
父の蠱を幹す。小しく悔有れども、大なる咎无し。

六四
父の蠱を裕にす。往くときは吝を見る。

六五
父の蠱に幹たり。用って誉あり。

上九
王侯に事えず。其の事を高尚にす。

19 地《ち》澤《たく》臨《りん》

⚋ ○ 吉
⚋ ◎ 大吉
⚋ ○ 吉
⚋ ▲ 小凶
⚊ ◎ 大吉
⚊ ○ 吉

臨は元《おお》いに亨《とお》り貞に利し。八月至れば凶あり。

臨の卦は、下の二陽爻が次第に成長して盛大となってゆく時に当たっています。六五と九二とは相応じて、内卦和悦の徳と外卦柔順の徳とをもって万事に臨むので、なすところのことは大いに伸び栄えてゆき、公明正大にその成果を得ることができます。

しかし、今は、陽気が勢い旺《さか》んに伸びてゆく時勢ですが、それはいつまでも続くものではありません。やがてその頂点に達した後、今後は陰気の旺んとなる時勢が訪れるので、早く警戒して、そのような時勢に備えることが大切です。また、陰気が訪れる時期は八月（旧暦）で、これもまた天の道なのです。

〈占考〉

臨は、一段高い地上から低いところにある澤を見下ろすことですが、それは、高い地位にある人が下から成長してくる低い地位にある二陽爻に臨み、期待をこめてこれを引き上げようとしている姿なのです。

初爻の一陽爻に九二の陽爻が加わり、陽気がますます旺んとなって陰気を駆逐し、すべてのものが大きく旺んになってゆく景気のよい卦です。家業は繁栄し、地位も昇進し、学業は向上し、希望も達成され、新規の計画も実行され、万事に吉兆をみてゆきます。

しかしこの卦は、兌の和悦と坤の柔順とによって人に愛され、人の引き立てによって成功するものですから、剛毅に過ぎたり急功を求め勢いを恃《たの》んで暴進すれば、必ず失敗します。また一般にこの卦は、現在は好調でも、八カ月後、あるいは旧暦の八月に異変ありといっていますので、永続性に乏しく用心しなければいけません。消長生卦法によって、八月は風地観（䷓）という陰気の旺盛な時期となるからです。

談判、交渉、縁談などは、当方が熱心に和悦柔順の態度をもって臨むならば、熱心さに感応してまとまる可能性は十分にありますが、春から夏にかけては良好でも、秋からは不利とみます。待人、家出人、失物などは、出ていったきりの意味があって、九月か八ヵ月後以外は期待できません。天候は晴れ、物価は目下上昇中です。
病気は、重病は病勢昂進して精神不安定となり危険ですが、重病人でも危機を脱した人や軽病の場合は陽気さかんとなり快癒は早いとみます。就職は、卦意からいって吉占です。

初九は位正しく、剛強の才徳を持っています。また、六四の位正しい高い地位にある人と応じ、その人を感動させて信任を得ます。そして、自らの信ずる正しい道を広く世間に行うことができて、志を果たします。

初九
咸臨す。貞にして吉。

九二は剛中の徳をもって、応爻である六五の最高首長を感動せしめて信任を得ています。そして、広く世間に自らの意志を実現することができるので、吉幸であり、いかなる場合に臨んでも、事がうまく運び成功してゆきます。その場合、ただ上司の命令に従うというばかりでなく、その命令が正しくない場合には、それを諫《いさ》めて従わないこともあるのです。

九二
咸臨す。吉にして利しからざる无し。

六三は不中不正で、兌（☱）の主爻の位置にあります。そのため、志が弱く、口先がうまく、空《から》元気しかないのに傲慢で応ずるものもなく、物事すべてに対して甘くみくびって臨みます。このような姿勢では、何をしても成功

六三
甘臨す。利しき攸无し。既に之を憂うれば咎无し。

六四
至臨す。咎无し。

六五
知臨す。大君の宜しきなり。吉。

上六
敦臨す。吉にして咎无し。

するはずはありません。そこで、もし六三が深く反省して、これまでの自分の態度を憂《うれ》え懼《おそ》れて改めるならば、これ以上大きな過失をしないですみます。

六四は、柔順にして位正しく責任の重い高い地位にいますが、自己の才能の乏しいのもよく自覚して、下位にある初九の賢人と応じ、深くこれを信任して謙虚に下に臨みます。また、正しく人を使うことを知っていますから、咎められるような過失を犯さないですみます。

六五は柔中の徳を持ち、剛中の徳を持つ九二の賢人と応じ、深くこれを信任して重く用います。このことが、すなわち最高の首長たるものが、大いなる知恵をもって世の中に臨むということであり、首長として最も宜しきを得た行為であり、吉にして、大きな幸福を手にすることができるのです。

上六は、臨卦の終わりである坤卦の上爻に位正しくいます。また、応爻も比爻もありませんが、極めて慎重かつ手厚い徳をもって、下位の初九・九二の陽剛の賢人たちに深く心を寄せています。そして、彼らの才能と徳とによって、広く世の中に自らの志を遂げたいと考えていますが、それは吉にして、咎められるべきことではないのです。

20 風《ふう》地《ち》観《かん》

▅▅▅ △ 小吉
▅▅▅ △ 小吉
▅ ▅ ○ 吉
▅ ▅ ○ 吉
▅ ▅ △ 小吉
▅ ▅ ● 凶

観《かん》は盥《てあら》いて薦《すす》めず。孚ありて顒若《ぎょうじゃく》たり。

陰気が次第にさかんになり、陽気の衰えてゆく観の時に当たっています。上位にあって首長としての責任を持つ者九五は、内に充実した誠を持ち、外に厳粛なる態度をもって、例えば神を祭るに際して、手を洗い浄《きよ》めて、いまだに供物を供えず神を天から今まさに迎えようとしている時のように、厳粛敬虔な心でいる時は、人々は皆、彼を仰ぎみて心服し感化されることになります。

そしてこれによって、陽気の衰える時ではありますが、小人からの侵害を免れることができるのです。声もなく形もなく、ただ至誠真実なる真心のみが、自然に人々の心に通じて心服を受け、協力一致して衰運を挽回《ばんかい》せしめるのです。

物が高く大きくなるのが臨であって、観は、その大きく高くなったものが四方から仰ぎみられている姿を指しています。同時に、それは高いところに立って、上位にあるものが四方を周《あまね》く見渡すことでもあります。どちらも物をよくみつめて内実を深く観察することが大切で、このような観察することの道を説くのが観の卦です。

この卦は、小人が次第に勢いを得て、賢人君子はわずかに上に残っているだけで、世の中が衰えていってしまう秋風落莫とした状態を示しています。このような状況下にあって、いかに対応し対処していったらよいのかが、それぞれの置かれた各爻の境遇や地位について述べられています。

なぜなら、この卦では、ほかの卦のように中・正・応・比ということよりも、むしろ位の高いか低いかが重視されるからです。位の高いものほど、世の中を広く、かつ遠くまで観察することができるとしているのです。

〈占考〉

この卦は、外見的には高大で人から羨望され見上げられるような地位や名誉や格式の高い家ではありますが、内容的には苦しいものとなっています。予期せぬ不幸や事業の失敗など借財が嵩《かさ》み、崩壊寸前の状態で、やがて山地剝（䷖）という最悪の状況を迎えようとしており、大衰の卦とも呼ばれています。

そのため、新規事業の着手とか規模の拡大、その他物質的・理財的方面の占断は、すべて凶占とみられます。一方、先祖の祭りやその他宗教的方面や、教育・学問・芸術といった精神的・名誉的方面には吉占とみられます。しかし、選挙には当選しても、家産は傾いてゆくでしょう。

観は大型の艮（☶）であるところから、何事も現状を維持し内を整えることに心がけて下さい。積極的なことは談判、交渉、縁談すべて凶占と判断します。天気は、曇りで風が出て一時晴れ、明日は雨とみます。物価は高値維持から急落していきます。

病気は、重病は元気虚損、体力消耗して危険な状態となります。そして、長引くものは凶占ですが、神仏の加護により長命となることがあります。

初六は不中不正で、九五から最も遠い最下位の位置にあります。そのため、子供が目先の日常身辺的な事柄しか観察できないように、九五の立場に立って九五を十分に観察することができません。また、何事に関しても、浅薄、皮相、卑近な観察眼しか持ち合わせていないのです。それは、子供や小人な

初六
童観す。小人は咎无し。
君子は吝。

らやむを得ないとしても、ひとかどの人間であろうと志す人ならば恥ずかしいことなのです。

六二は柔順中正の婦人の徳をもって、九五と応じていますが、しかしこの爻は内卦坤（☷）の中爻として陰柔無知の状態におかれています。そのため、いまだ九五の剛中の徳も、世の中の状態も、広く知ることができていません。また、艮の屋内にあって、家庭を守るという婦人としての徳をしっかりと正しく守っていますが、屋内の窓からわずかに世間をのぞきみることしかできない状態です。それは、もしひとかどの男子としての場合なら、恥ずかしいこととといえるでしょう。

六三は内外卦の境い目にいるために、自分がこれまでに行ってきたこと、およびそれの業績や成果などを、よく観察して、進むべきか退くべきかを決定できるような見識だけは、持ち合わせています。つまり、易によって占うまでもなく、自分自身のことは自分で誤りなく決定できるのです。

六四は位正しく、九五と比してその信任を得、賓客たる処遇を受けています。六四の才能識見は国の盛衰の光を観察することができるほどで、この見識によって九五を補佐し、賓客として優遇されているのです。

九五は剛健中正の徳を持っています。世の中の乱れるのも治まるのも、風

六二
闚《うかが》い観る。女の貞に利し。

六三
我が生を、観て進退す。

六四
国の光を観る。用って王に賓たるに利し。

九五

俗の美醜、道徳の興廃のすべては、最高首長自らの徳いかんによって左右されるものです。そこで、自らの行為、およびそれによってもたらされる結果をよく観察し、深く反省して行為することが大切です。もし自分の行為が正しいならば、すべてのことが正しくなるのですから。

上九は、九五の行為、およびその結果を観察することによって、自らの補佐の道が正しかったか否かを検討し判断しています。そして、その志はいまだ達成されず、平安を得られていません。

我が生を観る。君子なるときは咎无し。

上九
其の生を観る。君子なるときは咎无し。

21
火雷噬嗑《からいぜいごう》

⚊ × 大凶
⚋ ○ 吉
⚊ ○ 吉
⚋ ● 凶
⚋ △ 小吉
⚊ ▲ 小凶

噬嗑《ぜいごう》は亨《とお》る。獄《きょく》を用うるに利し。

この卦は、頤（䷚）中に一陽がさしはさまって、上顎と下顎との噛み合わせを妨げている象です。そのため、この障害を噛み砕いて初めて彼我上下間の和合一致が可能となり、万事すらすらと運び伸び栄えてゆくわけです。

しかし、この障害物を噛み砕くには、外卦（☲）《り》の聡明さと内卦（☳）《しん》の果断決行する勇気とを兼ね備えることによって、明らかに間違いなく事が処置せられるので、刑罰を用いて、この障害となっているものを思い切って処断していっていいというのです。

そこでこの卦は、全爻が刑罰を用い、あるいは受けることを中心に述べられています。

〈**占考**〉

事業が大きくなり人徳も高まると、四方から仰ぎみられて心服され、自然に、外からいろいろな人が合同協力を申し込んできます。ところが同時に、この合同や協力を妨害しようとするものもあらわれてきます。そこで、この妨害する邪魔ものを打ち砕いて、合同を達成しようとする道を説くのが噬嗑です。

それには明知と果断決行する勇気とが必要で、刑罰や処刑といった荒療治も行っていいといっています。そこでこの卦が出た時には、万事に障害が発生し、事の進展が妨げられており、正攻法によって、積極的にこの障害の除去に当たらなければならない状況ですので、当然、大手術も必要と考えられます。

また、この卦は、目の正常な形である䷝と比較すると、目を剥《む》いて怒っている表情があります。これは、家庭など三角関係等による深刻な問題が発生しているとみたり、交渉も縁談も事業も希望、企画もすべて同様の占断となり、すべては紛争の積極的な除去によってのみ達成されます。

しかし、貿易・商業など仲介的な斡旋業はかえって良好とみられ、一般に弁護士業や計理士をはじめ、（外科）医師やその他コンサルタント的業務は、繁盛すると考えられます。この卦は、二つ以上の企業が合弁会社を作り新しい発足をするに当たって、さまざまな障害が起こってきますが、その障害を取り除くことによって、大きく発展するという意味を持っています。

病気は、暴飲暴食による胃腸障害、口腔および歯の病気、癌や腫れものなど、一般に緊急を要するものが多く、切開手術などの思い切った治療は避けられないものとみられます。物価は急騰します。天候は晴れですが一時曇りで、夏は雷雨のこともあります。家出人や失物や待人も、障害や事故などが予想されます。

初九は、一般的に上爻とともに罪人で、他の四爻は罪人を裁く人とみていますが、しかし六爻すべてを裁く人であるとともに裁かれる人とみて判断していって差し支えありません。そこで、初九は、噬嗑の始めであり、また位低く初めて罪を犯した人でもあります。このような人に対しては、軽い刑罰である足枷《あしかせ》を履かせてやれば、足先がみえず自由勝手な行動ができないので、これに懲《こ》りて二度と悪事をしないようになります。

六二の犯罪者は、初九よりも位が高く、しかも再び罪を犯したので、罪も厳しくなります。また、これを裁く人も、初九より重い罪人を裁くことにな

初九
校を履みて趾を滅す。
咎无し。

六二
膚を噬みて鼻を滅す。
咎无し。

るので地位も高くなります。裁く人は相手がなかなか剛強で、裁くのに困ると思っていたのですが、案外にスラスラと解決していって、刑に服したのです。これは、ちょうど堅い肉かと思ってがぶりと噛んだところ、柔らかい肉であったため、鼻が隠れるほど深く噛み込んだようなもので、これは全く六二の柔中の徳によるものです。

六三は不中不正で、罪も重く凶悪ですが、裁く人も中正を失っていますので、取り調べも困難となります。その取り調べに当たって、罪人に反抗されて心服されず、ちょうど骨付きの乾《ほ》した肉を噛んで毒に当たってしまったように、噛み切ることができないばかりか、自らの無能を晒《さら》け出して恥をかいてしまうようなものです。それというのも、この爻がこの位置で陰柔不才であったためですから、この程度のことは止むを得ないといえます。

九四は、骨付きの乾し肉のように、なかなか噛み切ることのできないほどの極悪人です。また、それを裁く人は陰位陽爻で調和のとれた明知と果断さとを持つ経験豊富な裁判官です。そのために、再三の取り調べを行った結果、流石《さすが》に犯罪の深い事情まで知り尽くすことができました。しかし、決して油断することなく、今後とも苦心努力していかなければなりません。

六五の首長自身が直接、裁かなければならない重大事件であり、犯人もま

六三
臘肉を噬みて毒に遇う。小しく吝なれども、咎无し。

九四
乾胏《し》を噬み、金矢を得。艱貞に利し。吉。

六五

た、容易に噛み切ることのできない、乾した固い肉のようなものです。しかし犯人は、六五の柔中の徳に心服して、事件の深い内容を、あたかも乾し肉の中に入り込んだ金属製の矢じりを取り出すように、無雑作にすらすらと白状して、事件の真相を深く知ることができたのです。そして危ぶみ恐れながら、慎重に行うその処置は常に適切であって、咎められるべき過失はありません。

乾肉を噬み黄金を得。貞厲なれば咎无し。

上九は、何度も罪を犯していながら、悔悟し改めるということを決してしない剛頑な大悪人で、厚い首枷《くだかせ》をはめられて耳がみえなくなっています。このように罪悪が積もって、改めることができないものは、ついに極刑に処せられても仕方がないのです。

上九　校を何《にな》いて耳を滅す。凶。

22 山《さん》火《か》賁《ひ》

━━	△	小吉
━ ━	△	小吉
━ ━	△	小吉
━━	○	吉
━ ━	▲	小凶
━━	○	吉

賁《ひ》は亨る。小《すこ》しく往くところあるに利し。

賁、すなわち文飾ということは重要なことであって、これによって為そうと志すことが通り、伸び栄えていきます。しかし、それには限界があって、多少の便宜が得られるという程度でしかありません。大体小事には吉であっても、大事は文飾だけでは決してうまくやっていけないものです。

さて、太陽は天の飾りであり、山は大地の飾りです。日月星辰の運行から、四季いろとりどりの自然の変化、昼夜の交替まで自然のすべては文明装飾であり、しかもそれらは適度のところに止まっています。また、私たち人間社会の美しい文飾である文物制度も賁の卦に像《かたど》って作られたものです。そこで、もし文明の徳のみがあって内実がなく、その止まるべきところに止まる外卦艮の徳がなければ、文明の徳は完成されずに虚飾に流れ滅亡していくことでしょう。

山下に火のある賁の卦の時は、その火の光が山に遮《さえぎ》られて遠方にまで及びません。そこで小事は、これを明らかにして処置することはできても、訴訟を裁断して罪人を処刑したりするような重大な事柄の決定はあえてしてはならないのです。

〈**占考**〉

明るさが遠くに及ばず、夕暮れの状況であるため、先の見通しをつけにくい状態です。事業や企画、売買、談判、交渉などは、すべて大事の決定を差し控えて安泰です。身辺的な差し当たっての小事の決定や実行は吉ですが、内部に何かと障害が発生して、万事に滞《とどこお》りが生じたり、意外な間違いを生じやすいです。何事も華美で飾り立てばかりが立派でも、内実は困窮しています。また、嘘や偽りが多く、内部の醜さを隠していて、信用ができません。縁談の場合、特に注意が必要です。異性問題も多く、若い女性の場合、派手過ぎて取り沙汰され、誘惑に溺れる傾向があります。病気は恥ずかしくて隠したいものが多く、なかなかの難病です。天気は曇りで薄日が射すとみます。物価は頭を抑えられて冴えず、先の見通しも立たない状況です。

初九から九三までの内卦の三爻は、上にいくほど文飾が多く、九三はその頂点にいます。これに対して外卦の艮は、文飾を抑制する立場に立ち、上九に至るや全く文飾が消えて、飾らないのが飾りの極致ということになります。

初九は車に乗ることができる資力はあっても、自然から与えられた自分の足で歩き、多くの人が車に乗ることをもって名誉と考えているのに対して、初九は正しい道によるのでなければ立身栄達して車に乗ろうなどとはしません。それは、応爻・比爻に誘われても応ぜず、徒歩をもって歩き、微賤の地位に位正しく甘んじているからなのです。

六二は九三と比して、九三の行動に随って進退しており、九三から上爻までの䷚は頤と似た卦となっています。従って、その下位の六二は頤《あご》ひげの位置にあり、才能なき自分を自覚して、九三に従い、その頤ひげとなって賁の道を達成しようとしているのです。

九三は、文飾を最も華やかに美しくすることのできる頂上に達しています。美麗を極め、光澤があってみずみずしさに溢れています。それは、いつまでも永くこのような美しさを保っている限り、吉であって、誰もこの人を凌ぎ侮どる者はなく、人から辱《はずか》しめられることもありません。

初九
其の趾を賁る。車を舎て徒す。

六二
其の須を賁る。

九三
賁如たり。濡如たり。永貞にして吉。

六四は、離（☲）の卦の外にあり、賁の文飾が極まって質朴に返ろうとしています。赤や青の文飾を避け、白色をもって飾り、その象徴である白馬に乗り、自分と志を同じくする初九の応爻と協力して、世の文飾の風潮を矯正しようとします。それは、初めには世に受け入れられないところもありましたが、終いには咎められ非難されることもなくなるのです。

六五は柔中の徳をもって、世の文飾奢侈《しゃし》を是正しようとしています。丘園を飾り田園を修復して農業を奨励し、質朴さの根本を養うように努め、進物《しんもつ》も軽少に止めて、質素倹約を自ら実践しています。このことは、一般の世相からすれば、ケチ（吝）という非難を受けるかもしれませんが、これによって後には人々の生活も豊かになり、風俗も手厚くなって、大いなる吉を得られるのです。

上九は、位はなくとも、志は高潔な隠れた君子で、浮世の栄辱から離れ、山上に超然として質素に生きてゆきます。これは飾りなきを飾りとして、飾りの極致を示した生活で、文飾の一切を捨て去り自然の本質に帰り、人為的文飾が全くない生活です。こうして虚飾からくる一切の弊害から完全に免れているため、咎められるべき過失はなく、人々も自然に感化されて質朴な生活に帰り、上九の志も行われるようになります。

六四
賁如たり。皤如たり。白馬翰如たり。寇するに匪ず、婚媾せんとするなり。

六五
丘園を賁る。束帛戔戔たり。吝なれども終に吉。

上九
白賁。咎无し。

23　山《さん》地《ち》剝《はく》

▬▬▬	△	小吉
▬ ▬	△	小吉
▬ ▬	×	大凶
▬ ▬	△	小吉
▬ ▬	●	凶
▬ ▬	●	凶

剝《はく》は往くところあるに利しからず。

剝とは剝ぎ落とすことで、陰気がさかんになって陽気を変じて陰化してゆき、小人の勢いが増大してゆくことです。この時に積極的に進んで事を行ってはいけません。なぜならばこの卦は☰☷→☴☷→☶☷→☲☷→☵☷→☷☷と陰気が伸長してきたものですから、ここに示されたような天の理法としての時代の情勢を察して素直に止まり、進んでいってはならないのです。天地の道に順応して公明正大に生きようとする人、君子は、陰陽二気が交互に伸長し増大したり、消滅し衰弱していったりする天地自然の運行の過程を尚《たっと》びます。さかんなるものがいつまでもさかんであるわけにはいかないし、衰えているものがいつまでも衰えたままでいるわけでもなく、常に交互に変遷する天地陰陽の道に順応して進退するのです。

〈占考〉

この卦は、山が崩れて平地になるように、家業や事業であれ、地位や名誉であれ、従来築き上げてきたもの一切が剥ぎ落とされて、破滅してゆく状態を示しています。積極的に進むことはもちろん、現状を維持することさえも現実的に不可能であり、破産・破滅後の復興や再起を考えなければならないような運勢です。

　衆陰が最後の一陽をも剥ぎ取ろうとしている象からみても、巨大な負債によって家屋敷を奪われるとか、部下や使用人の使い込みとか、女性からの無理強いや、よからぬ者たちとの交際のツケなど、陰気が陽気を剥奪してゆく象の意味を万事に適用して占断してゆきます。選挙などは名誉心をくすぐられておだてられて当選はしても、家産を蕩尽してしまいます。また死亡者が相次ぎ、老人と少年しか残っていない家庭も、この卦の象から察せられます。

　談判、交渉、縁談などはすべてにわたって凶意がみられます。病気は最悪の状態で、重病者は危篤ですし、軽いと思っていたものも急変悪化する危険性があります。天気は曇りから雨、また崖崩れや雪崩など注意を要します。物価も急落し、大損害を蒙《こうむ》ることもあります。

初六は、寝台（䷖）の足に当たります。そこで、陰が陽を、小人が君子を剝ぎ落とす時は、まず相手が油断して目の届かぬ部分である下部——牀の足に当たる部下とか重要な手足になる人たち——から、漸次に削り落としてゆきます。そして後には、公明正大な道さえも、ないがしろにして滅ぼし、凶禍を与え、また自らも受けることになります。

六二は、寝台の足の上部である弁を剝ぎ落とすことによって、いよいよ陽爻に迫ります。そして、このまま進んでゆく時には、正しい道をないがしろにして滅ぼし、自らも凶禍を受けることになります。ただし、この爻は柔順中正であって、指導者さえ良ければ立派な人になり得たわけですが、何分にも周囲はすべて陰爻の小人のみによって囲まれていますので、小人の仲間に入り、悪事に加担しているのです。

六三は、寝台の上部表面に当たり、不中不正の爻です。陰爻が陽爻を剝尽《はくじん》すべき時、本来は不良の役割を演ずべきである時に上九と応じ、その指導を受けます。しかし、この爻のみが正しい道を踏み外すことがなかったため、上下の陰爻のほとんどが凶禍を受けることになっても、六三のみはほかの陰爻から離れて過失を免れることができるのです。

初六
牀を剝するに足を以てす。貞を蔑す。凶。

六二
牀を剝するに弁を以てす。貞を蔑す。凶。

六三
之を剝す。咎无し。

六四は、寝台上の人間の膚に当たります。危険がすでに身に迫っている時で凶禍を受け、もはや回復することができない状態に立ち至っています。

六五は、陰気ますますさかんです。陽爻をここまで剥尽してみると、それはまた陰爻の危機でもあることがわかります。そこに唯一の陽爻として残った比爻の上九との間には、妥協の余地も生じてきます。かくて尊位にある柔中の六五は、下の四陰爻を、縄をもって魚を貫き通すように引き連れて、柔順に上九の陽爻との間に妥協策が講じられて、その寵愛を受け、すべてが円満に解決されることとなります。

上九は剥の極まる時に当たってもなお、山頂の大木の頂上に残っている大きな果物のようなものであり、やがてそれは地上に落ちて、その種子は生育することになります。陰極まって小人天下に充満し、混乱と暗黒の世界が出現しますが、そこからの再建と復興は小人たちだけでは不可能なことです。どうしても上九のような賢人が推挙され指導者となることが必要で、そうすることにより、初めて可能なことです。そこでもしも小人たちが図に乗って、最後に残ったこの上九の陽爻をも削り落としてしまうならば、小人たちは自分の住む小さな家の屋根までも剝ぎ落としてしまうようなもので、憩うべき安住の場所さえも失ってしまうことになります。

六四
牀を剝するに膚を以てす。凶。

六五
魚を貫く。宮人を以て寵せらる。利しからざる无し。

上九
碩果食われず。君子は輿を得、小人は廬を剝す。

24　地《ち》雷《らい》復《ふく》

▬ ▬　×　大凶
▬ ▬　△　小吉
▬ ▬　△　小吉
▬ ▬　▲　小凶
▬ ▬　○　吉
▬▬▬　△　小吉

復《ふく》は亨《とお》る。出入病《やまい》なく朋来《ともきた》りて咎なし。その道を反復し、七日にして来復す。往くところあるに利し。

復は、一陽が下に復《かえ》ってきましたが、今はまだ微弱で、これから次第に伸び栄えて大いにさかんになるべき陽気なのです。陽は、時としては陰の裏に潜み隠れていることもあり、時としては表面にあらわれ出て伸長していくこともありますが、決して陰によって傷つけ損《そこな》われて消滅してしまうことはありません。

一陽がすでに来復しているので、これからは多くの同類の陽が集まってきてさかんとなってゆきます。しかし、このことは少しも咎められるべきことではなく、陽は陽の進退すべき道程に従って、引き返して復ってくるわけです。そしてその期間は、天風姤（☰☴→☰☶→☰☷……→☷☷→☷☳）から、数えて七日となります。

このように陽気が、伸び栄えてゆく天の時を得ているので、前へ進んでいっていいわけです。ただし、陽気はまだ極めて微弱な存在なので、当分安静にしていなければなりません。そこで昔の帝王は、陽気を養うために、冬至の日には関所を閉鎖して旅行一切を禁じ、自らも巡幸することをしなかったのです。

〈占考〉

剝卦はついに坤卦（䷁）の暗黒の時代となりましたが、小人は終いに用いることができないので、小人たちはかえって自らの安居すべきところを失ってしまいました。そこで、安泰の世界を再建し復興するために、陽剛の才能と徳とを持つ君子が呼び戻されてきます。ここで一陽来復となったわけですが、小人の勢力は依然として強く、冬至の後にも小寒大寒が続くのです。

しかし冬至以来、徐々にではあるが陽気は確実に伸長しています。遠からずして、暖かい春が到来するので、希望と信念とを持ち、不退転の決意をもって、事に当たることが大切です。

その場合、辛うじて残った一陽を暖め育てながら、焦らずに順をもって進めば成功しますが、新規に始めることは出直しとなりやすいです。一度破れた仕事を復興したり、再縁や再婚や再度の挑戦（試験その他）などは有望ですが、同じ失敗を繰り返す意味もあるので、実際の占断はすべて微妙で、期待だけに終わりやすく、よほどの努力が必要です。

家出人や失物は、帰ってきますし手に戻ってきますが、待ち事は当方から出かけなければ、埒《らち》があかぬとみます。病気は平癒への第一歩ですので、油断せず養生第一にすべきです。しかし、癌など旧病の再発は、危険です。天気は曇り後晴れとなります。物価は漸次上昇します。

初九は位正しく、迷った道を遠くまで行かないうちに引き返して、正しい道に復帰したので、後悔するまでには至りません。そして、本来自分のためにすべき仕事に専念努力し、吉を得ることができます。

六二は柔順中正で、初九と比してその指導を受けます。つまり、道を去ることといまだ遠くないうちに、本来の正しい道に復帰することができるので、吉幸を得られるのです。

六三は不中不正のため、軽挙妄動して、たびたび誤ちを犯しますが、その度ごとに正しい道に復帰します。それは、六三が決して自己本来の正しい道を忘れたわけではなく、善なる道に復《かえ》ろうとする心においては変わりはない

初九
遠からずして復る。悔に祇ること无し。元吉。

六二
休《よ》く復る。吉。

六三
頻りに復る。厲けれども咎无し。

のですが、力が弱く応爻も比爻もなく、教え導いてくれる人がないためなのです。そして、時経てから本当に復ることができるので、現在は危険な状態にあっても、咎なきを得られます。

六四は位正しく、初九と応じているので、その指導に従って正しい道に復帰し咎なきを得られます。

六五は柔中を得ているので、復の道によく通じています。たとえ、応爻や比爻がなくても、道を踏み外すことなく、常に正しい道に復ることができて、悔いるようなことも皆なくなります。

上六は道を踏み外して、遠くにまで行ってしまいました。応爻も比爻もないので、どうして復ったらよいのか、その道もわからなくなってしまっています。もし正しい道に復帰しようとするその一筋の心さえも失ってしまっているとすると、もはや悪人の仲間で凶というほかはなく、いろいろな天災や人災も免れません。このような人がもしも責任のある高い立場にいて大事を決行するならば、必ず失敗して、その禍は自分一身のみならず、天下国家にも及ぶことになります。その災禍は、十年を費やしても到底復興することができないほどなのです。

六四
中行にして独り復る。

六五
敦く復る。悔无し。

上六
復るに迷う、凶。災眚有り。用って師を行れば、終に大敗あり。其の国君に以ぶ、凶。十年に至るまで征する克わず。

25 天雷《てんらい》无妄《むもう》

⚊ ● 凶
⚊ ○ 吉
⚊ △ 小吉
⚋ ● 凶
⚋ △ 小吉
⚊ ○ 吉

无妄《むもう》は元いに亨り貞に利し。それ正に匪《あら》ざれば眚《わざわい》あり。往くところあるに利しからず。

期待や希望をもってせず、ただ自分のなすべきことをなして、一点の私心もなく、至誠真実なる天の理に従って動く時、元亨利貞という天の偉大なる万物創造の働きにあやかることになります。

しかし、もしも无妄ではなく、少しでも私心私欲をもって作為的に動く時は、災禍を受けることになるので、そうした妄の状態で進んでいって事を行ってはならないのです。

天の命ずる无妄の道に叶わないのに、なおどこまでも進んでいこうとするのは、天の命に逆らい、天の理に戻《もと》ることですから、天命は彼を助けず、必ず災禍を受けることになります。

〈**占考**〉

復の卦は、本然の至誠真実の陽道、すなわち天の道に立ち帰ったことです。无妄とは、卦象の示すように、かかる天道に従って動くことです。そこで、あれこれと願望して、人道をもって動くことのすべては妄となり、人災・天災を受け、天命も彼を助けず、予期せぬ災難に見舞われるといっています。

このような運勢の時には、一切の作為や小細工を捨てて、希望や期待を持たずにすべてを自然の成りゆきに任せておくしかありません。乾（☰）も震（☳）も気のみあって、内容的・物的なものはありません。

そこで、学問や芸術や宗教その他精神的方面や、祖先の祭りとか社会的公共的な自己犠牲や奉仕を伴ったものに関しては、吉占となります。ただし、それも名誉心など私心を雑《まじ》えずに、至誠真実の无妄の行為でなければならないところに、難しさがあります。願望を伴ったもの一切、すなわち談判、交渉、縁談なども、同じ占断となります。

失物、家出人、待人も期待できず、自然の成り行きに任せるしかなく、病気も同じことです。薬なくして喜びありとありますので、今まで通りの治療を続けるか、放置するか自然療法に任せるしかない仕方のない状態です。天候は晴れで、夏は雷雨に変じます。物価は高騰します。

初九は位正しく低い地位にいるので、野望や私心も少なく、みだりに作為したり期待することもありません。そして、天理のまにまに自然に発する誠より行動するので吉であり、どこへ進んでいっても志すことが自然に達成されます。

六二は柔順中正の誠をもって、九五の天の道と応じています。努力して耕作する時でも、秋の収穫を期待する心がなく、新しい土地を開墾する時にも将来の美田を期待せず、ただ自分のなすべき義務を天命に従い天理に法《のっと》って行っています。それというのも、六二は富を求める気持ちを持っていないからで、このような心構えならば進んで事を行っていいわけです。

六三は不中不正の位にいるため、思わぬ災難を蒙《こうむ》ることがあります。例えば、ある人がつないでおいた牛を、通りがかりの旅人が盗んで連れていってしまったとすると、この嫌疑を村人たちが受けて、無実の罪を着せられてしまうような災難が挙げられます。

九四は无妄の徳を持っているが、不中不正です。また、応爻もないので、何事もなし得ません。つまり、正しい无妄の道を堅固に守っていることができるので、咎められるような過失はありません。

初九
无妄にして往けば吉。

六二
耕穫せず、菑畬せず、
則ち往く攸有るに利し。

六三
无妄の災あり。或ひと
之が牛を繋ぐ。行人の
得るは、邑人の災なり。

九四
貞にすべし。咎无し。

九五は剛健中正で、无妄の道を固く守っていますが、時として思いもかけぬ病気や事件などが発生して、混乱するようなことが起こります。そのとき、あわてて薬を用いたり、手段を講じていろいろと処置したりしてはいけません。落ち着いて何もせず、じっとしているのがよく、そうすれば、まもなく病も治まり事件も治まります。というのは、それはもともと本当の病気でも事件でもない、无妄の病であり事件であって、ただそうみえただけにすぎなかったからです。

上九は无妄の窮極の位置で、これ以上无妄であることはできません。それにもかかわらず、なおいま以上に无妄であろうとする時は、无妄の道を通り越し、かえって私心を雑えた人為となります。そして、无妄の道に背くことによって行き詰まり、災禍を受けることになります。

九五
无妄の疾なり。薬勿くして喜有り。

上九
无妄なり。行けば眚《わざわい》有り。利しき攸无し。

26
山天大畜《さんてんたいちく》

━━━ ◎ 大吉
━ ━ ○ 吉
━ ━ △ 小吉
━━━ △ 小吉
━━━ ▲ 小凶
━━━ ● 凶

大畜《たいちく》は貞に利し。家食《かしょく》せずして吉。大川を渉るに利し。

大畜は、天の偉大なる道徳才能を自らの中に畜《とど》め養い蓄《たくわ》えることです。このことはまことに結構な正しいことですが、そうした立派な徳や才能を十分に養い蓄えたならば、自分の家に引き込んでいないで、進んで世の中に出て大いにそれを活用して、大事大業をなし遂げ、天の道に応《こた》えなければなりません。

この卦には、剛健なる乾の徳と篤実なる艮の徳とが備わっており、古人の言葉や行為などを多く記憶して参考にし吟味して、日々にその才徳の光輝を増してゆく大賢の姿があります。

〈占考〉

運気的には障害が多く渋滞しがちですが、忍耐強く沈着冷静に事態を分析して対処すれば、大体において時が解決してくれます。従って、焦らずに内に実力を備えて進むと、万事に大きく成功し報いられて、大学者、大富豪、大実力者となることも夢ではありません。

新規に着手することや、今まで順調に進んできたものについて、この卦を得た場合、あまり好結果は得られず、当分見合わせるか現状維持ということになります。大畜は「時なり」といって、万事に好機の到来を待たねばならず、その時期は、大体上爻ですので爻位をみることが大切です。

縁談や談判や交渉事は、すべて渋滞しがちですが、有望でしかも有利な場合が多いので、じっくりと腰を落ち着けて辛抱強く粘る心構えが必要です。家出人や待ち事も急には戻りませんし、また期待もできません。天気は曇り後晴れとなります。物価は当分高値保合《もちあ》いです。

病気は長引くものが多いですが、根気よく体力・気力を養って、上九の時に快癒し、依然にもまして健康体となります。ただし癌などの場合は、手術は不能で、不治とみます。その他、ノイローゼや憑霊《ひょうれい》的な鬱《うつ》病など精神病も多いです。

初九は陽位に位正しく、六四と応じていますが、大畜の始めで、学問も徳も未熟です。このような状態で世に出ても、何の実績も上げられずに失敗するので、災いを犯してまでも進まないように、六四の応爻が抑止しているのです。

九二は剛中を得て、六五の首長と応じ、進む意思を十分に持ちながらも、時未《いま》だ至らないのを知って、自発的に進むことを差し控え、中道を守って咎なきを得られます。

九三は乾卦の上位にあって、徳も才能も十分に養成されています。これによって、進む時は新進気鋭で勢いさかんですが、決して油断してはならず、日々に自分の進んでゆくべき道をよく工夫し、修練を積むことを怠ってはなりません。こうして周到な用意をもって進んでゆく時は、不応であった上九もまた協力一致して、事はうまく運んでゆくことになります。

六四は年若く、元気旺盛な初九が軽挙妄動しようとするのを戒めています。そして、学問修養に専念させることによって、後には大いに役立つようになり、その助けを借りて大きな吉を得られることになります。

六五は、剛中の徳を持つ応爻の九二が未だ年若く学問修養も不十分であるので、軽々しく行動することなく、おのれの本分に忠実であるように抑止し

初九
厲きこと有り。已むに利し。

九二
輿、輹を説く。

九三
良馬逐う。艱貞に利し。日々輿衛を閑《なら》う。往く攸有るに利し。

六四
童牛の牿元吉。

六五
豶豕《ふんし》の牙。吉。

て才能を磨くように導きます。そのため、後には大いに役立ち、吉幸を得られるようになります。

上九は、天を自分の両肩で荷なっているような非常に高いところにいるので、その責任は重大です。しかもその荷なっている天の道は四通発達してこれを妨げる何ものもなく、内卦三陽爻はいまやその充実した才能と徳とをもって抜擢され、自由にその能力を発揮することによって、大畜の時、およびその道は、ここに完成し、大いなる目的や事業をなし遂げてゆきます。そこで、この爻が内卦三陽爻の乾徳を畜養する成卦主なのです。

上九
天の衢《ちまた》を何《にな》う。亨。

27　山《さん》雷《らい》頤《い》

━━━　○　吉
━ ━　△　小吉
━ ━　○　吉
━ ━　×　大凶
━ ━　▲　小凶
━━━　●　凶

頤《い》は貞《ただ》しければ吉。頤を観《み》て自ら口実を求む。

頤とは養うことです。心身を養い、家族や他人を養い、また自分が他人から養われるなど、養育についての道を述べているのが、この卦です。そして、養いが正しい道に叶っている時は、吉となります。

また頤を観るとは、その養うところのものが肉体であるのか、精神その他であるのかを、よく観察することです。自ら口実を求むとは、その目的に適合するところのものを求めて勤勉努力して、みだりに他人を当てにせず、養育の方法を講ずることです。

頤の卦の道は、広大です。天地が万物を養育することから、聖天子が賢人を養い、その補佐によって万民を養育することまでのすべてが、この卦の道で、それは時の宜しきに叶って行われるのです。

外卦の上顎は止まって動かず、内卦の下顎はさかんに動き、両者の協力によって、頤養の道が達成されます。顎内の四陰爻は、歯であるとともにまた養育を受けるものの意でもあります。頤中の四陰爻のこの空虚であることが、謙虚に養育を受け入れることを意味し、他人の正しい意見や善行を自らの修養の資として取り入れる意でもまたあるのです。

〈占考〉

この卦は、口と顎との象で、口に入る飲食を節して身体を養い、口から出る言語を正しくし慎んで心を養うという意味です。心身の養育に関係することが多い占で、兄弟協力して四陰爻の家族を養うとか、共同事業によって多くの社員を養うという意味を持っています。

内容が空虚であるため、生計を維持してゆくのが精一杯でゆとりがありません。外見は協力し合っているようで、実際は不平等・不公平さからくる、いがみ合いが絶えず、上下の陽爻によって囲まれた箱の中の物がみえないように、互いに胸中を明かさず、嘘や秘密が多く、陰謀計画を抱いている場合も多いです。また、大言壮語ばかりして中味の何もない信用のできない人であるとか、双方簡単に意気投合し合うかと思えば、たちまち対立対抗して口論になるとか、騒々しい卦でもあります。
談判、交渉、縁談についてみても、話が簡単にスラスラと進行しても、内容が空虚で全くの嘘であったりしますので、調査が必要です。家出人は出先で就職して戻りません。失物は出そうで出なく、あるいは納《しま》い忘れのことも多くあります。待人は催促すれば急いで来ます。天候は、雲は多くとも晴れになります。
病気は、食餌を誤った成人病が多く、同じ食餌療法で治るとみます。また、二人の医者にかかっている象でもあります。内臓、特に胃腸機能の健全な象意から病根はありません。つまり無気力病です。

初九は位低く養育する力は弱く、上九は位高く養育する力は強大であり成卦主です。頤養はこの二陽爻によって行われ、初九に養われるものは六二と六四であり、上九に養われるものはその応爻と比爻の六三と六五です。初九は、自分のみならず他人を養う力を持ちながら、自分のおかれた地位や境遇に不満を持ち、上九の位高く勢いさかんなのをみて羨望し涎《よだれ》を垂らし、自らの位置に誇りを持って安んずることができないようでは、凶禍を受けても仕方がなく、貴ぶに足りないといってもよいでしょう。

初九
爾の霊亀を舎《す》て、我を観て頤を朶る。凶。

六二は陰爻で、人の養いを受けます。応爻はなく、やむなく比爻の初九から養育されますが、自分より位の低いものから養われても、常道にもとることはないのです。しかし、もしも六二が位低く力も弱い初九を捨てて、何の関係もない上九の位高く勢いさかんなのをみて、これを慕い、それに向かって進んでいくようですと、それは、正しい頤養の道にもとり、凶禍を受けることになるでしょう。なぜなら、それは家族ともいうべき初九・六二・六四の同類から離別してゆくからです。

六三は不中不正で、震卦の上爻にいるため軽挙妄動する傾向があります。応爻の上九から頤養を受けていながら、さらに無節操にも初九の頤養にも取り入ろうとしており、このような頤養の道にもとる陰険にして不正な小人は永久に使用してはいけません。

六四は陰位陰爻で、位正しく高い地位にいますが、柔弱のため、身を低くして、応爻の初九の賢人に養われています。そして、その指導補佐を受けて、自己の役職を果たしているので、吉を得られます。つまり、虎がじっと獲物をみつめるように、ひたすら初九の賢人をみつめ、長く久しく初九を求め、その養育を受けるならば、自己の努めに咎められるべき過失はありません。

六五は、最高首長として天下を養うべき責任はあっても、その力はなく、

六二　顚《さかしま》に頤わる。経に払《もと》る。丘に于《おい》て頤われんとして征くは凶。

六三　頤に払る。貞なるも凶。十年用うる勿れ。利しき攸无し。

六四　顚に頤わる。吉。虎視眈眈、其の欲逐逐たれば、咎无し。

六五

比爻の上九に養われています。それは首長としての常道にもとるとはいえ、何分《なにぶん》にも自らの才能・力量の乏しいのはいかんともし難いので、上九の賢人の指導に柔順に従って、その任務を全うしていればよく、決して野心を起こして、大事大業に着手してはいけません。

上九は最高首長の顧問であり、保護者、指導者として実質上の実力者・権力者であり、天下は皆、この上九によって養われています。このように、位高く、任務は重く、頤の卦の終わりに不中不正でいることは、まことに危険も多いのですが、六五の信任は絶大で吉です。そこで、この信任に応《こた》えるべく、全力を傾注して大事大業を決行し、天下のために頤養の道を達成して、大いなる慶《よろこ》びを得られるようにするべきです。

経に払る。貞に居れば吉。大川を渉るべからず。

上九
由りて頤わる。厲けれども吉。大川を渉るに利し。

28
澤《たく》風《ふう》大《たい》過《か》

▅▅ ▅▅ ●凶
▅▅▅▅▅ ▲小凶
▅▅▅▅▅ ○吉
▅▅▅▅▅ ×大凶
▅▅▅▅▅ △小吉
▅▅ ▅▅ △小吉

大過は棟《むなぎ》橈《たわ》む。往くところあるに利し。亨《とお》る。

大過は大なるもの――二・三・四・五爻の陽剛なるものが、不釣合いに大き過ぎている状態を指します。例えば棟《むなぎ》があまりに大きすぎて、それを支える初六と上六の陰爻の柱があまりに弱すぎている状態で、この家は棟が橈み崩壊しようとしている危険状態にあります。このまま放置しておくことはできず、適当な方法を講じて、この危険な状態を救わなければなりません。

幸いに、九二と九五は剛中の徳を持ち、内卦の巽順の徳と外卦和悦の徳とをもって、積極的に進んで事を行いますので、うまく事が運び成功します。しかし、大過の時ですから油断せず、よほど慎重に事を処置していかなければなりません。

〈占考〉

この卦は、全体が不調和・不均衡でバランスを欠いているため、この状態をこれ以上長く続けてゆくことはできず、崩壊・破産の事態となります。

重要な責任を持つ高い地位を陽剛の勢いの強いものが占めて、めいめいが自信過剰で高慢心が強く、他を軽蔑しているため意見の調整ができず、親和を欠き、互いに異心を抱いて内部分裂を生じています。事業であれ、家庭であれ、このような状態を放置しておく限り崩壊は免れません。すべて事が重大過ぎて力不足の場合が多く、私事には凶でも、公事には功業を樹《た》てるという名誉が伴っているため、やり甲斐という意味では吉ともみられます。

さらに、また、過失、交通事故、見込み違い、口論争闘、怪我、情死、養子相続といったことが、卦象から察せられます。兌の口が頭と尾とについている象から「常山の蛇」のしたたかさを、この卦にみてとれますので、勢いは強く勝負の占には強いとみます。天候は、通常は大雨が降り続き河川氾濫の象ですが、冬や夏で晴天続きの時は当分晴れが続くといった不調和の意味を取っていきます。病気は手遅れで危険です。寝たきり老人とか癌の末期、脳溢血で倒れたままとか、長く病床に伏して後、棺に入る象があります。

この卦では、陽位陽爻、陰位陰爻はともに過ぎるところがあって凶意が強く、反対に陰位陽爻、陽位陰爻はともに陰陽の調和バランスがとれていますので、咎なきを得られます。

初六は、乾の金玉を傷つけないように、柔らかな白いチガヤ（☴）の花を敷いてその上に置くように、物事すべて敬慎して行うので、大過という危険な状況の中にいても、咎められるような過失はありません。

九二は初爻と比してその助けを受けます。大過、つまり内卦巽の楊が外卦兌の水で葉の先まで浸り枯れかかっている時、根元から芽が出て生き返るように、あたかも大家に後継者がいなく消滅するかにみえた時、その家の老年の男が年若い妻を娶《めと》り内助の功を得て子孫を作り危うく救済し得るように、多少不釣合いのところはあってもよく和合し協力することができるのです。

九三は、大過の時に当たって過剛不中、剛強にして傲慢、気性激しく、荒療治を試みたために処置を誤り、棟が下に曲がり橈《たわ》んで崩壊し凶禍を受けることになります。それというのも応爻の上六が陰柔に過ぎて、何の助けにもならなかったからです。

九四は陰位陽爻で、しかも応爻の初六の柔軟な意見をよく用いるので、大過の時に当たっても、剛柔のバランスがとれた方法をもって事をうまく処理

初六
藉《し》くに白茅を用う。咎无し。

九二
枯楊稊を生ず。老夫其の女妻を得。利しからざる无し。

九三
棟橈む。凶。

九四
棟隆し。吉。它有れば

吝。

して吉を得られ、棟が下に橈む危機を救うことができます。しかし、もしも自信を持ち過ぎて他の野心を起こし、剛柔の調和を崩して剛に偏する時は失敗することになります。

九五
枯楊華を生ず。老婦其の士夫を得。咎无く誉无し。

九五は剛健中正の徳を持つも真に補佐してくれる人がいません。周辺にいる人は上六のような無能の人ばかりで、それと親比しても何の功能もありません。それは例えば枯れかかった楊に花が咲くようなもので、いたずらに生気を発散させるだけで、このような人と一緒になり協力し合ったところで、到底長く久しく当面している危険な状態を持ちこたえることはできず遠からずして滅びるに至るのです。すなわち年老いた女性上六と若い男九五が結婚したところで何の功能もなく、咎められるほどのことではなくとも、決して名誉とすべきことではありません。それはむしろ醜いものというべきでしょう。

上六
過ぎて渉り頂を滅す。凶なれども咎无し。

上六は柔弱無能の身をもって、不釣合いに高い地位にあります。大過の極限状態に臨み、自らの力を顧みるいとまもなく、また舟の用意もなく大過の危機を救うために川に飛び込み渉《わた》ろうとしました。しかし目的は果たされず、次第に深所に溺れてゆき、頭が水の中に没してみえなくなってしまったのです。それは確かに凶ではありますが、義において咎められるべきことではないのです。

29　坎《かん》為《い》水《すい》（習坎《しゅうかん》）

- ▬ ▬　×　大凶
- ▬▬▬　○　吉
- ▬ ▬　△　小吉
- ▬ ▬　×　大凶
- ▬▬▬　●　凶
- ▬ ▬　×　大凶

習坎《しゅうかん》は孚《まこと》あり。維《こ》れ心亨《とお》る。行きて尚《たっと》ばるることあり。

険難が幾重にも取り巻いている境遇にいますが、九二と九五の剛中の徳と、ただ一筋におのれの志を通すという至誠真実さとを持っていますので、たとえどのような苦難に出合うとも、それを自らの運命と考えて泰然と引き受け、ひたすら剛中の誠を堅持して苦難に耐えつつ進んでゆく時には、その成否は別としても、少なくともその志すところの誠の道は通り、尚ぶべきこととされるのです。

　というのも、水が流れてゆく時は満ちて溢れ、昼夜を分かたず間断なく流れて、平地なところのみならず険阻なるところをも流れ、岩に激しく遮《さえぎ》られ、あるいは滝となり淵に渦巻くなど、迂余曲折して苦しみながらも、ついにその志し目指すところの大海に流《そそ》ぐという真実を貫き通すからです。人もそれと同じでいかなる苦難の状況に置かれても、その志すところの真実を失ってはならないのです。

それはこの卦には剛中の徳があるからで、険難を恐れず進んでゆき、適当な処置をする時には、険難を克服するという大功を成就して、人から尚び重んじられることになります。また、この卦は、屯・蹇・困とともに、易における四難卦の一つなのです。


〈占考〉


前の大過の河川が氾濫して二つに分かれて渦を巻き、二つの河川の間に陥って二進《にっち》も三進《さっち》もゆかず、といってじっとしていることもできないといった進退両難に陥っている状態です。

その内容も、倒産や破産からの一家の離散や離婚、男女関係のもつれによる心中、法的な犯罪や盗難や殺人など、およそ難と称するものの一切がこの卦に象徴されています。新規に事を始めることも計画事の拡張などすべては凶占です。相手のあることも騙し騙されたりの関係となります。

談判、交渉、縁談をはじめ、待事も旅行も同様の占です。病気も、病根がすでに深く、しかも二つ以上の病気が重なっており治療困難です。天気は長雨で、物価は暴落します。また、凍傷や水難に注意です。

初六は、坎の穴の中にある小穴の深いところに落ち込んでしまったため、到底そこから脱出することができず凶禍を受けます。陰柔で不中不正で、応爻はなく、九二と比していても、自ら坎中に陥っている九二には初六を救出する力はありません。初六はさらに失敗の上塗りをして一段と深い穴に陥り、誰からも助けを得られないといった状態なのです。

九二は剛中の徳を持って、禍中に陥り、容易に脱出することはできません。しかし、焦らずに小さいことから適当に処置をし、自らを守る才能があり、大成功とまではゆかなくても、少しはその希望とするところは得られます。ただし、険難からの脱出はいまだできない状態です。

六三は不中不正、陰柔の身をもって、上下の坎険の間に陥り、進退に窮しています。今止まっているところも危険が迫り、決して安泰ではありませんが、今しばらくじっとしている以外に方法はなく、ますます深く険難なる穴に陥ってゆくばかりで、ついには険難から脱出することはできません。

六四は陰柔ではあっても位正しく、九五の首長と比して、これに仕え、虚飾虚礼を捨て、質素・倹約を徹底するなど、わかりやすく、また実行しやす

初六
習坎、坎窞《かんたん》に入る。凶。

九二
坎に険有り。求めて小しく得。

六三
来るも之《ゆ》くも坎坎たり。険にして且つ枕す。坎窞に入る。用うる勿れ。

六四
樽酒《そんしゅ》簋弐《きじ》、缶を用う。

いところから内助の功を尽くし、よく協力一致し、ついにはこの誠実素朴なる真心を貫き通すことによって、険難を克服してゆくことができます。

九五は剛健中正の徳を持ち、位正しい六四の部下と協議して、適当なる処置をして、そのよろしきを得たので、次第に危険な状態から脱出してよく水が流れるようになり、穴の中の水はほとんどなくなり平らになって、もはや咎められるような過失はなくなったわけですが、それだけでは九五の志はいまだ十分に達せられたことにはならないのです。

上六は険難の極にあって、陰柔不才で、九二・九五の陽爻を坎中に陥し入れた極悪人です。世の中を乱し、険難の時代を作り出した元凶として、極刑を免れません。この爻は、一片の誠も剛中の徳も持たずに道を失ったため、とうてい険難から脱出することができず、三年後、凶禍を受け処刑されるのです。

約を納るるに牖《まど》よりす。終に咎无し。

九五　坎盈たず。既に平らかなるに祗《いた》らば、咎无し。

上六　係ぐに徽纆《きぼく》を用い、叢棘《きょく》に寘《お》く。三歳まで得ず。凶。

30 離《り》為《い》火《か》

- ━━ △小吉
- ━ ━ ○吉
- ━━ ×大凶
- ━━ ●凶
- ━ ━ ◎大吉
- ━━ ▲小凶

離《り》は貞に利し。亨《とお》る。牝牛《ひんぎゅう》を畜《やしな》えば吉。

あるもの、またはある事柄に付着してゆく場合、その事柄またはその道は必ず正しいものでなくてはならず、ひとたび正しい道、または正しい事柄として付き随った以上は、牝牛《めうし》のように柔順に、その事柄に付き随ってゆくように心がければ、吉幸を得られます。

天地間の万物は、皆それぞれ付着すべきところがあります。そしてそれが、そのあるべき正しいところに付着している時に、初めて大きな働きをなし遂げることができるのです。たとえば日月は高く天に付き、草木は大地に付いています。

このように、離の卦は明徳を具備したものが二つ重なり、正しく中道に付着していますから、天下を教化して文明なる社会を形成し、成就することができ、大いに伸び栄えてゆくことができます。それ故、一度《ひとたび》六二の中正の明徳に付き随ったならば、牝牛のように柔順につき従っていけば、必ず吉を得られるのです。

〈占考〉

苦境のドン底にある時は、必ず何かに、あるいはどこかに付着し、そこに止まり身を守った後、そこから初めて苦境の場から離れて新しい方向に脱出してゆくことができます。

その場合、精神は不安定で方針が定まらず、目標が二つ以上生じて、その どれを選ぶべきかに迷い、迷いながら行動するために、永続できずに転向転職を繰り返して窮乏する意味がありますから、一度これと決定したことは、どんな事情が生じようとも、牝牛のように柔順に付き随ってゆくことが大事なのです。

さらに、この卦は、二陽爻の堅い箱の中に一陰を蔵しているところから、秘密主義で相手に対して互いに警戒心を持ちながら観察し合い、決して打ち解けないため、交渉、談判、縁談など、新しく始めるものに関しては、なかなかまとまり難いとみます。しかし反面、すでに話し合いの進んでいるものに関しては、離を文書とし印鑑としますから、調印間近しと判断します。

また、この卦は、離婚訴訟や権利上の問題で、裁判その他公争事件の起こっている場合が多く、その他金銭上の出費のため、外見はよくみえても内面は苦しく火の車の状態です。付くとし離れるとするという意味から、何事も永続し難いですが、かえって仲介斡旋業や保険サービス業や各種セールス業をはじめ、株式相場などの職業は、良好とみられます。

その他、離の卦象を推して判断してゆきますと、天候は晴天続き、物価は急騰するとみます。また、失物は早ければ出るが、遅れれば離れて人手に渡るとみます。病占では、心臓や目などの病気や熱性の激しいものが多く、伝染病などは手当てさえ遅れなければ治癒しますが、長病は心臓いかんにかかっています。

初九
履むこと錯然たり。之を敬すれば咎无し。

初九は、一日の初めのまだ薄暗い早朝時なので、いろいろなものが動き出し入り乱れているため、いろいろな事故や事件が発生しやすい状況ですので、軽挙妄動を慎み、何事も敬い慎んで事を処するように心がければ、咎なきを得られます。

六二

六二は日が中天に昇っているので、万物はその真実の姿をはっきりと露《あら》わし認識されています。柔順中正の文明の徳を持つ六二は、この時に処して決して誤ることがないために、大いなる吉を得られます。

九三は日が西に傾いて、一日が将《まさ》に終わろうとしている時です。人間でいえば、すでに老境に入り、昔日の元気も失われたために焦りが生じ、天命に安んじ天命を楽しむことを知らず、落ち着きを失っているために、物事の真実の姿がみえない状態です。いたずらに嘆き悲しんでばかりいたり、歓楽に自己を忘れようとしているようでは、ともに死生の道に暗く、天命に安んずることを知らぬもので、久しからずして凶禍を受けることになります。

九四は、翌日の早朝薄暗い時刻に、いろいろの事件や事故が錯綜して起こってくる状態にあります。それは、ちょうど先代の首長が死んで、まだ落ち着かず入り乱れている時に、ある者が相続権や後継者をねらって突如として押しかけて来たとします。彼らは、失敗し、焚かれて死んで、死体は捨てられてしまいますが、このように、無法者の乱入による非道が実行されるような突発的事件の発生しやすい状況なのです。

六五は柔中の徳を持って、最高首長の地位に就いたばかりの時に、九四のような剛強にして非道な人物に地位を奪われようとし、苦しみが深く、涙を流し憂えたりすることが多いですが、しかし、上九のような人が味方になり

黄離、元吉。

九三
日昃くの離。缶を鼓きて歌わざれば、則ち大耋の嗟あり。凶。

九四
突如として其れ来如たり。焚如たり、死如たり、棄如たり。

六五
涕を出すこと沱若たり。戚みて嗟若たり。吉。

常に適切な処置をしてくれるので、禍を転じて福とし、吉を得ることができます。

上九は、離の上爻として明智と剛強の徳とを持って、六五の首長を補佐しています。そして、六五の命を承けて、服しないものを征伐して大功を上げ、乱賊の首魁を討ち滅ぼして害悪を除去します。しかし、敵の手下たちに対しては寛大に処置し赦免しますが、それも天下を泰平にするのが目的だからで、このように処置することによって咎められるべき過失はなくなります。

上九
王用って出でて征す。嘉有りて首を折る。獲ること其の醜に匪ず。咎无し。

下経

31 澤《たく》山《ざん》咸《かん》

▅▅ ▲ 小凶
▅▅▅ △ 小吉
▅▅▅ ▲ 小凶
▅▅▅ ● 凶
▅▅ △ 小吉
▅▅ △ 小吉

咸《かん》は亨る。貞に利し、女を取《めと》るるに吉。

この卦は、山が澤によって潤いを受け、澤は山によって水が涸れることなく山と澤とが互いに気を通じ合うように、また若い男女が相感じ相応じ合うように、天地間の事物が互いに感応し合ってさかんに伸び栄えてゆくことをあらわしています。しかし、相感応し合うところの道は、必ず正しい道に叶っていることが大切で、正しい道に沿ってそれを堅固に守って悦《よろこ》び感応し合う時には、女性を娶《めと》り結婚して吉となります。

この卦は、内卦艮の少男が外卦兌の少女の下にへり下って愛を求め、誠実にして止まるべきところに止まり、二心のないことを示し、上の兌の少女は悦んでこれに応じているが、決して有頂天にはならず、じっと止まるべきところに止まり、六二と九五と互いに中正の道を守って応じているので、結婚にまで立ち至り、吉幸を得られるのです。

このような感応の道は男女夫婦間のみならず、天地間のあらゆる事物にまで行き渡り、天地両気の交感和合によって、天地間の万物ことごとくが生成化育を遂げるのです。このように、物と物、人と人とが互いに感応し合うところの状態を観察すれば、天地万物の真実の状態を、その奥深くまで知ることができます。

〈**占考**〉

理屈よりも直感的・感情的に事が進んでいる時で、若い男女間の恋愛が急速に進展していることが第一に挙げられます。双方とも条件さえ合えば急速にまとまり、大体吉と判断できますが、この卦には何ごとも速やかに調い、また速やかに破れる傾向がありますので、卦辞の解説をよく守ることが大切です。

談判、交渉、取引などは、皆同様で吉占とみ、また速やかに調うと判断します。条件の完全に調うのを待っていては、すべて後手に廻って失敗し不調に終わりますので、多少拙速気味でも、大局的に判断して感応を示すか、迅速に取り運ぶことが必要です。

家出人は、若い男女の場合、恋愛関係に基因するものなどは発見できますが、妊娠している場合も多いです。待人も来ますし、失物も早ければ発見できます。病気は、風邪など流行性のものが多く、伝染病などは急激で早期の治療が勝負といえます。天候は曇りから雨となります。物価は、低値より一挙に高値になり、また低値になるといった高低の変化の多い相場です。

初六　その拇に咸ず。

☱☶の卦象は、人が両足で立っている姿であり、初六は、その足、しかも足の親指の拇に当たるものとして爻辞が繋けられています。

初六は九四と応じようとして、進んでゆく気持ちはあるが、互いに不中不正同志でもあり、足の親指に感ずる程度に浅く、あえて進んでゆく段階までには至っていないので、事の善悪吉凶はあらわれません。

六二は足の腓《こむら》に当たるため、自分で動くことはできず、九三の股に随って確固たる意志もなく引きずられて妄動し、正応である九五から求められるのを待たずに、本来の道を逸脱して行く時は凶となり、生涯の方向を誤る危険性があります。しかし、本来の柔順中正の気持ちに帰って、じっとして止まっている時は吉となります。

九三は股の位で過剛不中のため、本来内卦艮の主爻として静かに止まっているべきであるのに、上六の口先上手な陰爻の誘惑に随って軽挙妄動をしてみたり、六二の比爻を誘惑したり、自ら確固たる信念もなく、陰爻に随って動くことをもって、自らの道と考えて行動することは恥ずべきことで、その志すところがあまりにも低く卑賤であるといわざるをえません。

九四は不中不正の位にいて、もっぱら応爻の初六とのみ感応しようとして、しきりに往来し、自分の思いを遂げようとしています。しかし、それは不中不正同志のあまりにも偏った私情の感応であって、公明正大な感応の道に背いています。よろしく天地の感応の道に照らして反省し、不正なものに感ずることによって害されないよう心すべきです。

九五は、人体でいえば背中の肉、つまり脢《ばい》です。感じる力の一番弱いとこ

六二
その腓《こむら》に咸ず。凶。居れば吉。

九三
その股に咸ず。執りてそれ随う。往けば吝。

九四
貞しければ吉にして悔亡ぶ。憧憧として往来すれば朋爾の思いに従う。

九五

ろに感ずるとは、何物にも感じないということです。従って、無欲で、不正なものに感応して動くことはないため、後悔するようなことは一切ありません。しかし、ただそれだけのことで、積極的に何ものにも、また何ごとにも感動しないというのでは、天地感応の道に照らしてみる時、その志すところがあまりにも枝葉末節的で、尊ぶに足りないといわざるをえません。

上六は、兌の主爻として咸卦の極にあって、中を失しています。何ごとにもすぐに感応して、それを言葉にあらわし、器量が小さく、心が浅いために、心の中に貯えておくことができません。感じたままのことを皆吐き出ししゃべりまくって、人の機嫌を取り、口先だけでの喜悦の声をあげています。

その脢に咸ず。悔无し。

上六
その輔頬舌に咸ず。

32 雷《らい》風《ふう》恒《こう》

- -　●凶
- -　△小吉
—　●凶
—　●凶
—　△小吉
- -　●凶

恒は亨る。咎なし。貞に利し。往くところあるに利し。

恒は、自分の守るべき道を堅く守って変わることがないので、物ごとは必ず通り、伸び栄えてゆき、咎められるようなことはありません。しかし、もしも守るところの道が久しいにもかかわらず、一向に成果が得られないようであれば、その守るところの道が正しくなく、守るに値しないものであるからです。つまり、恒はどこまでも正しい道を堅固に守りながら、臨機応変に対処して進んでいけばいいわけです。

恒は、夫婦が協力一致してともに活動し、妻は家に在って巽順に、夫は外に出て活動し、内外卦の六爻すべて相応じ和合一致しています。そこで、その守るべき正しい道を長く久しく継続することによって、伸び栄えてゆくことができるのです。

　このことは、天地の運行についても同じことがいえます。日月は天上にあって久しく、そのあるべきところにあって天下の万物を照らし、四季の推移変化を久しく恒常的にすることによって万物を生成化育しているのです。そこで天地をはじめ万物が、そして人間が、それぞれどのような道を長く久しく守っているかということを観察するならば、天地万物、およびその人の真実の状態を知ることができるのです。

〈占考〉

　恒とは、間断なく変化することの中にあって、不変なるもの——例えば夫婦関係のあるべき道を説く卦です。変化のないことに倦怠気分が生じて、従来継続してきた家業や家庭、その他恒久の道を破り、あえて変化を求めようとする危険な状態にある場合が多いのです。

　しかし、従来の方針を変更することも、新規事業に着手することも不良で、しばらく現状を維持しながら様子をみてから、再度の決断を待つべきです。

　談判、交渉、取引など新規のことや大規模のものは、長引いてなかなか結着がつきません。縁談も、良縁ではあっても纏《まと》まり難いです。待つ事も手間取り、万事遅延し、家出人も失物も同様で、帰らないし、また手に戻らないとみます。物価は保合《もちあ》いであり、天候は曇りで雨降らずとし、夏冬は晴天続きです。
病気は、慢性の痼疾化した消化器系統のものが多く、根治困難とみます。癌などの場合もあり、その場合手術は不能となっています。また、この卦は通常人の健康体をあらわしてもいます。

初六は不中不正で、陰柔、知慮浅く視野も狭いため、結婚当初から夫に対してすべてに渡って最大限に深く要求し、一挙に夫婦生活を達成しようとすることは、そのことがたとえ正しいことであっても、長年月を必要とする恒の道に反することとして凶禍を受けることになります。それは、初めに要求することが深すぎるからなのです。

九二は剛中の徳を持って、六五の柔中の夫と不正同志で応じています。もの足りない不満はあっても、中庸の徳を長く久しく守り、夫婦の恒常の道を全うすることができます。

九三は巽卦の上爻にあって落ち着きがなく、利益に釣られ欲望に動かされて、一人の夫を長く久しく守り抜く節操や信義に欠けています。そのため、たとえその行為がやむを得ない事情によったとしても、他人から恥を受け、

初六
恒を浚《ふか》くす。貞しけれども凶。利しき攸无し。

九二
悔亡ぶ。

九三
その徳を恒にせず。或は之に羞を承《すす》む。貞しけれども吝。

どこへ行っても相手にされず、身の置きどころを失ってしまうでしょう。

九四は、初六と不中不正同志の婚姻を結んで、長く恒の道を守ってきました。しかし、それは適当な配偶でなかったため、鳥獣のいないところで狩をしているようなもので、いつまで待っていても何も得ることはできないのです。つまり、それは真実の恒の道ではないので、変改もやむをえないのです。

九四
田に禽无し。

六五の夫は柔中を得て、九二の剛中の妻と応じ、柔順に妻に従って夫婦の道を長く久しく守っています。このことは、もし女性ならば、一人の夫、一つの道に随って一生を終えるという意味で吉ではありますが、男子の場合、柔順に妻のいいなりになりながら夫婦の道だけを全うするというのは、正しい道ではなく凶といえます。男子は主体的に、何が正しいのかを自ら判断して行動することを尚ぶからです。

六五
その徳を恒にす。貞。婦人は吉。夫子は凶。

上六に至っては、長く久しく守ってきた恒の道が破れてしまいます。無用の権威や暴力を振るったり、無意味な変革や改変を試み、前後の見境いもなく自ら上位に立って、旧来のものを破壊して恒の道を振るい動かして、中正の道を破る時は、必ず凶禍を受けることになります。

上六
恒を振う。凶。

33 天《てん》山《ざん》遯《とん》

━━━	◎	大吉
━━━	◎	大吉
━━━	○	吉
━━━	●	凶
━ ━	△	小吉
━ ━	▲	小凶

遯《とん》は亨る。小は貞なるに利し。

小人の勢いがさかんになり、君子の勢いが衰え、新旧交替の気運の遯卦の時に入りました。この時、君子は小人の迫害を逃れて隠退することによって、かえって自己の志を曲げることなく貫くことができます。

つまり、遯の時には、小事ならば今まで通りにやって通りますが、大事は行《おこな》ってはいけないのです。

また、この卦は、剛健中正の九五の首長と柔順中正の六二の部下とが相応じていますから、もし時勢を挽回する方策があれば、それを実行してもかまいません。が、ない場合は潔《いさぎよ》く隠退すべきで、すべては時の情勢を冷静に判断し、これによって進退を決すべきです。遯れ隠退することによって、かえって自己の志す道を通すということの意義は大変大きいからなのです。

〈占考〉

世の中の物事はいつまでも長く久しく続けてゆくことはできず、いつかは必ず恒常の場所から隠退しなければならない時がやってきます。そのため、恒卦の次に遯卦がおかれたわけですが、問題は隠退の仕方にあります。

天と山とは、遠くからみると接触しているようにみえますが、実際はどんなに山が高く聳えていても天に達するものではありません。同じように、君子も、一見小人と格別違っていないように、むしろ小人と同様の欲望を持っているかのように振る舞いながらも——厳正に自分の守るべき道を守り、小人を悪《にく》まずして遠ざけるように隠退してゆくのです

運勢も、以上のように新旧交替期に当たり、諸事退くに吉、進むに凶の状況です。そして、すべて旧いものが新しいものに喰われ、侵蝕されてゆく時、労して功なく、事業も時節に合わないため損失が多く、信頼する部下からも見離されてゆきます。足許から崩れ始めている時ですので、致命的な失敗や責任を問われる前に、今が身を引く汐時と考えられます。

談判、交渉、取引、縁談はすべて不利で、☰☷（天地否）となる前に手を引くべきです。家出人、失物は、卦意の通り帰らずとか、また出ないとかと

みます。

病気も、老人や重病人の場合は精気衰えて一命危うく、軽症の場合は少し休養を取れば平癒します。天候は次第に崩れ、翌日は雨となります。物価は変動後、下落してゆきます。またこの卦は、離別してゆく男女関係とみて占断する場合も多いです。

初六は、隠退すべき時に当たっていますが、陰柔不才のため、ぐずぐずしていて時期に遅れ、危険な状態にあります。しかし、そのままじっとしてあえて逃れようとせず、今まで通りの関係を保ってやってゆけば、何の災難も受けないですみます。

六二は柔順中正の陰徳を守って、九五と応じ固く結ばれています。この関係は何人《なんぴと》といえども、両者のこの結合を解くことができないほどで、遯の時、諸事を固く守って、自己犠牲的に九五の隠退を立派に果たしてやるのです。

九三は、遯の時に六二と比して未練が募《つの》り、恋々として迷い苦しみ、思い切って逃れることができず、隠退すべきか否かを考えて心が入り乱れて甚だしく疲れるほどです。また、その間にも、小人の勢力はすでに身辺に迫り、危険な状態に陥ります。この場合、小人に対しては使用人を養うように、疎

初六
遯尾なり。厲うし。往く攸有るに用うる勿れ。

六二
之を執うるに黄牛の革を用う。之を勝げて説くもの莫し。

九三
遯に係がる。疾ありて厲し。臣妾を畜えば吉。

遠にもせず、また親しくもせず適正に処遇する時は、吉にして災禍を免れることができます。しかし、決して大事を行うことはできず、身を守るのが精一杯の程度です。

九四は、初六と応じて好意を寄せています。しかし、それに溺れず、去るべき時には決然として手を切り、隠退して吉を得られます。小人はこのようなことはできず、好愛するところのものにどこまでも溺れてゆき、災禍を受けることになります。

九四　好めども遯る。君子は吉。小人は否らず。

九五は、柔順中正の六二と正応して固く結合していたのですが、ついに隠退し離別してゆく状況がやってきました。その時、その隠退の仕方がまことに立派であって、正しい道を堅固に守り、このようにして自分の志を正しく通すことができたのです。

九五　嘉く遯る。貞にして吉。

上九は応爻も比爻もないので、遯の時、思い煩い、心を惹かれ、迷い疑うことは何もありません。しかも、初六の陰気による危難からはるかに遠く隔たっているので悠々と隠退して、世間の外に超然と自適することができます。

上九　肥《ゆたか》に遯る。利しからざる无し。

34
雷天大壮《らいてんたいそう》

●凶
△小吉
◎大吉
●凶
○吉
●凶

大壮は貞に利し。

大壮は、陽気のさかんな時ですが、勢いに任せて進む時は失敗を招きますから、勢いのままに引き摺《ず》られず、勢いに溺れないように「止まる」という正しい道を、堅固に守るのが良いわけです。この卦は、自ら正しいと信じていることを勢いに任せて主張し実行して、それに反対するものを圧倒しすぎてかえって挫折する、賢人君子の失敗しがちな卦です。

また、大壮は、内卦乾の剛強な徳と、外卦震のさかんに勢いを振るう徳とを併せ持ち、一点の私心私欲なく、公明正大の徳を持っているので、これによって初めて、天地が万物を生成化育する真実の状態を知ることができるのです。

〈占考〉

内卦乾天の上で、外卦震の雷が勢いを奮っているので、自らを抑制することができず、勢いのおもむくままに引き摺《ず》られて、過剛驕慢《きょうまん》、暴虐《ぼうぎゃく》となって窮地に陥りやすく、このことを最も注意しなければいけません。

大壮には、このように止めることのできないものをあえて止めなければならない難しさがあり、それが目上との衝突であったり、女性関係であったりします。また、事業やその他、願望するところに向かって、自己過信から暴走し、物事すべてを楽観的に甘くみて、勢いこんで進み過ぎ、挫折し失敗し、破綻《はたん》するといった運勢です。

一般的には、家業は繁栄し事業も盛大ですので、現状を維持する程度に「止まる」という姿勢を貫くことが大切です。土木建築関係は吉です。失物、家出人はあらわれませんし、また帰ってきません。物価は上昇し、天候は晴れで、夏には雷鳴があります。結婚は強気に出過ぎて破れます。病気は、熱性の伝染病や急性の肝炎等は危険ですが、その他のものは生命力旺盛のため、平癒は早いとみます。

初九　**初九**は、位は低いですが剛強に過ぎ、応爻も比爻もなく孤立無援にもかかわらず、勢いに任せて進もうとしていますが、このまま進んでゆけば必ず失敗して凶禍を受けることになります。たとえ、その志が人に感動を与えることであったとしても、失敗してしまっては、その志は窮まり達成されないことになり、結局、愚かしい行為といわざるを得ません。

九二は陰位陽爻で、中を得ています。そして、このような正しい中道を堅固に守っているので吉を得られますが、それは、なすところのことすべてが公明正大であるからです。

九三は過剛不中で、内卦乾の上爻に位置して・高慢・自信過剰のため、勢いさかんなのに任せて進んでいこうとしていますが、それは非常に危険なことで、必ず進むも退くもできない窮地に陥ってしまいます。君子ならば、自制し控え目にして、決して無闇には進んでゆかないはずです。

九四は、陰位陽爻、剛柔のバランスがほどよく中和して、大壮の「止まる」という正しい道を堅固に守っていますから、吉を得ます。不中不正の爻位から生ずる一切の欠点はなくなり、前面に立ち塞がっていた大きな障害（二陰爻）も完全に取り払われて、今や大きな堅牢な車に乗って、勢いさかんに進んでいくことができる天下泰平の状態となったわけです。

六五は陽位陰爻、柔中の徳を持って、最高の首長の地位にあります。陰の

趾に壮んなり。往けば凶。孚あり。

九二
貞にして吉。

九三
小人は壮を用い、君子は罔を用う。貞なれども厲うし。羝羊藩に触れてその角に羸《くるし》む。

九四
貞吉。悔亡ぶ。藩決けて羸まず。大輿の輹に壮なり。

六五

小人のさかんな時代の影響を強く受け、陽爻の勢いが伸びるのを妨げ、陽剛の賢人たちに反抗してきました。しかし、今や時代は転換して、陽剛の勢いがさかんな大壮の時代に移ったことを知り、今までの態度を改め、柔順に賢人たちの意見を聞き、それに従うようになりました。従って、悔いるべき失敗もなくなったわけです。

上六は陰位陰爻で、高位にいる小人のために陰険です。そして、陽剛の賢人に対して事を構え、どこまでも敵対しますが、才能が乏しいゆえに思うに任せず、進退両難の苦境に立ち至ることになります。そこでもしも、この苦しみに直面して深く反省し、今の時代が、小人たちの私利私欲をほしいままにできた世の中とは打って変わった公明正大な賢人君子たちの時代が到来したことを知り、今までのやり方を改めた場合は、吉を得られます。またすでに犯した咎も、やがて解消することになります。

羊を易に喪う。悔无し。

上六
羝羊藩に触れて、退く能わず、遂む能わず。利しき攸无し。艱めば則ち吉。

35　火《か》地《ち》晋《しん》

━━━	△小吉
━ ━	○吉
━━━	●凶
━ ━	○吉
━ ━	△小吉
━ ━	▲小凶

晋《しん》は康侯《こうこう》もって馬を錫《たてまつ》ること蕃庶《はんしょ》なり。昼日に三たび接す。

太陽が地上に出現し次第に上昇するにつれて、地上の万物はますます広く明るく照らされるようになります。同様に、新しい天子の恩澤もますます広く天下にゆきわたってきました。

国を安んずる諸侯は柔順に、この明徳ある天子に心服して、自国に産する数多くの馬を献上します。天子もまたこれに応えて厚く遇し、昼間に三度まで接見し、仲睦じく協力一致して、天下を泰平ならしめます。

〈占考〉

朝日が昇るように前途が明るく希望の持てる運気で、すべてを肯定的・楽天的に考え、積極的に取り組んでいこうとする意気込みが湧いてくる時です。

サラリーマンなどの場合は、明敏にして信望の厚い新社長を迎え、人心一新して清新溌剌とした気分となったり、地位の昇進や栄転をはじめ、新規事業の計画や方針の確定など目立って進展をみせます。しかし、内実がこれに伴わないため、具体的方策については細部に渡り検討を要します。つまり、明るさはあっても外見だけで、内部は暗く実利に乏しい運気ですので、このことをすべてに適用して、占断してゆきます。

縁談などは、条件がぴったりで理想的ですから、当方から積極的に動いて取り決めることが大切です。談判、交渉、取引などについても同様で、ぐずぐずせずに積極的に手早く進めるとまとまります。家出人、失物も早ければ発見されます。ただし、待つ事など受け身の場合は、便りはあっても期待通りにはゆかないとみます。天候は晴れ、物価もじりじりと上昇してゆきます。病気は、原因および治療法や病名などが判明して、本格的な治療に入る意があり、心臓疾患などが多いです。

試験や学問研究、芸術、発明・発見に関したこと、名誉的なことは――たとえば選挙戦などの占には吉とみますが、実質・内容的な財運はむしろ不利とし、外見を飾るための出費が多いとみます。

初六は位が低く、進み昇ることの始めです。九四と応じてはいますが、九四は不中不正で、その剛強の才能をもって権勢を独占するため、六五の天子と諸侯・人民との間に立って、その親睦を邪魔し引き裂こうとしており、初六の進んでゆくことを抑制し挫《くじ》き阻《はば》みます。初六は、自分の志を曲げてまでも九四に媚び従うことなく、自ら正しいと信ずる道を固く守り、たとえ自分の真心が上位の者に通じなくとも、心を寛《ひろ》くゆったりと落ち着いていれば咎はありませんが、しかし、いまだ役職に就くこともありません。

六二は柔順中正の徳を持っていますが、応爻も比爻もなく、かえって九四の妨害に遭うため、憂いが多く、思うに任せない状態ですが、自ら正しいと信ずる道を固く守っているので吉を得られます。それは、あたかも善良なる子供が祖母に認められて幸福を得られるように、六五の明徳ある天子に直接認められて大きな幸運に恵まれるというのです。

六三に至って進むことを阻まれていた内卦三陰爻は、今漸くその孚が何人《なんぴと》の目にも明らかとなり、九四もそれを妨害することができません。そして、初六・六二とともに六五の明徳ある首長に従うべく進んでゆき、その信任を得ることによって志を果たし、不中不正という欠点から生ずる悔いは皆なくなります。

初六
晋如摧如。貞吉。孚とせられること罔きも、裕なれば咎无し。

六二
晋如愁如。貞吉。茲《こ》の介福をその王母に受く。

六三
衆允とす。悔亡ぶ。

九四は不中不正で、邪《よこしま》な精神を持って権力の独占をねらっています。彼は、六五に忠誠をもって仕えようとする内卦三陰爻を抜擢《ばってき》することを妨げて、私欲をほしいままにする貪欲な大鼠のような人物です。しかし、たとえどのような理屈を並べて自己の行為を正当化しようとしても、不中不正の邪曲な心をもって高位にいる限り、多懼の地位から生ずる危険性を免れません。

六五は柔中文明の徳をもって、最高首長の地位にありながら、実権を九四の権力者に奪われるような危険があります。しかし、新進気鋭の内卦三陰爻を抜擢任用して、その才能を十分に発揮させるようにすれば、悔いるべきことは皆なくなります。また、時として成功し、時として失敗するようなことがあっても心配することなく、彼らを信頼して彼らの才能に任せて進んでゆく時には、必ず慶《よろこ》ばしい成功を収めることになります。

上九は、これ以上進むことのできないようなところまで進み過ぎて、中を失しています。また、過剛不中の咎があるので、文明平和な仕事には不向きです。が、領内の反乱分子を討伐する程度のことなら、多少の危険性はあっても、この人を使用でき、咎なきを得られます。ただし、いつまでも長く使用される時は、恥を受けることになります。なぜならば、それは六五の明徳のいまだおよばぬところがあるということだからなのです。

九四
晋如たる鼫鼠、貞しけれど厲し。

六五
悔亡ぶ。失得恤うる勿れ。往けば吉、利しからざる无し。

上九
その角に晋む。維れ用って邑を伐つ。厲けれども吉にして咎无し。貞なれども吝。

36　地《ち》火《か》明《めい》夷《い》

⚋	×大凶
⚋	▲小凶
⚋	▲小凶
⚊	○吉
⚋	△小吉
⚊	▲小凶

明夷《めいい》は艱《くる》しみて貞なるに利し。

暗愚にして暴虐な首長のために、賢人君子は皆その害を蒙《こうむ》るのですが、この卦は離の太陽が地下に没して世の中が暗黒となっている状態を指します。

昔、文王は内文明の徳を持ち、外柔順の徳を持って殷の紂《ちゅう》王に仕えていたにもかかわらず、その徳望を嫉まれて、羑里《ゆうり》に幽閉され大難を蒙ったのですが、後にはこの同じ徳によって、大難を免れることができたのです。つまり、艱難辛苦して、正しい道を固く守ることができたわけです。

それは、自らの明智を包み隠して愚をよそおい、決して外にあらわさないでいる時は、よくその志を正しくして失わずにすむからで、紂王の叔父の箕子《きし》（古代朝鮮を開いたと伝えられる）がこれを用いたのです。

〈占考〉

どんなに才能があり優れた意見を持ち、また努力してみても、上位の者にも世間にも認めてもらえないといった暗い陰気さの中にある運勢です。特に目上筋の嫉み、怒りを受けているため、何事も見通しがつかず、無理をして積極的に出ると致命的な失敗となります。

これに対処するには、一切の自己主張を差し控え、計画や方針も明かさず、才能を包み隠して表面に立たず、忍耐して情勢の変化を待つより以外に方法はありません。このような時には、火災や交通事故など突発的な変事、外からの傷害や脅迫、中傷、詐欺、盗難、女難、怨みや嫉みからの思わぬ災難などを受けやすく、十分な警戒とともに身を慎むことが必要です。

談判、交渉、取引、縁談などが凶占であることはいうまでもなく、家出人も失物も待人も同様、暗い判断となります。また、物価は下落し、天候は曇り後雨となります。

病気は、重患は意識不明となり絶望です。眼や脳、および心臓も危険な状態で、病気一般に関しては、医師の診察や判断に問題のある場合もあります。

初九は位正しく、上六の暴虐な君主から最も遠く離れています。まだ傷つ

初九

けられるまでには至ってはいませんが、明智があり正当な意見を持つ者が、昏《くら》まされ迫害される暗黒の世界から脱出するために、速やかに逃れ飛び去って、ひそかに人目につかぬよう三日間も食事をする時間も惜しんで、遠くへ逃れ去ります。他人には、なぜそうまでして早く逃れなければならないのか、理由がわからないのですが、伯夷《はくい》、叔斉《しゅくせい》や太公望《たいこうぼう》はそうして逃れていったのです。

六二は、文王に象徴されるように、明夷の暗君に仕えて災禍を受けますが、左の股を傷つけられた程度であったので、もし壮健な馬に乗って速やかに救出されるならば、決定的な禍を免れて吉を得られることになります。

九三は、剛強にして離明の徳を持つ武王が、これに当たります。そして、暗君である応爻の上爻を討つために、狩りの名目で南の方に向かって進み、首尾よく討ち果たしたのですが、いやしくも臣下であるものが君主を討つのですから、速やかに事を決してはならないのです。慎重の上にも慎重に討議し考え、万止《ばんや》むを得ずして実行してこそ、初めて正しいといえるからです。

六四は、紂王と同腹の兄微子《びし》で、陰柔のため、弟の暴虐に対してなす術もありません。弟紂王には改心の意志が全くないことがわかり、このまま現在の宙ぶらりんの境遇に甘んじていることもできず、かといって、紂王の滅亡

明夷る。于き飛びてその翼を垂る。君子于き行きて三日食わず。往く攸有り、主人言有り。

六二
明夷る。左股を夷る。用って拯うに馬壮なれば吉。

九三
明夷る。于きて南狩してその大首を得たり。疾く貞にすべからず。

六四
左腹に入りて明夷の心を獲、于きて門庭を出づ。

により殷の先祖の祭りが絶えることも、みるに耐えません。従って、禍害の身に及ばぬうちに逃れ去ることを決心し、家の門庭からひそかに去っていったわけです。

六五は天子の位ですが、民意を失った紂王はすでに天命によって位を剝奪《はくだつ》されて上爻に移され、五爻には紂王の叔父の箕子が代行者として当てられているのです。暴虐な紂王の怨みを受けた箕子は、その迫害から逃れるために、狂人を装《よそお》い、明智を包み隠して奴隷に身をやつして、大いなる艱難辛苦を経験しますが、箕子が心の中に固く守っていた明徳は、どのような境涯に身を貶《おと》そうとも、しばらくも止むことはなく、常に明らかな光を放って輝いていたわけです。

上六は紂王で、もともといささかの明徳をも持ちあわせていません。紂王は、本来就くべき地位ではない天子の位に初めは就きますが、後には天下の諸侯・万民の悉《ことごと》くが離反して、この暴虐な王を排撃したので、ついに武王によって滅ぼされ、地の底に没し去っていったのですが、それも天子の道に外れた数々の暴虐な行為の結果なのです。

六五　箕子の明夷る。貞きに利し。

上六　明かならずして晦し。初めは天に登り、後には地に入る。

37 風火家人《ふうかかじん》

○吉
○吉
○吉
▲小凶
○吉
△小吉

家人は女の貞に利し。

文明にして巽順であることは、女性の正しい徳であって、この徳によって家庭の道が完成します。家を治めるには、まず女性が女性としての正しい道を固く守ることが大切で、この卦では、柔順中正の六二の妻が剛健中正の九五の夫と正しく応じ、男女それぞれ正しい位にあって正しい道を守っていますが、これは天地における最も重大な正義を表現したものでもあります。

なぜならば、もし一家族の中で尊厳なものがあるとすれば、それは父母のことを指しています。また、父は父としての正しい位置にあって、父としての正しい道を行い、同様に子は子としての、兄は兄、弟は弟、夫は夫、婦《つま》は婦としての正しい位置にあって、それぞれ正しい道を行ってこそ、初めて家道は正しく治まるからです。さらに、一家が正しく治まって後に世の中はよく治まり安定することになります。

〈占考〉

外に出て傷害を蒙《こうむ》り失敗した時は、必ず引き返して自分の家に帰ってくるので、明夷の卦の次に家人の卦がおかれた、と序卦伝で説明されています。

しかし、この卦は運勢的に迫力に欠けていますから、競争することのすべては不利とみます。一家中の人が和合的に皆正しく自らの位置にいることは、六爻中上爻を除いて、位が正しく、また応爻比爻の多いことから理解されます。そこで婦女子を使って成果を上げられるような小さな家業は小利がありますが、一般的には積極的に進むよりは守りがよく、反面、家庭内に三角関係的な色情問題や金銭上のトラブルなど、家裁や法律相談を要するような事件が発生している場合が多くあります。

談判、交渉、取引など、従来のものの継続ならば、友好的に解決できますが、内卦が火、外卦が風でともに実体がないところから、大きな取引は空契《から》約に終わり、実体はないと判断します。結婚は大体良縁でまとまるとみますが、家族関係を円満に保つための努力が必要です。物価は上昇気味で不安定です。

住居も不安定の意があり、家出人は家庭事情や三角関係を原因とするものが多く、最終的には発見されるか、戻ってきます。天候は晴れ、日中少し雲が出るといった占です。病気は、風邪や精力消耗が原因となっているものが多く、いろいろと余病の併発が心配されます。

初九は、家を治めることの初めです。位正しく陽剛の志を持っている時に、正しい規律を定めて、家族の人が悪い道に馴染《なじ》まぬように予防し、勝手気ままな行為ができないようにすれば、悔いるべきことはすべてなくなってしまいます。例えば、嫁に来たばかりの人には、志がまだ変わらないうちに家風をよく呑み込ませ変節しないようにすることが大切です。

六二は柔順中正の妻です。独断的に事をなし遂げずに、すべて夫の指示に従って事を行い、家庭内で飲食物の調理をはじめ、もっぱら家事を治め調えるので、妻としての正しい道に叶い、吉を得られます。

九三は過剛不中で、内卦離の上爻にいるために、家を治めることが厳正に過ぎるため、家族の人たちから不平不満の声も生まれ高まります。しかしこのような危険はあっても、そのことを反省しさえすれば、結果的には吉で、いまだ家を治める道を失っているわけではありません。これに対して、家を

初九
閑ぎて家を有《たも》つ。悔亡ぶ。

六二
遂ぐる攸无し。中饋に在り。貞にして吉。

九三
家人嗃嗃。厲しきと悔ゆれば吉。婦子嘻嘻たるは終わりに吝。

治めることがあまりに寛大にすぎ、一家内の女、子供が一日中嬉々として遊び楽しんでいるのは、家を治める節度・規律を失っており、終いには恥を受けるような結果を招くことになります。

六四は位正しく、巽順の徳を持ち、夫と協力してよく家を治め調《ととの》えて家を富まし、大いなる吉を得ることができます。

九五は剛健中正の徳を持ち、一家の首長として、家族の者に親しまれ心服されて一家がよく治まり、吉を得、家族中の者すべてが九五に感化されて、互いに愛し合っています。

上九は、家を治める道が完成したところで、家を治める道について述べています。家を治めるには、まず人を感動させるほどの真心が内に充実していることと、威厳があって人を心服させること、この二つが大切です。そして、この二つの徳によって家を完全に治めることができるのです。また、威厳があるということは、顔貌をいかめしくし、声を重々しくして人を威圧することではなく、常に自分自身を反省して自らの行為を正しくしているうちに、自然と身についてくるもののことです。

六四
家を富ます。大吉。

九五
王有家に仮る。恤うる勿れ。吉。

上九
孚ありて威如。終に吉。

38 火《か》澤《たく》睽《けい》

━━━　△小吉
━ ━　○吉
━━━　●凶
━ ━　△小吉
━━━　○吉
━━━　△小吉

睽《けい》は小事に吉なり。

この卦は、内卦兌の水が下降し、反対に外卦離の火が上昇し、水火互いに背き戦い合っている象です。これを人事でいえば、中女と少女の二女が同居して、互いに好みや意志を異にして、仲の悪い状態をあらわしています。

六爻中初爻以外のすべては位が正しくなく、互いの意志や感情が通じ合わず、不和合になっています。そのため、人々が和合協力して初めてできるような大きなことは不可能ですが、他との協力を必要としないような小事ならば、喜んで文明に随う徳と、六二と九五とが応じていることから、何とかなし遂げることができます。

ところで、天は純粋な陽であり、地は純粋な陰として両者は全く相異なっていますが、この異なった両気が相交わることによって、万物が生成化育するのであり、また、男女も互いに気質を全く異にするもの同志が結婚して家庭を作り、かえってその志すところが相通じるものとなります。このように、万物は悉《ことごと》く相異なり、背《そむ》き合って互いに別々に成長発展してゆくことにより、かえって全体としては偉大な成果をなし遂げているのであります。そこで、もしもすべてが全く同一で、異なるところがないとするならば、万物の生成化育は決して行われないでありましょう。

人間の社会も全く同様で、いろいろと異なった性格や能力や志を持つ者が、それぞれ自己の個性を自由に発揮することによって、偉大な社会的発展が遂げられてゆくのであり、睽の時に処する道やその働きはまことに大きいといわなければなりません。

〈占考〉

表面はよくみえても、内部は反目し憎しみ合っていたり、意見や方針が全く相反していて統一できていないところから、何ごとも積極的に進むことや大事は不可ということになります。

また、個人の場合でも、相反する二つの目的があり、その選択が難しいための悩みや苦しみがあります。そのため、人間関係などは最も不良で、誤解やその他、些細なことから喧嘩別れをしたり、情事や中傷、憎しみ合い、争い事など、不愉快なことに悩み疲れてノイローゼになったり、深刻な状況にあります。

縁談や商取引など和平を主とする占はすべて不良で、反対に出産とか病気のように、内部にあるものを外に出して離反させるようなことには吉占とみます。ただし病気の場合、精神病や血行不順のようなものは、それ自体が反《そむ》き離れるという病ですから、なかなか治らないとみます。また、医師の誤診や薬の合わない場合も多いです。

天候は晴れたり曇ったりで、雨にはなりません。物価も高下浮動です。失物は出てきませんし、待つ事も期待外れに終わります。家出人も戻ってきません。しかし、勝負占には有利とみます。またこの卦は、裏面工作など表面は通じなくても、裏に通じる道がある卦でもあります。

初九は位正しく、応爻もなく低い地位にいます。悔いが有るべき睽《けい》卦の時に、軽挙妄動をしないでじっと落ち着いているので、悔いるようなことはすべてなくなってしまいます。つまり相手である九四は自分を捨てていってしまったのですが、この相手は追えば追うほど遠くへ逃げていく人物ですので、

初九
悔亡ぶ。馬を喪うも逐うこと勿れ。自ら復る。悪人を見るも咎无し。

追いかけないでいれば、そのうちにいくところがなくなって自然に帰ってきます。しかし、その時には遠ざけずに面会して受け入れてやれば、逆恨みを避けられ、咎を受けないですみます。

九二は剛中の徳を持ち、六五の首長と略式で秘密裏に会い、睽の時代を和合の時代に変えるにはどうしたらいいのかについて話し合います。しかしこうした密談は、情勢上やむを得ないのであり、決して正しい道を失っているのではありません。

六三は、その応爻上九とともに不中不正です。そのため、互いに事情がわからず、根も葉もないことを疑い、相手を前科者のような悪人にみていました。しかし、近くで接して直接談合してみれば、相手は決してそのような人ではなく、互いによく理解し合えて、すべての疑いは解け、親密に和合するようになるのです。

九四は不中不正で、初九と害応して気の合わないところがあるので、六三と親密になろうとしたり、六五に取り入ろうとしたりしますが、うまくゆきません。そこで九四は悪人となって、人々の仲を引き裂こうと工作するので、いよいよ人と背き離れて孤立し、窮地に逐《お》いやられてゆくことになります。しかし、九四が今までの行為を反省して、応爻にあたる初九に面会を求め、

九二
主に巷に遇う。咎无し。

六三
輿の曳かるるを見るに、その牛は掣、その人は天且つ劓。初め无くして終り有り。

九四
睽きて孤なり。元夫に遇い、交々孚す。厲けれども咎无し。

誠心誠意交わるならば、彼我打ち解け合い、危うい状態にはいるけれども咎められるようなことはなく、自分の志を遂げることができるようになります。

六五は、自らは力はなくとも柔中の徳を持ち、九二の剛中の賢人と応じていますそして、九二の協力を得られるならば、悔いるべきことのすべてはなくなってしまいます。この九二の賢人こそ、真に親しむべき人であり、訪問し打ち解けて相談する時は、万事すらすらと難問題が解決され、咎められるべき過失もなくなり、人々の不和合な状態のすべては解消することになります。

上九は、孤独で疑い深い目で、遠くから応爻の六三を見たために、六三が不潔で無気味な化け物のように思え、弓を取って射止めようとしました。しかし、六三が次第に近づいてくるのを見ていると、それは錯覚であって、六三は自分に寇《あだ》をするような相手ではなく、かえって自分と結婚し協力すべき相手であることがわかり、一切の疑いが晴れ、ともに協力し合って進んでゆく時は、吉となります。

六五
悔亡ぶ。厥の宗膚を噬む。往くも何の咎あらん。

上九
睽きて孤なり。豕の塗を負うを見、鬼を一車に載す。先には之が弧を張り、後には之が弧を説く。寇するにあらず、婚媾せんとす。往きて雨に遇えば吉。

39 水《すい》山《ざん》蹇《けん》

⚋ ○吉
⚊ ○吉
⚋ ▲小凶
⚊ △小吉
⚋ ▲小凶
⚋ △小吉

蹇《けん》は西南に利しく東北に利しからず。大人を見るに利し。貞にして吉。

険難が行手を塞いでいる時には無理に進まず、安全で容易な所に向かって進んでゆくべきです。決して険難の地に止まったり、あえて立ち向かってゆくことは、窮地に陥るのでよろしくありません。険難を前に見てよく止まれる者こそ、真の智者です。平易安全な地を選んでそこに止まり、険難な地を避け、九三・九五のような剛強な力を持つ人物を求めて積極的に助力を願えば、初爻以外の六爻すべてが位正しく応じまたは比しているので、協力一致が得られ、蹇難の状態を克服突破し、現在の苦しみを救うことができます。

〈占考〉

この卦は屯・坎・困とともに易の四難卦という困難な卦の一つです。人々の意志感情が通じない不和合の時には幾重にも険難なることが生じ、これを乗り越えることが難しい状態です。ですから睽の卦の次に蹇の卦がおかれたのですが、前方に坎水の険があって進めず、後方は艮山が聳えて退けず、身は坎中泥沼の中に陥ったように、進退両難に苦しんでいます。これを打破するには、耐忍しながら安全平易なことから打開策を講じ、他の援助を求める以外にはありません。願望や進んでなそうとすることすべて凶占で、談判、交渉、取引から縁談まですべて同じような判断で、見合わせて退守する以外にはありません。病気は消化器系統の病気や足・腰の不自由な歩行困難な病気など、長引いて苦痛の激しいものが多いです。待つ事も家出人も期待外れ、戻ってこないとみます。失物も出ません。天候は曇りから雨となります。

初六は不中不正で、応爻も比爻もなく孤立して無力であり、蹇の始まりにおいて、このまま進んでゆけば、進退両難に陥ってしまいます。しかし、進んでいかず止まっておれば、先見の明のある人という名誉を得られるので、よろしく時至るのをただ待つべきです。

六二は柔順中正の陰徳を持ち、剛中の九五と応じ、非力を省みず蹇難の時局を乗り越えようと懸命の努力をしています。これは、決して自己一身の功

初六
往けば蹇み、来れば誉あり。

六二
王臣蹇蹇。躬の故に匪ず。

蹇

名富貴のためではなく、ひたすら天下のために艱難辛苦しているのですから、たとえ失敗するようなことがあったとしても、少しも咎められるべきことはなく、成敗吉凶は関係ありません。

九三は位正しく剛強の才能を持つが、九五と不応であり、坎険に最も近く接して、自ら坎中に陥る危険な状況にあります。このまま進んでいけば災禍を受けますから、退いて六二と比し、自分の安んずべきところを得ています。

六四は柔弱で坎中に陥っており、応爻もなく、このまま進む時はますます険難に陥ってしまいます。そこで己れを屈して、下位にある剛強の九三と比し協力して、九五を補佐すれば、蹇難を克服することができます。

九五は剛健中正の徳を持ち、大きな険難の時局を克服しようとして大いに苦心していたところ、応爻の六二をはじめ志を同じくする仲間たちがやってきたので、彼らと協力一致して、難局を打開することができたのです。

上六は陰柔にして非力であり、このまま進めば険難に陥り脱出できなくなりますが、幸いにして九三と応じ、九五と比しているので、もし九三の剛強の賢人と協力し合えて険難に当たれば、大きな功績を上げて吉を得られます。さらに、九五の首長を中心にして、六爻のすべてを協力一致させることができれば、険難をことごとく解消することとなりましょう。

九三
往けば蹇み、来れば反る。

六四
往けば蹇み、来れば連なる。

九五
大いに蹇むも、朋来る。

上六
往けば蹇み、来れば碩なり。吉。大人を見るに利し。

40　雷《らい》水《すい》解《かい》

▅▅ ▅▅　△ 小吉
▅▅ ▅▅　△ 小吉
▅▅▅▅▅　△ 小吉
▅▅ ▅▅　● 凶
▅▅▅▅▅　○ 吉
▅▅ ▅▅　△ 小吉

解は西南に利し。往く所なければそれ来り復《かえ》りて吉。往く所あれば夙《はや》くして吉。

これまでの長い期間、すべての人々が苦労を重ねて、はなはだしく疲れています。そして、いまようやく苦難から脱却したばかりの時でもありますから、この際、なるべく平易安静にして寛大な方針を立てて、人々を休息させるのが良策です。

そしてもしも現時点で、艱難のことごとくが解決されてしまったのであれば、落ち着いて自分たちのいるべきところに立ち帰って安静にしているのがいいのですが、もしもいまだ艱難のいくつかが残っているのであれば、放置することなく速やかに進んで処理し、残らず解決することによって吉を得られ、大きな成果を上げることができます。

〈占考〉

この卦は、春雷が天上に轟いて雨が地上に降り注ぎ、陰陽の調和を得るに至った春、三・四月頃、草木が冬枯れの後に地上に芽を出した象です。それは、活動して現実的に険難の外に脱出し、長い期間にわたった苦難から解放される時でもあります。反面、気の弛みから怠惰放縦《たいだほうしょう》に流れ、酒色に溺れ、何事も手がつかず、勤労の喜びを忘れてしまう意味もあります。

解には、分解、解散、解消、解雇という意味があり、これをとれば、固い約束も破れ、事業は解散となり解雇され、契約は解消となります。困難な問題のある場合には解決となりますが、さしたる苦労も、難しい問題もない場合は凶意が強くなります。特に上爻以外の各爻すべて位が正しくなく、しかも応爻・比爻関係になっており、不正な情事に溺れた末の家庭の解散や分解などの凶兆が読みとれます。解の卦は、このように、全体としては漸次運気の好転してゆく吉卦ですが、単なる気運にすぎないものを現実的な好運期と判断して油断すると、吉は凶に逆転してゆくわけです。

事業、談判、交渉、取引などはすべてに吉凶二面を考えて、迅速果敢に解決してゆく方針を取るべきです。縁談などは、春の喜びの卦ですので吉占とみますが、婚後解消になる危険性も考えられ、その原因を未然に防止することが大切です。天候は、夏は雷雨の後に晴れ、秋冬は晴れとみます。病気は、早期治療によって快癒するとみますが、速やかに開腹手術を要するものもあります。物価は上昇に転じます。失物は解け散るので出てきませんし、家出人も決意が固く戻ってきません。

初六は不中不正の柔弱な小人です。しかし、九二・九四と比爻・応爻の関係にあって、その指導を受け、邪心を改めるので、咎めなきを得ます。

九二は剛中の徳を持ち、六五の信任を得て、険難を解け散らす重責を負っています。険難な状況を作った最大の原因は不中不正の小人たちにあるのですから、彼らを取り除かなければならないのですが、その取り除き方が激し過ぎても控え目過ぎてもいけません。九二の取り除き方は、そのどちらにも偏らずに適切で陰陽中和せる力をもって、悪人の三陰爻を除去することにうまく成功します。そして固く中道を守っているので吉を得ることができます。

六三は不中不正の小人です。本来、微賤の身分で物を背負ってゆくべきはずの人間ですが、高い役職の地位について貴人の高級馬車に乗っています。それは、比爻の九四にうまく取り入って分不相応の地位を得たからであり、それでは世の人々は納得しません。そのため、六三の地位を奪おうと襲って

初六　咎无し。

九二　田して三狐を獲、黄矢を得たり。貞にして吉。

六三　負い且つ乗る。寇の至るを致す。貞なれども吝。

くる者もあらわれてきます。しかし、それもまた自分でその種《たね》を蒔《ま》いたのであるから、誰をも咎むべきではなく、自業自得というほかはなく、醜く恥ずかしいことといえましょう。

九四は六五と比して、その信任厚く高い地位に権力者として臨んでいます。しかし、陰位陽爻のために気が弱いところがあって、初六と六三の小人と応比の関係にあるところから、その巧言令色に惑わされています。そこで、本来の剛強の徳を発揮して、足の親指ともいうべき初六と六三という不中不正の小人との関係を断ち切るべきで、そうすれば同じ剛強の徳を持つ九二の賢人とも、深く信頼し合い協力し合うことができます。

六五は柔中の徳を持ち、九二の剛中の賢人と応じ九四の陽剛の賢人と比して、彼らの協力を得て、世の中の乱れの最大原因である小人の邪悪な行為を取り除いて吉を得ることができますが、その際、小人を除き去るやり方が過激でなく陰陽中和しているために、小人もその処置の公明正大なことに心服して、心を改め正しい道に向かうようになり、天下は泰平無事となります。

上六は、小人の黒幕的存在ともいうべき高い地位にいる強豪なる小人です。九四の剛強なる高位の賢人がこれを除き去ることによって、小人の悉《ことごと》くが追放され、解の道が完成されます。

九四
而《なんじ》の栂を解く。朋至りて斯《ここ》に孚あり。

六五
君子維れ解くこと有り。吉。小人に孚有り。

上六
公用って隼を高墉の上に射る。之を獲て利しからざる无し。

41　山《さん》澤《たく》損《そん》

━━━ ○吉
━ ━ ◎大吉
━ ━ △小吉
━ ━ ▲小凶
━━━ △小吉
━━━ ○吉

損は孚あれば元吉にして咎なし。貞にすべし。往く所あるに利し。曷《なに》をかこれ用いん。二簋《にき》用《もっ》て享《きょう》すべし。

この卦は、内卦乾の一陽を減らして外卦坤に益し加えることに（税金の徴収のように）よって成立した卦で、下の者を損し減らして上の者の用に供するのであるが、それには天下万民を感動・納得させるだけの真心が内に充実していなければなりません。誠心誠意どこまでも公正に、過ぎたるものを抑え減らすようにして徴収し、正しい道に叶う時には、大いに吉を得られ咎められることはなく、進んで事を行ってよいのですが、今は損の時代で豊かではありません。

そこで、為政者たる者は万事に倹約につとめ、盛大なるべき国の重大な祭事においてさえ、わずか二品程度の質素な供え物をして神を祭っても、内に充実した真心さえあるならば、立派に祭ることができるのです。豊かな時には豊かに、貧しい時には質素に祭りをするように、税金を下から徴収するのにも、時のよろしきに従い、時と相応するように行うべきなのです。

〈占考〉

解は蹇難が解けて心が緩《ゆる》やかになり油断して失敗し、せっかく手にしたものを円くするすると落として失ってゆくので、損の卦が次におかれたのです。またこの卦には、貪欲な心とか怒り、愚痴など減らし損すべきものを損して好結果を得る意味もありますので、公益慈善事業に私財を投じたり、ボランティア活動によって公共的福祉に奉仕したりすることなどのほかに、謙遜、辞譲、驕《おご》りを省き、何事に対しても誠意をもって臨むことをも、損卦の象意と考えてよいのです。己れを損して他を益するという意味から、人の厄介事のために物心両面の損失があります。一般に、事業その他談判、交渉、取引なども損失を覚悟する運気ですが、将来は有望ですので、何事も損して得《とく》を取れという気構えで急功を望まなければ差し支えありません。

物価、株式、不動産などは将来、高騰しますので、投資には良好です。縁談も良縁でまとまりやすいです。病気も、体力さえあれば平癒しますので、静養気分で気長に療養することです。待事は期待外れで、貸したものも返らず、家出人も失物も戻りません。天候は晴れ後曇りとなります。

内卦の三爻は自ら損して上を益すものとして、また外卦三爻は益を受けるものとして、判断してゆきます。

初九は位正しく、陽剛の徳と才能とを持って六四と応じ、その要求にこたえて自分のしている仕事を止めて速やかに進んでゆき、六四の意志をはじめいろいろな事情をよく考えて、自分の持っているもののうち、最も適当なものを与えてその役に立てるので、咎なきを得られます。

九二は陰位陽爻で、中を得て調和し、その所有しているものが多過ぎも少な過ぎもしないで適当な状態となっています。そこでもしこれを減らす時には不足することになります。同様に応爻の六五も、また陽位陰爻で中を得ているので、その所有に過不及がなく、これを益する時は多過ぎることになるので、九二は剛中の徳を守って動かぬのがよく、みだりに進んでいって六五に増し加える場合は、中の徳を失い凶となってしまいます。つまり、不必要に上位のものに取り入ろうとする贈収賄の風習を作ることになるからです。

六三の爻位にはもと陽爻があって、内卦の三陽爻がこれと共同しようとしました。しかし、人と人との和合は一対一でなければうまくゆかず、どうし

初九
事を已めて遄かに往く。咎无し。酌りて之を損す。

九二
貞に利し。征けば凶。損せずして之を益す。

六三
三人行けば一人を損す。

損

ても一人は余り者になってしまいます。そこでもし六三が外に出て行く時は、行く先に適当な相手がみつかり、これと和合し協力し合うことになります。

六四は、高い役職に就いてはいても、陰柔で才能が乏しい存在です。この無能という病を癒すためには、応爻である初九の剛強なる才能が必要で、速やかに初九を招き寄せる時には六四の病気は治り、その欠点は補われて喜びを得られ、咎められるようなことも皆なくなってしまいます。

六五は柔中の徳を持つ天子で、応爻の九二をはじめ天下の賢人たちのみならず、事によったら鬼神までもが、皆自分の持っている最善のものを出しあい、六五を益し助けたいと思って心服して仕えるので、高価貴重な大亀をもって卜《うらな》ってみても同じであるように、その吉なることは明らかです。

上九は損の卦の極にあって、これまで下から益されてきたが、これからは一転して下を益してやる時期がきたわけです。それには、自分を損せずして益するやり方として、下の人々が真に希望している施設や事業を興してやれば、天下の人々は皆上九の志に合わせて、家を忘れ私を忘れて、公共的な事業に対して献身努力を惜しまず、上九において損の道は完成し、すべての者がすべての者のために惜しみなく己れを損することに喜びをもって参加することになるのです。

一人行けばその友を得。

六四
その疾を損す。遄かならしめれば喜び有り。咎无し。

六五
或は之を益す。十朋の亀も違う克わず。元吉。

上九
損せずして之を益す。咎无し。貞にして吉。往く攸有るに利し。臣を得て家无し。

42 風《ふう》雷《らい》益《えき》

× 大凶
◎ 大吉
○ 吉
△ 小吉
◎ 大吉
◎ 大吉

益は往く所あるに利し。大川を渉《わた》るに利し。

益とは、上の為政者が豊かな財を公共的に人民のために事業資金として投下し、それによって人々は大いに喜んで事業を興して進んでゆき、大川を渉るような大事業をもあえて行うことができて、益の道は大いに伸び栄え、光り輝いてゆくことになります。それは九五と六二とがともに中正の徳をもって相応じているからであり、これによって正しい道をもって大いに世の中を益し、人々に大きな慶《よろこ》びを与えることができるのです。

また、進んで大川を渉るような危険を冒してまでも大事業をなしてよいというのは、この卦は、さかんに活動する震の徳と人情に随い時勢に順応する巽順の徳とを併せ持っているからで、震巽の両木を用いる道がうまく行われて、舟を作って安全に大川を渉ることができるからなのです。

この両徳によって日々に発展し、どこまでも進んでゆくことができ、また、その利益は広く天下にゆき渡ることができます。しかしそれも時に応じ、正しい道に従って行われるべきであって、常に利益することのみに偏せず、損すべき時には損するようにしなければならないのです。

〈占考〉

運勢は盛運を迎えて、増益、昇進、拡大増設、副業の創設など予想以上の発展が行われる時ですが、雷も風も実体がないところから、表面は好景気であっても、借財や不要な人員・資材・施設などが多く、後には、放漫経営のつけが回ってきますから、早急に引き締めることが大切です。

また上下ともに動く卦で、内実のない卦ですから、落ち着きがなく住居不安定で、身心ともに騒がしく、動揺が多く、労して功のない意味も強くあります。従って、新規事業は副業程度に止《とど》めておくと無難です。

談判、交渉、取引など相手のある占は、大体吉占で有利にまとまりますし、縁談も良縁でまとまりやすいです。待事も吉です。しかし、失物は出ませんし、家出人も帰りません。天候は風が出て晴れですが、夏は雷鳴があります。物価は浮動しながら上昇してゆきます。病気は二病併発して、互いに他を刺激し合って病勢募《つの》るとみます。

また、この卦は一般に土木事業、特に家屋の新築に吉占です。一般的に個人よりも共同事業に有利です。

初九は志正しく、剛強の才能を持っており、応爻の六四から大きな恩恵を受けて大事業を興し、大量に産物を生産してその恩恵に報いることができて、大いなる吉を受け、咎なきを得られるのは、六四が初九に対して重い負担をかけなかったためで、安心して自分の仕事に精を出すことができたからです。

六二は柔中の徳を持ち、剛中の九五と正応して深く信任されていますが、他のものからも大きな益を受けているので、その吉なることは、高価にして貴重な霊亀をもって占ってみても明らかです。その有り様は、九五の天子が中正の徳を固く守っている六二を用いて天帝を祀ると、天帝もまたその祭りを受けて吉を与えるほどなのです。

六三は不中不正で、内卦震の上爻に位置しているため、多くの危険に見舞われます。さらに、応爻の上九も不中不正ですから、環境そのものが危険で、苦難が多いのです。しかし、六三は凶多しというこの位置をうまく処理し克服することによって、かえって大きな利益を収め、咎なきを得ます。つまり、

初九　用って大作を為すに利し。元吉。咎无し。

六二　或いは之を益す。十朋の亀も違う克わず。永貞にして吉。王用って帝に亨す。吉。

六三　之を益すに凶事を用う。咎无し。孚有りて中行なれば、公に告ぐるに圭を用う。

この爻は、包卦坤の中爻として一点の私心なく、柔順に至誠をもって首長に仕えて中庸を得、真実なることをきちんと正確に奏上するので、凶多しという危険な地位にはいますが、咎なきを得られるのです。

六四は九五と比し初九と応じ、卦の中央にあって中道を行っています。九五の君公は六四の言葉を信じてこれに従い、国の都を遷すような大事をも任せます。六四がこのようなことができるのは、常に中庸の道を行い、天下の人々に利益を与えたいという立派な志を持っているからです。

九五は剛健中正の徳をもって天子の位にあり、誠心誠意、天下万民を恵み憐《あわ》れみ益しようとする心を持っているので、九五が大きな吉を得られることは疑う余地はありません。また、天下万民も中心からこの天子の徳を恩恵として有り難く受け入れてくれるので、天子の志は大いに行われることになります。

上九は上を損して下を益する時になっても、なお私利私欲に専念し、他を省みません。そのため天下の人々のすべては、上九を憎んで彼に利益を与えないようにするのみか、時として彼に危害を加える者も出てきます。実際、上九は私利私欲を求めて心がぐらつき節操がないので、そうした危害が思いも寄らぬところから出てきて、凶禍を受けることになります。

六四
中行なれば公に告げて従わる。用って依ることを為し、国を遷すに利し。

九五
孚有りて恵心。問うこと勿くして元吉。孚有りて我が徳を恵とす。

上九
之を益すること莫し。或いは之を撃つ。心を立つること恒なし。凶。

43　澤《たく》天《てん》夬《かい》

× 大凶
△ 小吉
● 凶
● 凶
△ 小吉
● 凶

夬は王庭に揚《あ》ぐ。孚ありて号《よば》う厲《あやう》きことあり。
告ぐるに邑《ゆう》よりす。戎《じゅう》に即《つ》くに利しからず。
往くところあるに利し。

さかんなる五陽爻をもって、衰えたる上六の一陰を決し去る卦で、一見、このことは容易のようにみえますが、実際には上六は、九五の天子と相比してその寵愛を受け、深く取り入って巧みにその力を利用しているので、その権勢は思いもよらぬほど強大です。

そこで多くの陽剛の君子たちの手で、この小人を除き去るためには、まず朝廷の公開の席で理路整然と正しい言葉をもってその罪を声明して、天下にその罪悪不正を知らしめ、真心をもって天下に呼号して同志を集め、力を合わせて事に当たることが必要です。その場合、決して孤立し独力をもって事に当たってはなりません。

こうして彼の罪はあらわれ、我の力は調いますが、それでもなお油断しては危険です。なぜなら、人を責める時には、まず己れを正しくして自らの領内を治め、次に領民にこのことを告げ知らせ、協力を求めてから、他に及ぶべきだからです。

　また、決して武力に訴えてはいけません。それでは天下は大乱となり、万民が苦しむことになります。そこで、どこまでも陽長じて陰の衰える時の勢いをもって、小人を決し去るまで、内剛強にして外和悦の徳をもって進んでゆく時は、自然に剛長じて陰は消滅していきます。

〈占考〉

　夬とは、水が溢れ出て決潰することです。一国の富であれ、一家の繁栄であれ、際限なく増益してゆく時は、ついに内部から裂け破れ、崩壊現象を起こして決潰することになります。

　事業も勢いに任せて拡大し、破滅の淵に臨んでおり、後悔しても間に合わぬ場合が多いです。万事勢いが強く剛強に過ぎて、性急に事を運ぼうとして失敗し、結局は取り返しのつかない状態に立ち至り零落することになります。

　縁談など和平を中心とした占では中途変更となり、決潰するとみる場合が多く、談判、交渉、取引なども、内剛強外和悦の徳をもって穏便に臨む時は、継続してきたものに関しては結着がつくとみますが、新規のものは決潰・決裂となります。契約文書に欠陥のある場合もあります。

家出人は危険な状態ですし、失物は破損していたりします。住所の不安があります。天候は雨となり、物価は高騰します。病気は一命危うしといったものが多く、交通事故の場合、頭部損傷で危険です。また脳溢血や動脈瘤破裂や心臓病など、病勢の激烈なものが多く、これは絶望的です。

初九は陽位陽爻で、上六を決去すべく進んでゆく意志が極めて強いですが、位は卑く、応爻も比爻もなく孤立しているため、たとえその志は正しくとも、無理に進んでいっても勝利を得られず、敗北して、不明の謗《そし》りを受けることになります。つまり、到底勝ち目のないところに向かって進んでゆくことが咎められるのです。

初九
趾を前むるに壮なり。往きて勝たず。咎と為す。

九二は陰位陽爻で、剛中を得ているので猛進せず、事に臨んでよく謀《はか》りよく恐れ、不慮の危険の発生することを憂えて、他の同志に警告を発し戒めて、豫《あらかじ》め防備を厳しくしているので、たとえ夕暮時に敵の襲撃を受けるようなことがあっても、驚き心配することはありません。というのも、この爻は剛柔調和して、いかなる場合にも中道を守り適切に対処できるからです。

九二
惕れて号ぶ。莫夜に戎有るも恤うる勿れ。

九三は過剛不中で、乾卦の上爻にあって、猛進の気が顔面に漲《みなぎ》っています。しかし敵もまたそれに対応して、守りを固め謀事をめぐらすので、かえって上六に敗れ凶禍を受けることになります。ただし君子であるならば、現在のように時がいまだ熟していない状況では、和悦をもって上六と応じているので、かえって他の同志からは上六と通じて裏切るのではないかと疑われ、怒りを受けることがありますが、しかし九三の決心には変わりはなく、ただ機会をうかがっているだけであるから、咎はありません。後に、上六を決去すべき時に決去することによって、最終的に咎はなくなります。

九三　頄に壮なり。凶有り。君子は夬夬たり。独り行きて雨に遇う濡るるがごとくにして慍らることあるも、咎无し。

九四は陰位陽爻で不中不正のため、気力や志に欠けるところがあります。上六の権力や謀事がさかんなることを知り、恐れ退こうとすれば、下位の三陽爻に突き上げられます。それは、あたかも尻の皮が剝《む》けて、痛くてじっと座っておれないようなもので、進退窮まりぐずぐずと進みかねています。そこで羊飼いに倣《なら》って内卦三陽爻の前に立ち、これを指導していっても、うまくはいきません。しかし、三陽爻を前に立て、羊に牽かれるように、その後から蹤《つ》いてゆけば事なきを得られます。ところが、九四はこの教訓をさえ信じようとはしません。それは、九四があまりにも勇気に欠けており、善悪正邪を判別する智恵さえもなくなってしまっているからです。

九四　臀に膚无し。その行くこと次且たり。羊を牽けば悔亡ぶ。言を聞きて信ぜず。

九五は剛健中正の徳を持っていますが、応爻がありません。そのため、上六と親比してこれを窮愛してきましたが、今ようやくその非なることを知り、上六を決去するべく決意しようとしています。そこで、実際に上六を決去し去ることができれば、剛中の首長としての道に叶っており、咎なきを得られます。ただし長い間、上六と親しみ、その影響を強く受けてきたわけですから未練も多く、従って九五の中庸の行為は、決して光大というほどには至りません。

上六は陰柔であるが、九五に媚びその庇護を受けて高位にあります。そして、執拗に陽剛の勢力に抵抗してきたのですが、同類の仲間たちはすでに決去されてしまっており、大きい声で喚《よ》び叫んでも誰も助けてくれる者もありません。結局、凶禍を受けて滅亡する運命に立ち至ったのです。

九五
莧陸、夬夬たり。中行なれば咎无し。

上六
号ぶこと无かれ。終に凶有り。

夬

44 天《てん》風《ぷう》姤《こう》

▲小凶
△小吉
●凶
▲小凶
△小吉
▲小凶

姤《こう》は女壮《さか》んなり。女を取《めと》るに用うるなかれ。

姤とは逢うなりで、思いがけなく逢うこと、邂逅《かいこう》することです。この卦は、央の卦で決去されたはずの陰爻が、忽然と陽爻ばかりの最下位に出現し、陽剛の君子たちと出会ったことを示しています。そこでこの卦は、小人が漸次勢いを盛り返して、遠からず強大となってゆく気配を示している時に対処する道が説かれています。

この卦の一陰の女子は、外見は巽順のようにみえます。しかし、風がどんな隙間からでも入ってゆくように、この女はいかなる人にもうまく取り入ることのできる性質を持っており、いわば五人の男を引きつけ、自分のものにすることのできるような女です。従って、このような不貞不義の女を娶って妻としてはいけません。もしこのような女を妻とした場合、必ず男は衰え、君子は毒されてその創造的な力を失い、ともに長く久しく身を全うすることはできません。

しかしながら、天地陰陽の気が相遇ってこそ、天地間の万物の生成化育がなされ、陽剛中正の君主に柔順中正の臣が相遇ってこそ、初めて天下は泰平にして天地陰陽の道が行われるのであるから、姤という出会いの時の持つ意義は重大で、図り知ることができないほどなのです。

〈占考〉

思いがけないことに出会うという卦意から、すべて予期せぬ偶然に左右されやすく、期待したことが裏目に出たり、予想外の結果を招いたり、ふとした思いつきやふとした人と出会ったり、思わぬ偶然から予想もしなかった仕事を始めたりなど、善きにせよ悪しきにせよ、予期せぬ方向に引き入れられてゆきますから、厳重な警戒が必要です。特に、性悪な女性にとりつかれたり、悪徳商法に引掛ったり詐欺や盗難に遇ったり、宝くじに当選することよりも交通事故に遇うなど、陰気に毒されてゆくことの用心の方が大切です。

婚姻はもちろん凶占で、談判、交渉、取引なども、思わぬ偶然から予想外の悪い結果になることを警戒すべきです。家出人や失物も、偶然発見されて戻るとみます。天候はにわか雨などに遇う意がありますが、大体曇りから崩れてゆくとみます。物価はふとした事件が発生して急落することがあります。病気は、ふとした風邪が肺炎となったり、余病併発に注意が必要です。また、中風や脚気などの足の病気など、足下から崩れてゆく危険性も持っています。

初六の小人は柔和温順らしく、人に取り入ることが巧みで重宝がられます。しかし、この小人が勢いを増す時は、君子たちを誘惑、堕落させ、世の中を乱すようになりますので、今のうちに十分警戒しておくことが必要です。たとえば、痩せた豚が自由に跳《は》ね回りながら、だんだんと気が強くならないように、金属性の杭《くい》に繋《つな》ぎ留め、自由に動き回らないようにしなければならないのと同様です。

初六
金柅に繋ぐ。貞吉。往く攸有れば凶を見る。羸豕孚に蹢躅たり。

九二は剛中の徳を持ち、初六の小人が勝手に動き回って、九四をはじめ他の陽爻の君子を誘惑することのないように、たとえば生《いき》の悪い魚は、自分のところで料理して食べてしまい、客人に奨めないのと同じように、他に迷惑の及ぶことはすべて、自分のところで包容し処理して、外にまで波及し活動できないようにするので、咎められるような過失はないのです。

九二
包に魚有り。咎无し。賓に利しからず。

九三は位正しい陽剛の君子であるが、初六の魅力にとり憑《つ》かれて自分のものにしたいと思い、落ち着いてじっとしていることができず、その様子は尻の皮膚が破れ、痛くて座っていられないようです。しかし、初六とは応でも比でもなく、初六はすでに九二の手中にあるのでぐずぐずと躇《ためら》っており、危険な位置にいます。しかし結局は、志が正しいので、九二と争うことも初六と逢うこともせず、深みにはまることがないので、大きな過ちには至らないのです。

九四は、初六と不中不正同志で応じていますが、初六はすでに九二の手中にあって、九四の手にはありません。このことは、かえって九四にとって幸運であるにもかかわらず、諦め切れずに自己の権利を主張して起ち上がり、九二と争う時は、凶となります。というのは、もはやいかんともし難いことですが、なかなか九四は手を引かないからです。

九五は剛健中正の徳を持っているので、初六に誘惑もされず、また過激に追い払うこともしません。川柳にからみついた瓜の蔓《つる》が九五の天のところまで伸び拡がってきたが、川柳が瓜の蔓や葉を枝の中に包容してそれに犯されずに耐えるように、美しい明徳を内に包んで時の至るのを待っているので、自然に小人、つまり瓜は熟して地に落ちて枯れてゆくことになります。つま

九三
臀に膚无し。其行くこと次且《じしょ》たり。厲けれども大いなる咎无し。

九四
包に魚无し。起てば凶。

九五
杞《き》を以て瓜を包む。章を含めば、天より隕《お》つることあり。

り、これが君子が小人を制御する最《もっと》も中正な道というわけです。それは決して単に自然のままに放置していたわけではありません。その都度、適切に対応しながら、時至るのを待ったのです。

上九は不中不正で、剛強に過ぎて包容力に欠け、自己主張が強過ぎて妥協性がなく、相手構わず突っかかってゆくために、誰からも相手にされません。それは、結局、器量が小さいためであるので、けち臭く恥ずべきことですが、しかし反面、そのことによってかえって陰爻に誘惑されることもないので、咎められるべき過失もありません。ただ、器量の小さいのが欠点なのです。

上九
その角に姤う。吝なれども咎无し。

45　澤《たく》地《ち》萃《すい》

●凶
○吉
◎大吉
△小吉
○吉
△小吉

萃《すい》は亨る。王有廟に仮《いた》る。大人を見るに利し。亨る。貞に利し。大牲《だいせい》を用いて吉。往く所あるに利し。

萃とは人や物が多く集まっている時で、この時に当たり九五の天子は先祖の廟に詣り、感謝の意と真心をこめてお祀りをするので、天下の人心もその集まるところをみいだして一つに統合され、先祖の霊と一体となっている九五の天子を範として仰ぎみて、悦《よろこ》んで随うようになります。これによって物事はよく亨り、伸び栄え、よい結果を確保することができます。

このように多くの人、多くの物の集まる繁栄した豊かな時代の到来は、すべて天地の神、先祖の霊のお蔭であると感謝することと、孝心の誠を尽くす明君の偉大な徳とによって、初めてこの豊かな時代を欲望のための争乱から守り、平和に治めることができるのです。

このような正しい道に叶った集まり方をするためには、盛大な祭りを行うのがよく、この祭りによって統合された人心によって、天子が進んで大事を行い成功するのは、天命に順応しているからなのです。つまり、天子は、世の中のいかなるところに、いかなる人、いかなる物が集まっているかを観察することによって、天地万物の真実の状態を知ることができるのです。

しかし、人や物が多く集まる時には、それを奪おうとする者も集まってきます。そのため、いろいろな争乱や不慮の事件も発生しがちになりますから、武器をよく整備し、それに備えることが大切です。

〈占考〉

物も人もよく集まり、諸事繁盛して好調ですが、反面、財や営業の権利をめぐっての争いが生じます。

特にこの卦は、集まるべき中心が二つある（九五と九四）ために、いろいろと問題が生じ、たとえば、目標が二つあってその選択に迷いが生じたり、就職や入学や入札など競争が激しかったり、ものが豊富であり、また豊作であるために物価が安いとみるなど、事象に合わせて判断していく必要があります。縁談も二つあって選択に迷いますが、大体良縁のものが多く、談判、交渉、取引なども同様です。

先祖の供養は特に良好です。分散した人たちを集めるお祭りや同窓会、その他の会合も吉占です。しかし、病占には余病も加わり、病勢募り危篤となって近親者の集まる意があり、凶占です。天候も雨でかなりの降水量です。失物は人混みで落としたということで出てきませんが、家出人は集まる意から戻るとみます。待事にも吉占です。

また、この卦には、人が裸で立っている裸身の象があります。しかも、大勢の人が悦んで集まるという象意から、温泉場や海水浴場、繁華街や講習会場などの意味があります。

初六　孚有るも終えず。すなわち乱れすなわち萃まる。若し号えば一握して笑いを為さん。恤うる勿れ。往けば咎无し。

初六は九四と応じ、誠意を尽くしているが、不中不正同志であるため、終わりまでそれを固く守ることができません。というのも、九五が剛健中正なのを知ってそれと和合しようとしますが、縁故もなく、心がはなはだ乱れ、そこで初めて自分が真に和合協力すべき相手が、応爻の九四以外にないことを反省し、悔悟して呼び叫ぶと、九四はそれを受け入れて一つに集まり、和合できて大いに悦ぶことになるので、憂うるには及ばず、すぐに進んでいっても何の咎もありません。

六二

六二は柔中の徳を持ち、九五と応じ、互いに誠実なる真心をもって引き合い親和しているので、九四と親和している初六と六三との間に挟まれてはいても、咎められるようなことはないのです。というのは、この爻は、飾り気なく質素で、ひたすら真心のみをもって神を祀るように九五に仕え、中正の誠を堅固に守って、決して変節することがないからです。

六三は、萃の時に集まるべき応爻がないのを嘆き悲しんでばかりいますが、このような状態では何をしてもうまくゆく筈はありません。しかし、もしも比爻の九四のもとに萃《あつ》まろうとすれば、九四は喜んで受け容れてくれるので、咎なきを得られます。ただし、それは正応ではなく、また不中不正同志でもあるため、多少の不満や欠点は免れることができません。

九四は、初六、六三など、多くの人や物を萃め、その権力は極めて強大ですが、陰位陽爻のため、自らの権勢に驕ることはありません。そして、これらの人や物を従えて、九五の首長の下に集まり従ってゆくので、大吉にして咎なきを得られます。

九五は剛健中正の徳をもって天子の位に立ち、天下の多くの人、多くの物が皆そこに集まることによって、天子の位を保っているので、咎められることはないのですが、世の中には九五の地位にではなく、九四の徳を慕って集まる人もかなり多くいます。このような時、九五は九四に対して嫉妬するこ

引かれて吉。咎无し。孚有れば乃ち禴《やく》を用うるに利し。

六三
萃如。嗟如。利しき攸无し。往けば咎无し。小しく吝。

九四
大吉。咎无し。

九五
萃めて位を有つ。咎无し。孚とせられること匪ざるも、元永貞なれば、悔亡ぶ。

となく、中正の徳を長く変わらず堅固に守り養っていれば、いつかは、いまだ心服しない者もいるという悔いるべき欠点は消滅していきます。

上六は萃の時に応じ、集まるべきところがなく、孤立して嘆き悲しみ、涙を流しています。それは、しかるべき人に対して集まりたいという真心の切実さからであって、咎められるべきことではありません。しかし、内実のない無位の高位になすことなく、これ以上長く安んじていることはできません。

上六
齎咨涕洟。咎无し。

46 地《ち》風《ふう》升《しょう》

⚋ ● 凶
⚋ ◎ 大吉
⚋ ○ 吉
⚊ ○ 吉
⚊ ◎ 大吉
⚋ ○ 吉

升は元《おお》いに亨る。用《もっ》て大人を見る。恤《うれ》うるなかれ。南征すれば吉。

升の卦は、内卦巽順のへり下る徳と外卦柔順の徳とを持ち、九二の剛中の賢人と六五の柔中の君主と相応じ信頼し合っています。

そこで、剛中の賢人九二は、何も思いわずらうことなく進んでいって六五と面会し、協力して事を行い、その期待に応《こた》えて自己の方針通りに行動して吉を得られ、こうして六五と九二の志が天下に行われて、進み升《のぼ》る道が完成します。

〈占考〉

人や物が多く集まって勢いがさかんになれば、ともに目指す方向に向かって一緒に升り進んでゆこうとするので、萃卦の次に升がおかれたと述べています。運勢も、新しい職場への就職とか地位の昇進、新規事業の着手など、目上の引き立てや社会的信用を中心とするものはすべて吉占で、その場合、急進は不可です。蒔いた種が発芽し生長してゆくように、小を積み大となす心構えで、こつこつと絶え間ない努力をし、日進月歩を志す時、すべては好調に推移します。縁談は特に吉占で、将来も楽しみが期待できます。失物も家出人も発見可能です。談判、交渉、取引など、すべて円満に解決し、将来ともに好転してゆきます。

　南方に進んで吉といいますから、文化的・学問的・芸術的方面や企画設計的方面は皆、吉占とみます。天候は曇りで、風があり雨もよいです。病気は次第に病勢募り、余病と重なって重症となるので注意が必要です。物価も上昇してゆきます。

初六　允に升る。大吉。

　初六は巽順に剛中の九二と比し、相親しみ志を合わせており、九二の立身出世とともに升り進んで、大いなる吉を得られます。

九二　孚あれば乃ち禴を用うるに利し。咎无し。

　九二は剛中を得て、六五の天子と応じ、互いに真心をもって信頼し合い、虚飾虚礼を排しているほどです。それは何ら咎められるべきことではないばかりか、九二の剛中の徳が世に行われ、大いなる喜びを得られるのです。

九三は過剛不中で、上六と応じ六四と比しているため、何ものも恐れ憚《はばか》るものはありません。その進み昇る様は、あたかも無人の村落に侵入するようなものです。しかし、これを妨害するものが何もないため、勢いに任せて進み過ぎる嫌いがあります。内外卦の境界、すなわち自己の分限を超えて進めば咎を生じますので、吉凶いまだ定まらず、慎まなくてはなりません。

六四は位正しく、柔順に諸侯たる地位に安んじています。殷の紂王に仕えていた周の文王は、進もうと思えば天子として天命をも受けられたのに、あえて差し控えて領内にある岐山《きざん》を祭っていたので、かえって吉福を得られ、咎められるような過失を受けないですみました。これは、その身の置き方が最も適切な処し方と判断したからなのです。

六五は九二の賢人と応じ、九二を深く信任し、その意見を取り入れ、柔中巽順の徳を固く守って、一段一段と階段を高く昇ってゆくように、漸次に施策を行い天下を安泰ならしめて、大いにその志を遂げることができます。

上六は不中不正、陰柔不才の身をもって、升卦の極にあります。もしも心暗く知慮も乏しいのに、身のほど知らずに進み、止まることを知らぬまま立身出世し、最高の地位に上がったとしても、やがては升り進んだところのすべてを失い、貧窮の身となるでしょう。

九三
虚邑に升る。

六四
王用って岐山に亨す。吉にして咎无し。

六五
貞にして吉。階に升る。

上六
冥《くら》くして升る。息まざるの貞に利し。

47 澤《たく》水《すい》困《こん》

▲小凶
○吉
△小吉
×大凶
△小吉
●凶

困《こん》は亨る。貞し、大人は吉にして咎なし。言《こと》あるも信ぜられず。

力に任せて際限もなく升《のぼ》り進んでゆけば、結局は力尽きて疲労困憊《こんぱい》し、困窮するに至ります。困は、このように険難の境遇にありますが、決して落胆することなく、かえって自らの守るべき道を確固として守ることに悦びを見い出すようになりますので、そこに困難を乗り切る才能・道徳も養われるわけです。

例えば九二と九五のような大人は、剛中の徳をもって志を合わせ、ついに困窮から脱却することができ、咎なきを得られます。しかし、小人は一身上の苦情や弁解や泣き事を並べ立てても、それを信じてもらえず、正しい道を踏み外して凶禍を受けることになります。

困の卦は、陽剛なるものが陰柔なるものに掩《おお》われて困窮していても、君子はかえってこの境遇を天命として悦び楽しんで、自分の守るべき道を貫き通してゆき、決して弁舌をもって人の同情を得ようなどとはせず、徳を晦《くら》まし沈黙しているのです。

〈占考〉

この卦は、九二・九四・九五の陽爻の上下を、陰爻が掩《おお》って自由に行動することができない状態です。

また、外卦兌の底には水が洩れ、澤としての機能を完全に失っている象からみて、ほかから無理難題を吹きかけられて困窮したり、何かと束縛されて自由にならなかったり、資金が欠乏して物はあっても活用できなかったり、力尽きてほかの助力を必要としたりするような運勢です。実際、困苦に耐え、時機の到来を待つ以外に仕方のない状況です。

事業はもちろん、談判、交渉、取引など進めばすべて困窮するだけですし、縁談も同様です。物価は下落し、失物、家出人も出ないし、発見もされず、また軟禁されていることもあります。住所の不安も深刻です。

天候は大雨とみますが、降雨を求めている時は当分雨が望めないとします。

病気は気力や体力の減退、苦痛の激しいもの、子宮癌や胃癌・腸癌など、手術後も徐々に悪化する不治のものが多く、余病の併発が心配です。待事も期待はずれです。

初六は不中不正で、位卑《ひく》く柔弱で智慮も浅く、九四と応じていますが、九二がこれを距てているため、容易に九四の力を借りることができません。現在、切り株のデコボコしたところに腰を下ろしているように、痛くて落ち着いて座っていることもできないまま、深い谷間から出られず、三年もの長い間九四と会えずに困窮しているのは、心が暗く知恵も乏しいために、六三とともに九二を困窮せしめた、その報いを受けているからです。

九二は剛中の徳を持つ賢人ですが、初六と六三の小人たちに晦《くら》まされ邪魔されて、志を遂げることができずに困窮しています。しかし、しばらく飲食をもって身心を養い、時至るのを待っていると、志を同じくする九五の天子が正式に自分を求めてくるので、その時には、祖先の霊を祀るように、ひたすら至誠真実の真心をもって仕え、身を処し、事に当たることが大切です。ただし、もしも九五から求められるのを待ち切れずに自ら求めて進んでゆき、事を行えば凶となりますが、その行動は、この困窮した時代を救済しようとする真心から出たものなので、たとえ失敗しても、義において咎められるべ

初六
臀、株木に困しむ。幽谷に入りて、三歳まで覿《み》ず。

九二
酒飲に困しむ。朱紱方に来らんとす。享祀するに利し。用って征けば凶。咎无し。

きことではありません。

六三は不中不正で、心がけの良くない陰柔の小人です。初六とともに九二の賢人を苦しめ、さらに、上六の小人とともに九四・九五の賢人、君子を掩い晦まそうとしたが、歯が立たずに失敗して、自らが困窮してしまったのです。そこで、先に自分が苦しめた九二と和睦しようとしますが、受け入れてもらえず、進退ともに困窮して、自分の家に帰ってみれば、妻にも見捨てられ逃げられ、味方と頼むすべての人から見離され、凶禍を受けることになります。

九四は応爻の初六の求めに応じて、その困窮から救ってやりたいと思っていますが、今までの初六の行為を考えると、急いで助けてやる気にもなれません。さらに、重い任務を負っている九二が、九四と初六との間を遮っています。こうして九四が、ぐずぐずして進退を決しかねているのは恥ずべきことのようにみえますが、初六の心がけを改めさせてから後に、初六を救い出してやれば、不中不正同志の関係ではあっても、協力してやってゆけるので、多少の成果は得られます。

九五は剛健中正の徳を持つ最高首長です。現在の困窮の時代を救うため、上の鼻のような位置にいる上六と、下の足の位置にいる初六および六三を除

六三
石に困しむ。蒺蔾《しつれい》に拠る。その宮に入りて、その妻を見ず。凶。

九四
来ること徐徐たり。金車に困しむ。吝なれども終りあり。

九五
劓られ刖られ、赤紱に

去して、志を同じくする九二の賢人を、苦心の末、ようやく補佐役として抜擢することができました。そこで両者が、誠心こめて神を祀るような気持ちで協力し合えば、大きな福を得られます。

上六は高位にあって陰謀の限りを尽くし、他の小人たちと謀って、九五をはじめ賢人・君子を苦しめてきたが、応爻の六三が失敗して、進退両難の苦しみに陥りました。棘《とげ》のある蔓草にも比すべき六三に巻きつかれている上六は、その高い地位がかえって極めて不安定な危ういものとなって困窮します。このまま進む時は必ず後悔するようなことになるであろうと反省して心を改めて、六三を捨て、九五の首長に従ってゆく時は吉を得られます。

困しむ。乃ち徐ろに説びあり。用って祭祀するに利し。

上六

葛藟に困しむ。于《ここ》に臲卼《げつごつ》。日く動けば悔ゆと。悔ゆることあって征けば吉。

48 水《すい》風《ふう》井《せい》

⚋ ◎ 大吉
⚊ ◎ 大吉
⚋ ○ 吉
⚊ △ 小吉
⚊ ▲ 小凶
⚋ ● 凶

井《せい》は邑《ゆう》を改めて井を改めず。喪《うしな》うなく得るなし。往来井を井とす。汔《ほと》んど至らんとして、また未《いま》だ井に繘《つりいと》せず。その瓶《つるべ》を羸《やぶ》るは凶なり。

巽木の上に水が汲み上げられているのは、つるべ井戸の象で、井戸は水をどんなに汲みあげても尽きることはなく、人を養い、家畜や物を育てて、窮まることがありません。人々がその地を引き払って移っていっても、井戸は移すことができず、その後へ来た人たちも同じ井戸の恩恵を受けます。汲み出しても尽きず、汲まなくても溢れることのない井戸の水は、往く人も来る人も大切に取り扱うことによって、その恩恵を受けることができるのです。

それは、この卦が九二、九五という剛中の、汲めども尽きない清冽な水が湧き出る井戸の水は、汲み上げられて初めて用に立つものであるからです。そこでもしも、井戸の水に届く前に、つるべを引き上げて中途で止めてしまったり、井戸につるべ縄を用意しておかなかったら、井戸の効用をなしません。ましてや、そのつるべを壊して使えないようにしてしまうのは、最も不良で凶禍を受けることになるでしょう。

〈占考〉

つるべ井戸で何回となく水を汲み上げるように、骨折りや心配事が次から次へと出てきて、平安を得難い運気です。新規のことは骨折り損になる場合が多く、見合わすべきです。井戸の水が増減のないように、物事を今まで通りに繰り返していったほうが無難という運勢です。

ただ、精神的な学術才能の面に関しては、どんなに努力しても、またどんなに才能を使用しても差し支えないわけですから、たゆまぬ努力によって中途で廃することなく、最後まで貫徹してゆくべきです。万事諦めずに気長に努力することが大切で、急進したり速成を求めては失敗します。談判、交渉、取引等は気長にやっても、結局、根負けしてしまいそうです。縁談も、次々と苦情や隠れていたことが出てきてまとまりません。家庭運も同様で、三角関係など、複雑でしこりが残ります。病気も難病で、再発や余病の併発など、元気虚損して衰弱してゆきます。家出人は困窮しています。失物は出ません。待事は再三の督促が必要です。天候は風も雨も強く、物価は上下波乱です。

初六の井戸は、久しく井戸替えしていないので、井戸水は泥のために濁って飲用に供されず、その周辺に鳥も飛んでこない、完全に見捨てられた廃井です。

九二は剛中の清冽な水の出る井戸ですが、汲み上げて用いてくれる応爻がありません。時として水を汲む人があらわれても、つるべが壊れていてせっかくの水も用いられず、せいぜい比爻の初六の鮒のごとき小人を養う程度の効用しか果たし得ないのです。せっかくの才能も世に用いられないという嘆きのある時です。

九三は井戸渫《さら》えをして清水が湧き出ていますが、九五とは応でも比でもないため、汲み上げ挙用してくれる人がいません。そのことが痛切な悲しみとなっていますが、応爻である上六の道行く人たちも、九五の天子が聡明であって、この清冽な水にも比すべき賢人を挙用してくれたなら、上下ともに大いに福を受けるであろうにと嘆き悲しむのです。

六四は陰柔で位正しく、すでに汲み上げられてある水が汚染されないように、よく井戸の内側を補修し整備しているので、いつでも飲用に供され、咎められるべき過失はありません。自分から水を湧き出す力はなくとも、上の

初六
井泥して食われず。旧井に禽无し。

九二
井谷鮒に射ぐ。甕敝れて漏る。

九三
井渫えたれども食われず。我が心の惻みを為す。用って汲むべし。王明らかなれば、並にその福を受けん。

六四
井甃す。咎无し。

命令を忠実に守って義務を果たすことのできる保守的才能はあります。

九五は剛健中正の徳を持ち、井戸水でいえば清冽な冷たい水で、それがさかんに湧き出て尽きることがありません。多くの人がそれを飲用して、その恩澤を受けることができるのです。

上六にまで汲み上げられた清冽な水が、人や物の用に立っているので、この井戸の水を利用したい人ならば、誰でも自由に汲んで用いられるように、井戸の上に蓋をしてしまってはなりません。どんなに汲み上げても尽きず、広く人々に恩澤を施して、大いなる吉を得られる井戸の道は、ここに完成します。

九五
井冽し。寒泉にして食わる。

上六
井収《みずく》みて幕うこと勿れ。孚有りて元吉。

49　澤《たく》火《か》革《かく》

⚋ ○吉
⚊ ◎大吉
⚊ ○吉
⚊ ▲小凶
⚋ △小吉
⚊ ▲小凶

革は已日《いじつ》にして孚《まこと》とせらる。元いに亨る貞に利し。悔い亡ぶ。

大改革、つまり革命を行うためには時期が大切であり、時期いまだ至らなければ、軽々しく動いてはいけません。

革命を行うべき時がすでに半ば以上過ぎて、これまでの制度組織ややり方ではいろいろな弊害が生じてきている時に当たって、真実なる真心をもって改革を行う時は、天下の人々が皆それを正しいと信じてこの改革に心服するので、その改革は成功して伸び栄え、立派な成果を収めることができるので、革命に伴って生ずるいろいろな過ちや悔いるべき欠点も、消滅してしまうのです。

それというのも、この卦には、離の文明の徳と兌の和悦の徳とがあり、この両徳によって改革が行われるからです。

天地の運行は、あるいは革《あらた》まって陽となり、あるいは革まって陰となり、かくて春夏秋冬の四時が完成します。昔、殷の湯王が、暴逆なる夏の桀《けつ》王を滅ぼして、天命を革めて自ら天子となり、また、周の武王が暴逆なる殷の紂《ちゅう》王を討って天命を革めて自ら天子となったのは、上は天の理法に順応し、下は人民の心に適応したからです。

革の時は、まことに重大で、天地も聖人も、時に先立って事を行うことはできませんし、時に遅れて事を行うこともできません。時のよろしきに適《かな》わなければならないのです。

〈**占考**〉

革は、毛皮から毛を抜き取ったなめし革の意味であり、秋になって虎や豹が色鮮やかに毛替えをする意味でもあります。

さらに、革の字は、上の廿と下の十を合わせ、三十の数を示し、三十年を一世代とする世代の交替を意味します。しかし、その交替変革も、上卦兌の水と下卦離の火とが相剋《そうこく》して決着をつけるという、激しい争闘の結果として行われるわけですから、当然、改革に伴う多少の行き過ぎや犠牲も予想されます。

古きを去るというのが革の卦の意味ですから、旧来の方針の変更や、新規の計画の着手の前の、旧事の改革や改造のための苦心と努力が要求されている時で、始めは困難でも後には成功します。

談判、交渉、取引なども、相手の不実に対して強硬に出ても失敗しやすいので、急がず理を説き、和解的な態度で機の熟するのを待つことです。

縁談は変更となるので不吉ですが、再婚者や年輩者の場合は吉とみます。

失物、家出人は、旧《ふる》きを去るという意味から出てこないし、また戻らないとみます。

天候は、革まるという意味から、現在の状態からの変化として判断します。

物価も変動が激しいという意味があります。病気は急変悪化する場合が多く、心臓の衰弱と高熱とが心配されます。

初九　鞏《かた》むるに黄牛の革を用う。

初九は位正しく剛強で、改革を断行する能力を持っていますが、位が低く応爻もなく時期も熟していません。軽挙妄動することなく、六二の比爻に従って、牛革で堅く縛られて動かないようにし、時期の到来するのを待つべきです。

六二

六二は柔中の徳を持ち、剛中の九五と応じてこれを補佐し、改革を断行しようとして時至るのを待っています。それはまことに当を得たものですから、ぜひとも勇気をもって革命を断行して喜ばしい成果を上げるべきです。咎められるべき過失はないのですから、思い切って進んでいってよろしいのです。

九三は位は正しく、志も正しいのですが、過剛不中のため、すべてにゆき過ぎる傾向があり、凶禍を受けて失敗します。それでは、たとえ改革しようとする事柄が正しい道に叶っていても、極めて危険なことです。そこで、時の半ばを過ぎぬ内に才能に任せて進むことなく、ゆったりと落ち着いて、改革を望む世論が何度も出てくるのを待つべきです。そこで初めて改革を行えば、天下の人々は皆その行うところを信じ、もはや改革を行う以外にはないことを納得することができるのです。

九四は、革の卦の半ばを過ぎて、まさに改革を断行すべき時に当たっていますが、陰位陽爻であるため、事を行うにやり過ぎることはありません。よく改革を断行して成功し、悔いるべき行き過ぎもなく、天下の万民すべて、この一点の私心なき公明正大な九四の改革を信じて疑う者はありません。今や天命を革めて革命は成功し、吉福を得られることとなりました。

九五は剛健中正の徳をもって、ついに大革命を成就し、天命を受け天子となりました。それはあたかも虎が夏から秋にかけて毛が抜け変わって美しい

已《い》日にして乃ち之を革む。征けば吉にして咎无し。

九三
征けば凶。貞しけれども厲し。革言三たびにして就る。孚有り。

九四
悔亡ぶ。孚有り。命を改む。吉。

九五
大人虎変す。未だ占わ

色彩になるように、旧来の制度文物を改革して世の中を鮮やかに一変せしめたのです。このような偉大なる英傑である天子については占ってみるまでもなく、天下の万民すべてがこの天子を信頼して仰ぎ尊ぶのです。

上六においては、革命の功業が天下全体に及んでゆきます。まず道徳才能の高い君子は、その革命の功績によって諸侯に封ぜられて身分を一変します。道徳才能乏しく、身分地位も低い一般の人々は、これまでとは向から方向を改めて、新しい天子を仰いでその臣民となります。このように、上流階層をはじめ大部分の人々は革命の成功を喜んでいますが、中には旧時代を懐《なつか》しんで新時代に馴染まぬ人もいます。しかし、これを根こそぎ征服しようとしてはなりません。これはそのまま放置して、自然に心服するように仕向け、すでに得た成果をしっかりと守っている時は吉です。

ずして孚有り。

上六

君子豹変す。小人は面を革む。征けば凶。貞に居れば吉。

50　火《か》風《ふう》鼎《てい》

⚊	◎大吉
⚋	◎大吉
⚊	×大凶
⚊	▲小凶
⚊	○吉
⚋	△小吉

鼎《てい》は元いに（吉にして）亨る。

鼎卦は、巽順にして文明の徳を持つ六五の天子が、応爻九二の剛中の賢人をはじめ多くの賢臣の補佐を受け、協力一致して、新しい制度の下に善政を行ってゆくので、大いに吉にして、物事すべてすらすらと行われ、さかんに伸び栄えてゆくことができます。

鼎は巽の木を離の火中に入れて、加減よく食べ物を煮《に》焚《た》きして、天子はそれを天帝に供えて祭るとともに、天下の聖賢を招いて饗応して、巽順に彼らの言葉に耳を傾けその教えに従うので、なすところのことごとく伸び栄えて事がうまく成就《じょうじゅ》します。

この機会をとらえて、天子たる者は自分の受けた天命を全うするために、自らの地位を正しい徳によって堅固安定にして不動のものにするよう心がけるべきです。

〈占考〉

鼎は、天子が天に代わって天下万民を養うという任務を行うのに必要な道具として、天子の第一の宝です。天命を受けて天子となったことの象徴的意味を持ち、革において旧《ふる》きを去った後を受けて、物事を全く新しく始める新しい時代の建設、新しい文物制度組織を作り出してゆくことについての道を示しています。

今までうまくいかなかった事業などを引き受けて、新しい人材なり新しい内容、新しい製品、新しい取引先など、時代の要求するものに新しく切り変えることによって、安定した発展を遂げていくことができます。鼎の足三本によって安定するところから、人材も事業内容も当分の間、三役とか三本立てでやっていくのがよろしいでしょう。

談判、交渉、取引など、巽順にして耳目聡明という鼎卦の本質からいって、協調的にお互いが成り立つような談合を、酒食の席を設けてでも行っていけば成立します。

縁談も家督相続的な結婚は吉占ですが、反面、婚後、三角関係や相続問題などで複雑となる意味があります。失物は出ないとし、新しく求めよという意味です。
家出人は飲食店などで働いて養われているとみられます。天候は晴れ。
物価は上昇し、新値更新とみられます。待事も吉報を得られます。
病気は、二つ、三つと病気が重なったり、新しい治療法を必要としていると考えられます。

次に爻辞の解説に移るわけですが、鼎の象からいって初六は足に当たり、二・三・四爻は鼎の腹、六五は耳、上九は鉉《げん》となります。

初六は、革の卦から移り変わったばかりの時です。鼎が逆倒した形の革の終わりで、まだ新しい制度組織も十分に調っていません。鼎を用いる始めですから、その中に溜まっているこれまでの古い時代の習慣や制度など、残滓《ざんし》を残らず一掃してしまうのには、かえって都合がよい時です。たとえば、位卑く不中不正の境遇のよくない状況にある女性が、それをうまく利用して九四の高位の陽爻の妾となって子供を産みます。男の側では相続人ができて喜び、女の側では安定した生活に入ることができるので、咎められるべきことは何もないということです。

初六
鼎趾を顚しまにす。否を出すに利し。妾を得てその子を以てす。咎无し。

九二は剛中の徳を持ち、六五の天子を補佐して、新しい制度組織を完成させるという重責を果たすことを心がけています。それで、旧時代・旧制度的考え方から脱皮できない縁故ある周囲の人々に接近されて汚されることがないので、吉を得られます。鼎の中には立派な料理がいっぱい入っているので、初六の塵や汚物など混入しないように、行動を慎み、軽率なことをしないのです。

九三は陽位陽爻で、互卦乾の主爻でもあり、美味なる料理が充実しています。しかし、巽卦の上爻として、むやみに薪を入れて煮過ぎたため、鼎の中は煮えくり返り、鼎の耳まで熱くなってしまったため、持ち運ぶことさえできなくなり、せっかくの料理を食べることができません。新しい立派な制度組織ができても、それを喜ばない人もたくさんいるわけで、それを力に任せて強引に押しつけて服従させようとしても、世の中はかえって混乱し、せっかくのよい制度も行われません。火加減をほど良くして料理するように、陰陽調和した柔和な徳を加味して事を行う時は、終いに吉を得られます。

九四は高位の職責にあって、初六の小人と応じてこれを重用しました。初六は天帝に料理を供えるという重責に耐え得ず、たくさん料理の入っている鼎を支えることができずに引っくり返しました。大切な料理を台なしにし、

九二
鼎実有り。我が仇疾有り。我に即く能わず。吉。

九三
鼎耳革まる。其の行塞がる。雉の膏食われず。方に雨ふらんとして悔を虧く。終に吉。

九四
鼎足を折る。公の餗を覆えす。其の形渥たり。凶。

全身びしょ濡れになり大いに恥じて顔色を変え（重刑に処せられ）、その初六を採用した九四も、一切の信用を失い、凶禍を受けることになります。

六五は柔中の徳を持ち、九二の剛中の賢人と応じて深くこれを信任して、その意見をよく聞きいれるとともに、剛柔調和した上九の賢人の補佐をも受け入れるので、正しい鼎の道を堅固に守り、安泰ならしめて、大いに吉幸を得られます。

上九は陰位陽爻、剛柔ほどよく調和した徳を持ち、六五の新天子を補佐すること、鼎に玉の鉉《つる》がつけられているようで、剛柔中和の徳によって事を行うように補佐するので、大いに吉幸を得られます。なすところのことすべてがうまく処理されてゆくのです。

六五
鼎黄耳金鉉。貞に利し。

上九
鼎玉鉉。大吉。利しからざる无し。

51　震《しん》為《い》雷《らい》

× 大凶
△ 小吉
▲ 小凶
● 凶
△ 小吉
○ 吉

震は亨る。震の来《きた》るとき虩虩《げきげき》たり。笑言啞啞《あくあく》たり。震百里を驚かすとも、匕鬯《ひちょう》を喪《うしな》わず。

積もり重なった陰気の下に生じた一陽の気が、次第に勢いを増して春雷となって発動し轟《とどろ》き渡る時は、天地陰陽の気の変動のあらわれです。戒慎恐懼して、自ら反省修養するように心がけなければいけません。そこで初めて、雷の去った後、啞々《あくあく》として談笑し、和らぎ楽しむことができます。

雷が百里四方に轟き渡るというのは、遠方まで驚かすことによって身辺を懼《おそ》れさせ、反省せしめるのです。その時、皇太子たる者が祭りの最中に祭具を取り落としたりするようなこととなく、泰然自若としていかなる変にも動じないようであれば、この皇太子は天子の位を継ぎ、先祖の霊や天神地祇《てんじんちぎ》を祭る主人となることができます。

〈占考〉

天地陰陽の気が激しく変動するように、突発的な出来事が相次いで発生して激動する、異常な状況に処する道が説かれているわけです。すべてに変動多く、争い事や突発的事故をはじめ、何かと焦りばかりで実質内容が伴わず、二度三度と同じ失敗を繰り返しやすいのです。しかし反面、スピードを要するような仕事は、速戦、速決主義で成果を収められますが、勢いに乗じての二つ目の仕事は失敗します。

談判、交渉、取引など、強硬に一気呵成に事を決しようとして成功する場合もありますが、大抵は決裂します。そのための争いも生じたりしますので、最初が肝腎です。できるものは速やかにまとめ、長引くものは放置して、再度の機会を待つべきです。縁談も同様で、深追いせぬ方がよく、あまり良縁でもなさそうです。失物は道に落としたとみられ、すぐに引き返せば出ますが、時期を失したものは駄目です。家出人は怒って出たものとみられますが、冷静になって帰るか、連絡があります。

天候は晴れですが、夏は雷雨ありとみます。また、地震の卦でもあります。病気は、ヒステリーや精神病は危険ですが、筋《すじ》を違えたり、足を挫いたり、交通事故によるムチウチ症、不眠症や自律神経失調症などが、震の症状です。

物価は、異常事件の発生によって一時的に上昇しますが、下落も早いです。

初九は成卦主で、天下の激動期に当たって大いに戒め懼れ、用意周到にしているため、かえってこの時期にうまく対応して首尾よく志を遂げ、幸福を招きよせて吉を得られます。

六二は柔弱のため、今の世の中の激動期にうまく対応して身を守り、財産を保持してゆくことはできません。しかし、柔順中正の徳を持っているので、時勢に逆らわず、自分の持っているもの一切を捨てて、身一つで安全な高いところに逃れたので、時勢一変して大動乱が静まった時、自分の持ち物一切が手許に戻ってくるのです。

六三は陰柔不才で不中不正であるために、激しい変動期に対処できず、気も遠くなるようにぼんやりと途方に暮れています。もしも恐懼《きょうく》して、これまでの自分の不中不正の行為を反省し、改めて柔順に初九の激動に逆らわず、これと同調する時は災禍を免れることができます。

九四は外卦震の主爻として、天下の活動期には、初九とともに天下を震動させる原動力となって、大いに志を遂げてゆくべきです。それにもかかわらず、上下の陰爻の間に陥り、牽制されて、泥の中にはまり込んだように十分

初九
震の来る時虩虩。後には笑言啞啞。吉。

六二
震の来る時厲し。億りて貝を喪う。九陵に躋る。逐うなかれ。七日にして得。

六三
震蘇蘇たり。震れて行けば眚なし。

九四
震いて遂に泥む。

な活動ができないようでは、大業を成就することなど到底できません。

六五は天下を震憾する大動乱が一つ去ったかと思うと、また一つの大動乱が起こってくる、その通路に当たっているので、まことに危険な位置にいます。しかし、柔中を得ているため、才能は乏しくともよく事情を慮《おもんばか》って適当な処置をするので、全く何も失うことなく、天子としての地位も国家も安泰に守り通すことができます。

上六は陰柔不才であるため、天下の大変動に直面し恐れおののき、恐怖のドン底に落ち込んでしまい、物をみる眼はキョロキョロと落ち着きがありません。このような心乱れた状態で進んで行く時は、必ず失敗して凶禍を受けるものです。もしもこの爻が、このような切端詰まった状態に立ち至る以前――自分の隣人に動乱が降りかかっている時に――戒め懼れて適当な準備をしていたならば、咎められるような過失はなかったのです。また、応爻の六三が、しきりに上六に向かって助けを求めてきていますが、上六は六三よりも一層恐怖して元気を喪《うしな》っていますので、六三を助ける力はありません。そのために、仲間である六三からも恨まれることになるのです。

六五
震往来すること厲し。意りて有事を喪うこと无かれ。

上六
震いて索索たり。視ること矍矍たり。征けば凶。震その躬においてせず、その隣りにおいてすれば咎无し。婚媾言あり。

52
艮《ごん》為《い》山《ざん》

━━━ ○吉
━ ━ △小吉
━ ━ △小吉
━━━ ●凶
━ ━ ▲小凶
━ ━ △小吉

其《そ》の背に艮《とど》まりてその身を獲ず。その庭に行きてその人を見ず。咎なし。

人間の背中には、外界の事物を感受する器官は何一つとしてありません。従って、自分の背中に止《とど》まっているということは、外界の事物に対する欲望がなく、無関心であるということです。外界の事物に対する欲望がないということは、自我《い》もまたないということです。

このように何事に対しても欲望を感ぜず、自我という存在も認められないのですから、人がたくさん出入りしている庭に行ってみても、自分と対立する人もまたみつけることができないのです。すなわち、我もなく、人もなく、何の欲望にも心動かされず、じっと静かに止まって何もせずにいるので、咎められるような過失はありません。

艮は止まるということですが、時勢が止まるべき時であるのなら静かに止まっており、もし進んでいくべき時であるのなら進んでいき、進むも止まるも、その時を失わず、その一方に偏らないということです。

〈占考〉

山が二つ重なっている艮卦では、それぞれの山がどっしりとそのあるところに止まっています。

人間もまた、それぞれ自分のおかれた境遇や才能・素質や身分・地位に即して物事を考え、決してそれ以上の他の事を思わず、自分の分限をよく弁《わきま》えて本然の自分の位に止まり、自得し、天命に応ずることのみを考えて処世することが大切です。

内外卦互いに害応して相背き、我は我、彼は彼と互いに孤立し、孤独を愛してそこに止まって、自分のなすべきことのみをなしているので、進んで協力し合うことによってのみできるような仕事は、すべて凶占です。

願望や計画も、今は時期を待つしかなく、談判、交渉、取引、縁談など、すべて中止して時期を待つことです。失物は室内にあって、時経て発見されますが、家出人は行く先に止まって戻りません。

物価は高値保合い。天候は曇り。病気も長引いて痼疾化し持病となります。

腰痛や半身不随や関節の病気、リウマチなどが多く、胃腸病の持病などもあります。

また、この卦は、貸家、貸ビル、アパート経営、ホテル業などには安泰の占です。僧侶など、学問や芸術や宗教方面も吉です。

初六は不中不正で、位も卑く陰柔で、応爻も比爻もなく孤立しています。艮卦の時において進み動こうとはせず、趾《あし》において止まり静止しているので、咎はありません。今の状態を長く久しく堅固に守っていることが大切で、そうすれば正しい道を決して失うことはないのです。

六二はふくらはぎ（腓）に当たるため、自分の意志で動くことはできず、上の股に随《したが》ったり下の趾の動きに随ったりして動き、動くも止まるも他のものの意志に随う位置にいます。そして、六二は自分が随っている九三が、止まるべき時でもないのに止まっているのをみて、それを諫《いさ》めて動くことを奨めるのですが、九三は頑としてそれに応じません。やむを得ず、六二も九三に随って動かないでいるので、その心は常に不愉快です。

九三は身体の上・下半身の境である腰に当たり、過剛不中で止まることに偏って、動くべき時がきても一向に動こうとはしません。上下の意志の疎通

初六
その趾に艮まる。咎无し。永貞に利し。

六二
その腓に艮まる。拯わずしてそれ随う。その心快からず。

九三
その限に艮まる。その夤を列く。厲きこと心

を妨げ、世の中に背いて、時勢にも人情にももとり、その心中の不安なることは煙がくすぶっているようです。一個人の偏屈と強情とが、全体を危険な状態に陥し入れているのです。

を薫く。

六四は陰柔であるが、位は正しく高位にいます。しかし、人を治めることも、世の中を正しく、その止まるべきところに止まらせることもできません。ただ、自分一身だけをその大臣という分限に止まらせ、正しい道を逸脱することのないようにすることだけはできます。

六四
その身に艮まる。咎无し。

六五は、天子として天下万民をその止まるべきところに安んじて止まらしめるべき責任を持っています。陰柔不才、不正にして悔いの生ずべきはずですが、中を得ているので軽々しく言葉を発せず、慎重に節度を保って語り、しかもそれが道理に叶い秩序立っているので、悔いるべき欠点は皆なくなってしまうのです。

六五
その輔に艮まる。言序あり。悔亡ぶ。

上九はこの卦の主爻で、位のない位置におります。世の中の煩わしい係累の全くない位置に、剛強なる徳をもって手厚くどっしりと止まって、止まることの道を最後まで堅固に長く守っているので、吉を得られます。

上九
艮まるに敦し。吉。

53 風《ふう》山《ざん》漸《ぜん》

━━	○	吉
━━	○	吉
━ ━	△	小吉
━━	●	凶
━ ━	○	吉
━ ━	▲	小凶

漸《ぜん》は女の帰《とつ》ぐに吉なり。貞に利し。

漸は、漸次に順序を追って進んでいく卦です。女子が嫁ぐ時、その所属する社会で定められた正しい順序に従って進んでゆくので吉を得られ、その利とするところのものをしっかりと守ることができます。

前述のように、漸とは往き進むことで、女が嫁ぐ時は、男から正しい道、正しい礼の順序に随って求婚されて嫁ぎます。

これは、人生も同じで、正しい道に順序よく随い、焦らず、急がず、倦《う》まず、撓《たわ》まず、時と環境に順応して漸次に進んでいく時は、山上に大木が成長し、ついに高大となるように、吉幸を得られるのです。

〈占考〉

大事業、家の建築、子供の教育、結婚など、すでに着手して深入りしてしまっており、金銭的出費が多くなります。外目には見映えはよくとも内容が苦しい状態です。しかし、計画通り順序を間違えずに、漸次に進んでいって成功します。

万事に、小を積んで大と成すよう心がけながら、時節の到来を待つ忍耐が必要で、途中の気変わりや、急進したり焦ったりすることを最も戒めます。談判、交渉、取引なども、以上の方針と心がけで成功します。縁談は、特に女性が年上の場合は吉占で、長女の巽が内卦の艮の生家から嫁いで出ていく象でもあります。しかし、既婚者の場合は、妻の駆け落ちなど、凶占です。勤め人などは地位の昇進があり、将来が楽しみな運勢です。物価や株式相場などは、漸次に上昇の一途を辿ってゆきます。失物も家出人も、内卦艮の門外へと出ていって戻らぬ象です。天候は曇り。

病気は病人自体は漸次体力がついて回復する意味もありますが、病勢そのものを占った場合は凶占で、大病となってゆく意味があり、重病人の場合は死病とみられます。

この卦は、水鳥である雁が低いところから次第に高いところへと登り進み、ついに天上高く列を整えて飛翔してゆく姿を六爻であらわしています。

初六は陰柔で、力弱い雁が次第に高く登ろうとして水際まで進んできても、応爻も比爻もなく、孤立無援でぐずぐずと逡巡しているので、まことに危険な状態です。世間からとかく批判を受けるのですが、初六は経験も未熟で、しかも助けてくれる人もいないのですから、不器用な進み方をしていても、義において咎められることはありません。

初六
鴻干に漸む。小子厲し。言あれども咎无し。

六二は柔中の徳を持ち、剛中の九五と応じているので、漸の卦の道を十分に心得ています。安定した大きな石の上にどっしりと落ち着いて、急進することなく、和楽して飲食し体力・気力を養って、時至るのを待って飛翔してゆこうとしているので、漸進の道をなし遂げ、吉を得られるのです。

六二
鴻磐に漸む。飲食衎衎たり。吉。

九三の雁は、六二の大きい岩よりもさらに上に登って、陸の平地にまで進んだのですが、そこは雁が安んじて落ち着いていられる場所でないために、過剛不中の九三の夫は、六二・初六の妻子を捨てて、自分ひとりで進んで行って帰らず、六四の女と私情を結び夫婦となりましたが、不義の夫婦であるため、妊娠した子供は育たず、凶禍を受けることになります。そこで九三は、自らの過剛不中の性格を抑えて、静かに落ち着いて止まるべきところに安んじて、外からの誘惑を防いでいるならば、自分の身も家庭も立派に保つ

九三
鴻陸に漸む。夫征きて復らず。婦孕みて育わず。凶。寇を禦ぐに利し。

ことができるのです。

六四の雁は、陸よりも一段と上の木にまで進みましたが、水掻《みずかき》があるために木の枝を摑むことができず、危険な位置にいます。しかし、幸いにも横平らに出ている太い枝（九三）があって、その枝に止まることができるかもしれません。そうすれば、咎められるような欠点はなくなってしまいます。つまり、不安定の中に安定を得られるからです。

九五の雁は、地上最高の丘の上にまで進み、応爻である柔中の六二と夫婦になろうとしますが、六四と九三とに妨害されてしまいます。そして三年がすぎ、六四と九三はついに九五の志には勝つことができず、九五は六二と結婚することができ、願望を達成して吉を得ます。

上九の雁は、空高く雲の上まで昇り進み、隊伍整然と順序正しく行列を作って、飛翔し去ってゆきます。その様は、手本としてそれに則《のっと》ることができるほどで吉となります。来るも去るも、順序正しく整然と飛翔してゆく雁の姿こそ、自らの任務を果たして、後世の栄辱から超然として隠退してゆく高士の姿でもあります。

六四
鴻木に漸む。或いはその桷を得ん。咎无し。

九五
鴻陵に漸む。婦三歳まで孕まず。終に之に勝つこと莫し。吉。

上九
鴻逵に漸む。その羽もって儀となすべし。吉。

54 雷《らい》澤《たく》帰《き》妹《まい》

⚋ × 大凶
⚋ ○ 吉
⚊ ▲ 小凶
⚋ ● 凶
⚊ △ 小吉
⚊ △ 小吉

帰《き》妹《まい》は往けば凶。利しきところなし。

年若い女性が悦びをもって年輩の勢いさかんな男子に媚び、積極的に愛を求めて動き溺れてゆくことは、結婚の常道から外れているために、必ず不幸な結果を招き凶禍を受けるので、進んでいってはいけません。

天地間の万物の生成化育されるのは、天地陰陽の気の和合によるものとして、男女が和合し結婚することは、天地の大道人倫の重大な道であり、それによって新しく人妻としての女が始まるのです。

しかし、この卦の象にみるように、若い女が、相当年輩の（妻子のある）男子の勢いさかんな様をみて、愛を求め、悦びを求めて積極的に媚び進んでいき嫁ごうとしているのは、結婚の常道に反するものとして必ず凶禍を受けるのです。

というのは、この卦は二爻から五爻まで位を失して不正であり、また六三の陰爻は九二の陽爻の上にあり、六五の陰爻は九四の陽爻の上にあって、女が男を淩《しの》ぎ、六五と九二の不正の応爻関係も同様であるからです。

そこで、君子たる者は、事を行うに当たって、その事が長く久しく継続できるものであるか否かをよく考え、後になっていかなる弊害が生ずるかを熟慮して、万事、始めが悪ければ必ず終わりが悪く、失敗を招くということを知らなければなりません。

〈占考〉

万事に不正な情事が行われていることを推察して、それにまつわる不正な私欲の追求が暴露されてゆくといった凶兆をみてとり、手遅れにならないうちに処理することが大切です。禍は忘れた頃になってやってくるといわれるように、不意に禍に遭い、不正な情事も暴露されて社会的信用を失墜することがあります。何事によらず、順序を無視して相手の都合も考えず、自分の欲望や意志を性急に押し進めようとするので、手違いが多く、万事不成功に終わり、中途挫折します。

談判、交渉、取引などもすべて同様の占です。縁談は卦の意味の通りの凶占です。しかし、年輩の女性や再婚などは、副妻の意味もありますが、必ずしも凶占とはみません。また、本人同志は恋愛結婚と考えて有頂点になっていても、終わりを全うできません。

待事は遅れます。家出人は異性関係が原因のものが多く、女性の場合は、女の終わりとあるように引き返すことは不可能です。

天候は晴れ後雨。物価は一時上昇後下落。失物は大体出ませんが、早ければ発見されます。

病気は、肺結核や性病や癌やヒステリー症状のものなど悪性で、しかも悪化して末期的状況になっている場合が多く、重病者の場合はすでに薬効なく手違いなどもあって、生命危篤とみられます。秋に鳴っている雷のように、まもなく鳴り止み、生命も終わるという象です。

初九
帰妹娣をもってす。跛能く履む。征けば吉。

初九は、位正しく志も正しく、才能のある女性ですが、応爻がなく身分も卑いために、正式の結婚はできません。しかし、副妻または後妻となって正夫人を助け、夫の指示に従って、いろいろと手伝いをすることができます。このように分相応のことをするように心がけて進んでいく時は、吉です。

九二

九二は六五の正夫人として応じ、剛中の才能を持っていますが、配偶者である夫は柔中であるために能力が乏しく、十分に内助の功をなすことができません。たとえば、片眼の人は何とか物がみえても、十分に物をみることができないようなものです。頼りにならぬ相手であっても、いったん結婚した以上離婚して去るべきではなく、奥深いところへ引き込んで、静かに妻としての正しい道を堅く守ってゆくことがよいのです。

六三は不中不正、柔弱な陰爻で、内卦兌の主爻として人に媚び、愛を求めて妄動しても応爻はなく、嫁ぐべき相手がいないので、いたずらに時を待つよりほかに仕方がありません。しかし、もし六三が自分の今までのうわついた生活を反省して改める時は、後妻（副妻）となって嫁いでいくことができます。

九四は身分も高く、教養豊かな女性ですが、適当な配偶者がなく、いたずらに時を過ごしています。それは、男であれば誰でもよいというのではなく、適当なよい人を待っていたからで、しばらく待っていれば、必ずよい相手にめぐり逢えて結婚することができます。

六五は身分高く柔中の徳を持ち、身分の低い九二の夫によく仕えてその職分を果たし、教養を重んじ、顔の化粧や衣装はほどほどにしています。これは、殷の帝乙が妹を臣下に降嫁させたが、その姫の衣服の美しさは付き添っ

眇能く視る。幽人の貞に利し。

六三
帰妹須をもってす。反り帰ぐに娣をもってす。

九四
帰妹期を愆ぐ。帰ぐを遅って時有り。

六五
帝乙妹を帰がしむ。その君の袂はその娣の袂の良きに如かず。月望

てゆく女の衣服の美しさに及ばないという言葉の意味です。もっぱら婦徳と教養とを尚び、満月のようになって驕り高ぶらないよう、中庸の徳を守り控え目にしているので、吉にして大きな幸福を得られます。

上六は陰柔無教養の女性で、婚期が遅れて焦りに焦っているのですが、応ずる爻がありません。適当な相手がいないために、不適当な相手をみつけて婚約はしてみたものの、互いに誠意がなく、騙し騙される関係となってうまくいきません。このような状態のまま結婚してみても、決してよろしいことはないのです。

に幾し。吉。

上六
女筐を承けて実无く。
士羊を刲きて血无し。
利しき攸无し。

55　雷《らい》火《か》豊《ほう》

⚋　×　大凶
⚋　○　吉
⚊　△　小吉
⚊　●　凶
⚋　▲　小凶
⚊　△　小吉

豊は亨る。王これに仮《いた》る。憂うるなかれ、日中に宜し。

豊とは豊かで大きくさかんなことで、この卦は離の明智文明の徳と震の活動の徳とを兼備しています。

物事の状態、世の中の情勢をよく見定めて、時を誤たず活動しますので、豊大な勢いを得られ、物事すべてさかんに伸び栄えてゆくことができます。このような盛大な豊かさは、大きいことを尚ぶ天子のみがよくなし得ることで、富は天下を残らず保有しています。

しかし、現在のようなさかんなる状態が極まれば、その後には必ず衰える時がやってくるのです。凡庸な人はこのことを知ってはいませんが、賢明な人はそれを知っていて、その前途を憂えるのです。

太陽が中天に輝く時はまもなく西に傾き、月が満月になればたちまち欠け始めます。春夏秋冬の四季をみても、春から夏にかけて天地に漲《みなぎ》っていた万物生成化育の気は、秋から冬にかけて衰え消滅してゆくのです。このように、天地でさえも盛衰盈虚《せいすいえいきょ》を免れえないのですから、ましてや人間においてはなおさらであり、鬼神においても同じことです。

ただし、いたずらに憂えてばかりいても何の益もありません。現在、豊卦の時で、まだ太陽が中天にあって光り輝いている時であるから、今なすべき重大な事をなすとともに、長くさかんなる現在の勢いを持続してゆくように努力し工夫すれば、それでよいのです。

〈占考〉

現在は運気盛大でその極限的状態に到達しました。すでに内部に暗い凶兆があらわれているので、確実に衰退し崩壊してゆく、その危険を察知して、できる限りの対応処置を講ずる必要があります。

一方、現在の勢いの余勢を駆って、未解決の重要案件があるならば、それを速戦即決し、一気に仕上げてしまっておくことが大切です。旧来のことを完成させるために、現在できることをするのがよく、新規に、しかも長期に渡ることに着手するのは凶です。

談判、交渉、取引などは即決を要し、虚偽や謀計に引っかからぬ用心が大切です。争論や訴訟になることもありますので、長引きそうなものは中止することです。縁談も、財産や容姿に惹かれている場合が多く、結果は凶縁です。物価は今が最高で、まもなく急落していきます。

失物は日没までに出ないものは諦めることです。家出人も夜になると危険ですので、全力を上げて捜索することです。待事も期待を裏切られます。天候は大きく崩れ、夜は雨、夏は雷雨です。

病気は高熱を伴う急性で、激変しやすいものが多く、警戒を要します。長病は死亡します。

この卦は、六爻ともに盛大な状態から、次第に衰えていく状態を説いています。内卦の三爻は離の文明英知の徳によって、しばらくは豊大な運気を持続できますが、外卦の三爻は権力に驕り、智慮乏しいのに妄動して失敗し没落してゆく爻として説明されています。

初九は離の一爻として明徳を持ち、位も正しいのですが、自分の配偶者となり、主とすべき相手である九四とは不応であるために、なかなか逢うことができなかったのですが、偶然にも、思いもよらず相遇うことができて志を

初九
其の配主に遇う。旬しといえども咎无し。往きて尚ばるることあり。

合わせ、同じ目的に向かって進んでいくことができるので、不応から生ずるいろいろな咎められるべき過失はなくなります。明智と実行力という二つの徳が協力し合うことによって、大きな功績を上げることができるのです。そこで、もしも不応ということから互いに譲り合うことをせずに争いとなる時は、かえって災禍を受けることになります。

六二は柔順中正、離の主爻として文明の徳を持っていますが、応ずべき六五の陰柔にして暗愚な天子に認めてもらえません。というのも、かつては盛大な功業をなし遂げた六五は、功成ってかえって暗昧となり、雑草を生い茂らせて太陽の光を遮《さえぎ》り、白昼に北斗星がみえるように外見の明るさに比して、内なる精神は暗黒となったためです。このような状態にあって、六二の賢人が進んでいってみたところで何の効果もないばかりか、嫌疑をかけられ疾《にく》まれることになるので、しばらくは止まって動かず、自分の真心が漸次六五を感動させ啓発させるよう努力していれば、必ずや相通じ合う時が訪れて吉を得られます。

九三は剛強の才能と文明の徳とを持って、位は正しいですが、過剛不中なのです。応爻の上六は豊卦の極限にあって有頂天となっている無能の小人であるため、九三は自分の才能を発揮することができません。それは、ちょう

六二
其の蔀を豊いにす。日中に斗を見る。往きて疑疾を得。孚有りて発若たれば吉。

九三
其の沛豊いにす。日中に沫を見る。その右肱を折る。咎无し。

ど沼澤地帯に生い茂っている灌木・雑草が太陽の光を遮《さえぎ》り蔽《おお》い、そのために世の中が暗くなってしまい、日中でも小さい星までみえるような状態で、九三は大事を決行することができません。そして自分の最も役に立つ右肱《みぎひじ》を折ってしまったように、もう何もすることができない状態なのです。

九四は不中不正で、震の卦の主爻として活動的ですが、離明の徳に欠けています。そこで九四は、初九の離明の賢人と協力し合えればよいのですが、不応のため、それができないまま、暗昧な六五の天子と比して補佐してみても、ともに明智を欠いているために、世の中はますます暗くなるばかりです。それはたとえば、雑草があまりにも生い茂って太陽の光を遮り、不吉にも日中に北斗星がみえるようなものです。そこでもしも九四が反省し、離明の徳を持つ初九の賢人を、自分の尊敬すべき主人として逢うことができて協力し合えれば、明智と行動とが一致して吉を得られるので、ぜひとも当方から進んでゆくべきです。

六五は、当初、豊大な運勢に押し流されて怠慢にして惰性《だせい》的となったため、一時昏冥な世界を作りましたが、後には、本来の柔中の徳に帰り、虚心に下位の明徳ある賢人の補佐を受けて天下は再び豊大となり、明君の誉れをほしいままにし、君臣ともに慶びを分かち、大いに吉福を得られます。

九四
其の蔀を豊いにす。日中に斗を見る。その夷主に遇う。吉。

六五
章を来す。慶誉有り。吉。

豊

上六は、柔弱昏冥をもって豊卦のきわみにおり、当初、権力の豊大なる時において高大なる住居を建てたのですが、今は権力を失い、その家の周囲には灌木・雑草が生い茂り、家の入口から中を覗いてみれば、ひっそりとして中には誰もいません。三年もの久しい間、誰も家の中に人のいるのをみた者がいないというのです。つまり、失脚して家の奥に潜み隠れてしまっているのです。

上六
其の屋を豊いにし、其の家に蔀《しとみ》す。其の戸を闚えば闃としてそれ人无し。三歳覿ず。凶。

56 火《か》山《ざん》旅《りょ》

▬▬	×	大凶
▬ ▬	○	吉
▬▬	△	小吉
▬▬	●	凶
▬ ▬	○	吉
▬ ▬	●	凶

旅は小しく亨る。旅は貞にして吉。

この卦は、四つの徳を持っています。一つは、六五・六二がともに柔中を得ていることで、二つめは六五・六二がそれぞれ陽剛の爻と比してこれに従う徳がそれです。三番目は、内卦艮がもつ、止まるべきところに止まり軽挙妄動しないことで、最後の徳は外卦離の文明の徳から発動する明智により、時代の情勢をよく知るということです。

今は故郷を去り他国に流浪する身の上で、親しい人は少なく、勢いも弱いため、自分の志すことが大いに亨るというわけにはいきません。しかし、日常身辺的な小さな事柄なら、何とかやってゆくことができますから、四つの徳を正しく堅固に守っていれば吉を得られます。

旅行をすることや旅行の意義は寔《まこと》に大きく、旅行によって栄える者もあれば亡びる者もあるので、注意しなければいけません。

〈占考〉

この卦は、やむを得ない事情で、自分の住居に止まることができません。そして、他国に旅行し、漂泊し、一時ある場所に身を寄せることになりますが、このことについての道を、この卦では説いているのです。つまり、勢いさかんなことの頂上を極めた豊の時代が去り、漂泊流浪の時代が始まったわけです。

それが、借金苦であったり、火難であったり、離婚や解散であったりしますが、友人、知人も少なく、人の和もありません。この卦象は、日が西山に傾き、旅宿を転々と替えて移動してゆく孤独な旅人や出家の姿を示しています。従って、すべてに安定を得難く憂愁の絶えない意味が読み取れますので、積極的な事柄はすべて凶占とみます。

願望は、学問や宗教など精神的方面を除き、すべて通達不可能です。事業もすでに人手に渡り、引退間近の意が強く、新規の事は一切不可です。談判、交渉、取引などは、すべてこちら側に不利で孤立無援ですから手控え、文書、印鑑の間違いなどは特に警戒を要します。

縁談は一般には凶縁ですが、遠方、特に海外での新婚生活などは、寂しさはあっても平安とみられます。待ち人も来ませんし、家出人も転々と移動して不明で、失物も出ないとみます。

移転や旅行は既定のこととして、文辞をみて、吉凶を決めます。天候は晴れたり曇ったりで変わりやすくなります。物価も変動が激しく下降気味です。病気は、安定を得難く、一時小康状態を得てもまた悪化し、重症者は危険とみます。熱性の伝染性の病気も多いです。

初六は陰柔不才で不中不正のため、志すところが卑小です。つまり、初六の行動はすべて小石のようにこせこせとしてけち臭く、そのために人からも侮られ軽んじられます。従って、旅という親しみの薄い時に、自分の志も行き詰まり、進退に窮し、いろいろな災禍を受ける結果になります。

初六　旅して瑣瑣たり。斯れ其の災いを取る所なり。

六二は柔順中正の徳を持ち、旅の時に処する道を心得ていますから、何日間か落ち着いて滞在することのできる宿舎を得られ、旅費も十分に用意できて、随行して身辺の世話をしてくれる人にも恵まれ親切にされます。さらに、至るところで信用も得、忠実な部下たちに真心こめて尽くされますので、最後まで過失なく過ごすことができます。

六二　旅して次に即き、その資を懐き、童僕の貞を得。

九三は、故郷を離れ他国に旅をしている最中、幸いにしてしばらく滞在できる宿舎を得ましたが、その宿舎が火災にかかって焼失し、落ち着いて過ごす場所がなくなり、随行してきた召使いや部下たちも背き離れ、非常に危険な境遇に立たされることになりました。それというのも、九三は過剛不中で、旅行の時に持つべき徳を持たず、人々の同情を失い、召使いたちに対しても苦楽をともにすべきなのに、傲然として苛酷に取り扱っていたからです。つまり、自業自得ともいうべきことで、人々から背き離れられてしまったわけです。

九四は陰位陽爻、剛柔調和しているために、旅先でその人柄を認められ、厚遇を受けます。落ち着いて長く滞在できる住宅や滞在費、また身辺の諸道具を提供され、手厚く処遇されます。しかし、結局は居候でしかなく、現状では自分の志を遂げ得るような定職を得ているわけではありません。ですから、決して快くはなく、満足していないのです。

六五は柔中にして文明の徳を持ち、旅先の国でその君主に仕えようと才能の売り込みを試みました。それは、始めにはうまくゆかず、失敗して無駄に終わったわけですが、後には自分の真心が通じ道徳・才能が認められ、名誉ある地位を与えられて信用されることになります。

九三
旅してその次を焚き、その童僕を喪う。貞しけれども厲し。

九四
旅して于に処り、その資斧を得るも、我が心快からず。

六五
雉を射て一矢亡う。終にもって誉命有り。

上九
鳥其の巣を焚かる。旅人先には笑い、後には号咷す。牛を易に喪う。凶。

上九は不中不正で、旅行中の身でありながら剛強な力に任せて驕慢《きょうまん》となります。そして、物事すべてが行き過ぎ・やり過ぎとなるため、人の同情がなく、部下たちも心服しません。ついには、鳥がその巣を焼かれてしまうように、せっかく得た自分の住むべきところをも失い、泣き叫ぶことになります。また、自分の財産のすべてを牛車に牽かせていたところ、牛車は自分の住まいのすぐ近くでいなくなってしまいました。これは、自分の従者たちが心服していないために起こった事件で、その後、牛車がどこへ行ったかは、ついに聞き知ることができません。

57 巽《そん》為《い》風《ふう》

━━ ● 凶
━━ ○ 吉
╍╍ ◎ 大吉
━━ ● 凶
━━ ○ 吉
╍╍ ▲ 小凶

巽は小しく亨る。往くところあるに利し。大人を見るに利し。

巽卦の時は、人にへり下り、人の心に取り入り、受け入れられるように勉める境遇にあります。その効果は大いに亨るというほどにはいきませんが、自分の志すところの多少は亨ることができますので、進んでいっていいわけです。

この卦は、巽の卦が二つ重なっていますので、巽順な上にも巽順に、天下万民の意志や感情を尊重し、時代の情勢や環境などに対しても、それを尊重して従い、天下万民によく理解してもらえるような政策を施し、政令を発し伝えるわけです。

このように、九五の爻は剛健中正の徳に従いますから、施すところである政治が万民の心に通い、その志すところが行われます。また、主爻である初六と六四との陰爻は、それぞれ九二・九五の陽剛の賢人に従い、その教導を受けますから、なすところのことは十分とはいえないまでも、いくらかは通ることができるので、進んでいってよろしいのです。

〈占考〉

身辺に異動変化が多く、すべてに安定を得難く、不安や動揺の気配に動かされて落ち着きがありません。また、ほかに気兼ねして何事も決断できず、行きつ戻りつして、結局は進退果たさぬ状態です。

そこで内部の修理、修復、制度、組織の改善などはよろしいですが、大事や大計画は目上筋によく相談し、時勢を見極めるまで差し控えて、無事とみます。小事は思ったよりも早く通達し、ブローカーやセールスのような仕事は繁盛します。

商業方面も一般に利益は大きいですが、悪宣伝や悪評を立てられたり、詐欺や盗難など注意が必要です。談判、交渉、取引などは大体吉占です。ただし、先方に合わせながら早目に解決して有利ですが、長引いては面倒です。

縁談は行きつ戻りつして埒があかず、婚後も同じような状態が続きます。待事も同様で、埒があきません。家出人も出たり入ったりの状態が続きます。

失物は出ません。
物価は上下浮動しながら下降してゆきます。天候は曇りで、風が出ます。
病気は、肺結核のように一進一退を繰り返して不治のものや、中風、その他慢性疾患、流行性感冒、性病などの長引くものが多いです。

初六は不中不正で、陰柔に過ぎて、確固とした信念も節操もありません。また、疑惑の念が強く果断決行する勇気を欠いているため、九二の賢人に従いその指導を受けようと進んでみたり、止めようと思って退いてみたりします。このように、まごまごしているような状態では、事がうまく進んでいくはずはなく、このような態度を改め、武人が一定の方針を立てたなら不退転の決意をもって進んでいくように、正しいと思う道を堅固に守っていくことが大切です。

初六
進退す。武人の貞に利し。

九二は陰位陽爻で、中を得ているのでよくへり下り、下位の初六に対しても巽順に処します。それは例えば、人間の願望を神に伝える史《し》や、神の意志を人間に伝える巫《ふ》を用いて、神と人間との意志の疎通を図るように、上下の意志や感情の疎通を何度も図るので、吉にして咎なきを得られるのです。九二がこのように巽順でいることができるのは、この爻が剛柔調和して中庸を

九二
巽牀下に在り。史巫を用うること紛若たれば、吉にして咎无し。

得ているからなのです。

九三は過剛不中、傲慢不遜であって、人にへり下ることのできない爻です。巽の時に当たり、始めは努力して巽順ですが、すぐに持ち前の剛強の性質が出てきて巽順の道を失い、反省して、再び巽順の道を心がけるといったことを繰り返します。このような状態では、自分の志すところも行き詰まり、困窮するようになるので、吝にして恥ずべきことです。

九三
頻りに巽う。吝。

六四は位正しく、巽卦の主爻として柔順に人にへり下り、九五の剛中の天子と比して疑い惑うことなく巽順に服従しているので、悔いるべきことは皆なくなってしまいます。そして、田猟に行けば三品、すなわちたくさんの種類の獲物を得るように、大臣として大きな功績を上げることができます。

六四
悔亡ぶ。田して三品を獲たり。

九五は剛健中正の徳を持って天子の位にあり、正しい道を堅固に守っているので、吉を得ます。しかし何分にも巽卦の時ですから、大事大業をなし得ないので、悔いがあるべきはずですが、その悔いもなく、いかなることに用いてもよろしいのです。というのは、巽卦の時は最初はうまく運ばなかったことも後にはうまく成就するからです。また、九五は自らの剛健中正の徳をもって、この際、今までの制度、組織を検討して、時代や環境や人情その他の諸情勢に合わせて慎重考慮の上、改革刷新すべきことがあれば、改革刷新

九五
貞吉悔亡ぶ。利しからざる无し。初めなくして終り有り。庚に先だつこと三日庚に後るること三日。吉。

を断行して吉を得られます。

上九は、巽卦の極にあって不中不正であり、六四が大きな功績を上げたのをみて、それにおもねり諂《へつら》い取り入ろうとして、自分の持っている大切な財産や身を守るために必要な武器までも提供し、失ってしまうように、自分の持っている陽剛の徳までも失い卑屈にへり下ることは、明らかに行き過ぎで、まさしく凶というほかはありません。

上九
巽牀下に在り。其の資斧を喪う。貞しけれども凶。

58 兌《だ》為《い》澤《たく》

- - ● 凶
— △ 小吉
— ○ 吉
- - ● 凶
— ○ 吉
— ○ 吉

兌は亨る。貞に利し。

兌とは悦《よろこ》ぶことで、我も悦び、人も悦び、上下皆悦ぶので、そのなすところのことはすべてうまく運び、伸び栄えて、その悦びを長く保持することができます。それは、この卦の九二と九五とが剛中を得て、誠実な真心をもって守るべき正しい道を堅く守っており、六三と上六は外にあって人と交わり、物柔らかく接するからです。このことは、天の道に叶い、人々の心にぴったりと一致するのです。

そこで天子たる者が自分も悦び、人も悦ぶような道をもって、人民に先立ち、人民を率《ひき》いて事を行う時は、人々は皆自分の労苦を忘れてよくその道に従います。また悦びの道をもって人民を率いて、あえて苦難を冒して進んでいく時は、人民は皆自分の生命をも省みず喜んで付き随ってくるのです。悦びの道は寔《まこと》に宏大であって、この道を大いに民に勧めなければなりません。

二つの澤が近くに並んで互いに潤《うるお》し合い、水の涸《か》れることのない兌の卦の象をみて、君子たる者はこれにのっとり、友達と一緒に学問を研究し、互いに教え教えられながら、尽きることなく互いに益し合っていくのです。


〈占考〉


二陽爻の誠実さが内に、柔和なる一陰が外にあらわれて、人に親しむ卦です。自分の心が、その人やその事物の中に深く入り込む時、初めてその人なり事物なりを理解することができて、自然に悦ぶようになり、また楽しみも生まれてくることを万事の占に適用していきます。

兌は悦びであるとともに、中途挫折とか毀損の意味があり、一方で褒められ他方で貶されるといった、全く正反対の卦の意味を万事の占に適用して判断してゆかなければなりません。大体小事には吉占とみて差し支えなく、大事には中途挫折の危険性を中心に占考してゆきます。

新規の計画や事業の着手は、表面よさそうでも実現にまで至らず、中折してかえって無事です。談判、交渉、取引などは、口情・口舌があってまとまりそうで、なかなかまとまらぬものが多く、無駄な出費が嵩《かさ》みます。縁談はすでに恋愛中のものが多く、永続性が問題です。失物は破損されて役に立たない状態で発見されます。

家出人では、異性と連れ立って出たものは、発見されても戻りません。待事は吉報があります。天候は秋晴れの行楽日和ですが、一般には雨です。物価は下値保合い。病気は肺系統や口腔の疾患で、根気よく治療を要するものが多いでしょう。

初九は位正しく、応爻も比爻もなく孤立していますが、内に充実した誠をもって、人との和合も物事との調和もほどよく節度を保っています。他人から牽制され引きずられ、左右されることもなく、悦ぶべき時は適当に悦び楽しんで、少しの疑惑も持たないので吉です。

九二は剛中の徳をもって、人を感動させる真心が充実しています。人に阿《おもね》り諂《へつ》らう六三の小人と比していても、決して誘惑されることはなく、かえって六三を感化することになり、吉にして悔いるべきことは皆なくなってしまいます。

六三は不中不正の陰柔にして、才徳乏しい小人です。上に応ずべき爻もないので、下位の九二に媚びて、ともに悦び楽しもうとしますが、受け入れら

初九
和して兌ぶ。吉。

九二
孚にして兌ぶ。吉。悔亡ぶ。

六三
来りて兌ぶ。凶。

れません。結局六三は、すべての人から排斥され、軽んじ侮どられ、凶禍を受けることになります。

九四は剛強なる才能・道徳を持っていますが、不中不正のために、思い切った適切な処置をすることができません。たとえば、剛中の九五を補佐することに悦びを求むべきか、あるいは六三の小人に親しむべきかを思い量《はか》って、なかなか決心がつかず、落ち着いていることができません。結局、六三は自分に禍をもたらす病気のような小人であることを知って、これを遠ざけ、もっぱら九五の首長を補佐することになるので、大きな悦びを得られます。

九四　商りて兌ぶ。未だ寧からず。疾を介て喜び有り。

九五は剛健中正の徳を持つ首長で、兌の卦の時において、比爻の上六の言葉巧みな小人をも必ずしも排斥し遠去けようとはせず、悦び楽しんで誠意をもって上六を包容しています。しかし、上六の言葉巧みな誘惑は、九五の徳や地位まで剝ぎ落とす危険性を持つので、決して油断してはいけません。

九五　剝に孚す。厲きこと有り。

上六は兌の卦の頂極にあって、物柔らかく巧みに九五の首長におもねり諂《へつら》って誘惑し、九五を惹きつけ悦ばせることによって、自ら幸福を得ようとしています。それはただ自分の利欲を中心としたものですから、公共的な責任を持つ九五を誘惑して邪悪な道に向かう時は禍となり、その悦びは決して公明正大なものとはいえません。

上六　引きて兌ぶ。

59 風《ふう》水《すい》渙《かん》

△小吉
○吉
◎大吉
▲小凶
○吉
△小吉

渙は亨る。王有廟《ゆうびょう》に仮《いた》る。大川を渉るに利し。貞に利し。

渙とは、国内にいろいろの党派や派閥があって、統一されずバラバラになっている状態です。

九二は剛中の徳を持ち、六四は柔順にして位正しく、ともに剛健中正の九五の天子を補佐し協力し合うことによって、国内の統一を図るので、ついに事がうまく運び通達してゆきます。

すなわち、九五の天子が先祖の霊廟に参拝して、妄念を散らし私心を去り、至誠真実なる真心をこめて先祖の霊を祀る時、天子は建国創業の大精神を体得することができます。

この精神をもって、バラバラになっている天下の人心を一つに統一してゆく時は、一切の弊害はことごとく払い散らされ除去されてしまいます。その時には、いかなる困難をもあえて冒して大業をなし遂げることができますが、しかし、それも正しい道に叶っていなければなりません。

〈占考〉

悦び楽しみ過ぎて気が弛み、心が散乱して統一がなく、何事にも手が着かず、物事が散漫となって離れ散じ、同じ損失を繰り返してゆくことになるので、兌の次に渙の卦がおかれたのです。

物事すべて離れ散ってゆく場合に処すべき道を説く渙の卦意の良い方の意味は、憂さ晴らしによって憂悶を解け散らしたり、他の援助によって諸事・悩み事から解放されるとみたり、春の暖風によって氷が解け去るように心が安らかになると解されます。

しかし、一般的にいって、特別の悩み事のない場合は、突然の事故によって一家離散となったり、会社が解散に追い込まれたり、契約が解除・解約になったり、諸事方針が立たずバラバラな心境で落ち着きがなかったり、頼りに思う人に離れられたりと、すべて従来のこと一切が解散となってゆく傾向が強いです。反面、新規のことも方針の変更によって吹き散らされて、何事も着手することのできない散乱した状態にあるといえます。

神仏を祀るか、海外へ旅行するか、家屋の改造や増築をするか、従来の生活様式の根本的な変更刷新を試みることが、この場合の最良の対応策です。談判、交渉、取引、縁談など、すべて解消し解け散る占です。失物は出ず、家出人は遠方に去って帰りません。待事も期待外れです。天候は風雨ですが、雨中は風が出て曇りとなります。物価は下落します。病気は、軽いものや急病は治癒しますが、長病は危険です。

初六は、天下の散乱する初めの時期で、これを救うことはさほど難事ではありませんが、初六は位卑しく、陰柔で不中不正であるため、自力では何事もなし得ません。しかるに、強壮な馬にもたとえられるような九二の剛中の賢人と比してこれに従っているので、その援助を受け、ついに天下の動乱の禍根を絶ち、吉福を得られます。

九二は、天下が散乱している時に当たって、九五と不応であるため、自分のよりかかって休息すべき机である初六の部下の許に身を寄せて、そこでしばらく落ち着いて安んじています。それは、自分の分相応の位置において、部下の人民たちの安全を確保してやり、そこを拠点として天下の散乱を救済したいと願うからで、かくてはこの願望の達成とともに、悔いるべき一切の

初六
用って拯うに馬壮んなれば吉。

九二
渙の時其の机に奔る。悔亡ぶ。

ことはなくなってしまうのです。

六三は不中不正で、陰柔の才能の持ち主ですが、六四とともに卦の中央の中道精神を保っています。天下の散乱状態を救済するべく一身を投げ出し、身を省みずに進んでゆき、結果的には失敗し挫折して、みるべき成果は上げ得なくとも、いささかも悔いることはありません。というのは、六三の志すところは、協力し合うべき応爻の上九に向かって進んでいくことだけであるからです。

六四は位正しく、柔順に九五の首長に服従してこれを補佐している高官です。現在、天下が散乱して、多くの党派の乱立して統一されていないのをみて、まず自分の党派を解散したところが、人々は六四の大臣の公明正大な態度に心服して、かえって丘や山のように多数の人が集まってきて同志となり、ついに国内の統一が成就することになりました。これは常識ではとうてい考え及ばない、全く思いも寄らぬ結果で、これによって光大なる吉幸を得られることになったのです。

九五の天子は、国内が分散して落ち着きなく、和合一致しない時に当たって、依るべき規準を示すべく詔勅を発布しますが、それは一度出れば再び体内に帰ることのない汗のように、その趣意がいろいろに変化してはいけませ

六三
其の躬を渙らす。悔无し。

六四
その群を渙らす。元吉。渙らして丘ること有り。夷の思う所に匪ず。

九五
渙の時その大号を汗にす。渙の時王として居るも咎无し。

ん。また、このような渙の時に当たって、天子たる者は、たとえ自分の所有しているものを放出しても、剛健中正の徳をもって、どっしりと落ち着いて天子の位にいてこそ、咎められるべきこと一切がなくなり、ついに国内の分散状態が解決して和合一致をみることができるようになります。

上九は、隠退して位のない地位にいるので、現代の世の中の状態に責任を持ちません。また、自分の身を傷つけ損《そこな》うようなことにもなる六三の要求を吹き散らして応ぜず、遠く離れ去って外に出ているので傷つけられることもありません。これは大いに称賛すべきほどのことではありませんが、しかし、この爻は時局救済の責任もないので咎められません。

上九
其の血を渙らし、去りて逖く出づ。咎无し。

60 水《すい》澤《たく》節《せつ》

⚋ ● 凶
⚊ ○ 吉
⚋ ○ 吉
⚋ ● 凶
⚊ ▲ 小凶
⚊ ○ 吉

節は亨る。苦節《くせつ》は貞にすべからず。

節とは、物事の節度・規律を定めて、悦んでそれを守っていることです。

この卦には、陰陽ほどよく調和し調節されて、剛なる坎と柔なる兌の卦が上下に分かれ、陽中の一陰と陰中の一陽となっています。また、九二・九五は剛中を得ているので、その強い意志によってなすことはことごとく通り伸び栄えてゆくのです。

しかし、実行不可能なあまりにも厳しい節度・規律は、天地の自然、人情の自然に反するものですから何の意味もなく、たとえ厳しくとも人々が悦び楽しんで行えるような、ゆとりのあるものでなくてはいけません。それが剛健中正の九五の天子が行い、また定めるところの節度・規律で、それによって万民の意志を中正ならしめています。

天地の運行もまた、一定の節度・規律によって、乱れることのない四季の変化と万物の生成化育が行われ、国家財政の歳入と歳出に関してもまた同様で、世の中の分不相応な欲望から生ずる混乱と犯罪とをあらかじめ防止するために、いろいろなことについて規定や制度を設けるのです。

〈占考〉

竹に一区切りごとに堅い節があるように、物事にはすべてそれ以上超えてはならない基準があります。その制限・規律を堅く守ってそこに止まっていることが節で、節度、節制、節義、節操、節約、礼節、調節などすべて同じ意味です。節を失う時は、人間の生活は勿論すべてが乱れ滅び去っていきます。この卦は澤に水が程良く蓄《たくわ》えられ調節されている状態で、万事に倹約を守って現在の状態を保持して、手出し・口出しをしてはならない運勢です。

事業などは、現在の状態が限度であって、拡大したり新規に事を始めること一切が凶占となります。全体に竹の一節宛《ずつ》を通ってゆくようなもどかしさや焦《じ》れったさがあり、談判、交渉、取引、縁談などもすべて滞りがちで障害が多く、突然中止になったり、不意の出来事のために取り止めになったりすることがありますから、一区切りごとに確かめて進んでゆくことが大切です。

待事もうまく運ばず障害に遭い、家出人も戻るに戻れぬ状況にあり、失物は出ません。天候は長雨で、物価は安値保合いとみます。病気は長期療養を要するものが多く、糖尿病などは節席節制を重んじて漸次好転します。

初九は位正しく剛強なる才能を持ち、六四の高職者と応じていますが、上に九二の陽爻があって、それを追い越してゆくことができません。そのため、自ら節度・制限を弁《わきま》えて分限を守り、家の中に引きこもって門前の庭より一歩も外に出ないでいるので、咎められるべき過失はありません。それは、初九が現在は自分の才能を発揮できる時であるか否かをよく弁えており、今はその時ではないと判断しているからです。

初九
戸庭を出でず。咎无し。

九二は剛中の才能を持ち、しかも責任ある地位に就いていながら、九五と不応であることから節度分限にこだわり、家の中に閉じこもって外に出ずに謹慎し、黙って引っ込んでいます。それはいうべき時を失い、なすべき時を失うことの甚だしいものであって、自分の能力と身分と環境とについて自覚していないということです。これは正しくなく、明らかに凶というべきです。

九二
門庭を出でず。凶

六三は不中不正で、兌の主爻として悦び楽しむことに有頂点となり、節度・規律を忘れていろいろと失敗を重ね、歎き悲しむことになりました。しかし、

六三
節若たらざれば嗟若た

そのことによって、これまでの自分のやり方を反省して節度を守るようになるので、人に咎められるほどの失敗は免れることができます。

六四は才能は乏しいが位正しく、柔順に九五の首長と相比し親しみ、首長の定めた節度・規律をしっかりと守り、それに安んじているので、大臣としてなすところのことは大いに伸び栄えてゆきます。

九五は剛健中正の徳をもって天子の位におり、天下万民に与える節度・規律は緩やかでもなくまた厳し過ぎもせず、ほど良く調節されています。そのため九五自身も天下の万民も、皆その節度・規律を守ることに甘んじ、楽しみ悦んでそれに従うことができるので、大きな効果を上げ吉を得られます。

上六は、節の卦の極限の地位にいるために節に過ぎ、節度・規律の立て方があまりにも厳格で、それを守り行うことは苦痛です。たとえ、それを固く守ってゆくことが正しいことであるとしても、そのことによって終いには身を滅ぼしてしまっては凶となります。しかし、自ら正しいと考えて守っている節度・規律であってみれば、たとえどのような結果になろうとも、自ら悔いることはありません。それにしても、上六の行う節の道は、行き詰まっているのですが、それはまた行き詰まった境遇のため、万止むをえない節度・規律であるともいえます。

り。咎无し。

六四
節に安んず。亨る。

九五
節に甘んず。吉。往きて尚ばるる有り。

上六
苦節貞なれば凶。悔亡ぶ。

61

風澤中孚《ふうたくちゅうふ》

━━　●　凶
━━　○　吉
━ ━　○　吉
━ ━　●　凶
━━　◎　大吉
━━　○　吉

中孚は豚魚《とんぎょ》にして吉。大川を渉るに利し。貞に利し。

心中に一点の私心なく、至誠真実なる心が充実しており、それが無知蒙昧な豚や魚の心までも動かすほどのものである時は吉であり、天下万民の心が九五の誠実なる真心に感動し心服している時ですから、大川を渉るようないかなる険難をも突破してゆくことができます。孚《まこと》をもって人々を感動せしめるということは、一朝一夕にしてできるものではありません。長く久しく孚の道を堅く守ることによって、初めてできるものなのです。

この卦は、中央の三・四爻は陰爻で私心なき空虚さがあり、九二・九五はともに剛中の充実した真心を持ち、これによって上下和合一致し、人々皆感動して中孚の道がうまく行われます。そして国内が感化され教化されて泰平を得られ、互いに信頼し合う様は、風が吹く時は必ず豚魚《イルカ》が水面に浮かび出るように、誠実なる真心があまねく及び、心に思い口に出していうこと、身に行うことのことごとくが天理に叶うのです。中庸に「誠は天の道なり、之を誠にするは人の道なり」とあるのが正《まさ》しくこれに当たります。

〈**占考**〉

孚とは、親鳥が爪でしっかりと卵を把《つか》んで抱いている象です。暖い真心が卵の中に通じて、生きた生命がひよ子になるように、人が心中に誠実なる真心を持っていれば、必ず相手にそれは通じるものです。そのことは、外卦巽の風が吹けば、内卦兌の澤の水が自然に動かされるごとくです。

それゆえ、この卦は誠心そのものを意味しているので、心の真実な者にとって何事もすべて吉卦ですが、不正直なる者、秘密を隠し嘘を語る者、邪曲な私欲を遂げようとする者にとっては、すべてが凶占となり、秘密は露見し、悪事は暴かれて、裁きを受けることになります。

互いに口唇を向け合って親和し、誠実さをあらわして相語っているので、談判、交渉、取引などの相談事は、自我を抑え互いに譲り合って円満に成立します。結婚も吉占です。失物も発見され、家出人も発見されますが、情事によるものが多く、しばらくは帰りません。待事も好便があります。天候は晴れ。物価は高値保合い。病気は、心臓病や眼病、肺結核などで、熱性の急病のものは危険です。

初九は位正しく陽剛の志を持ち、六四の大臣と応じていますが、初めによく考えて自分の真に信頼すべき人と信じて協力し合う時は吉です。しかし、中途で六四に対して疑心を抱き、私心を混《まじ》えて評価する時は、安んじて落着いていることができなくなるので、最初の考えや志を変えてはいけません。

初九　虞んずれば吉。它有れば燕からず。

九二は剛中の徳を持ち、誠実な真心が内に充実しており、同じ徳を持つ剛健中正の九五の天子の心に感応して受け入れられ、大いにその力を発揮し得られるのです。たとえば、鶴（九二）が山下の澤の中の隠れたところで啼くと、その声を聞きつけて子鶴（九五）がそれに和して鳴き応じます。そして、その子鶴である九五は、〝私は天から与えられた善美なる天子という爵位を持っているが、汝にその爵位を分かち与え、ともに楽しもう〟といいます。つまり、双方の真心が、中心から感応し合うことを願っているのです。

九二　鳴鶴陰に在り。其の子之に和す。我に好爵有り。吾爾と之を靡にせん。

六三は不中不正、陰柔で、兌の卦の主爻として誠実な心を持たず、ただ口先だけで人に取り入ろうとする小人です。六四の大臣と相和合せず、これを相手として中傷したりしていろいろと攻めるのですが、勢いにおいて位正し

六三　敵を得て、或いは鼓し、或いは罷め、或いは泣き、或いは歌う。

い大臣に到底勝ち目はないと考えて中止したり、あるいは自分の境遇を考えて悲嘆し涙を流したかと思うと、少し都合のよいことがあるとたちまち喜んで歌を唱うといった有り様です。進退するに一定の方針がなく、喜怒哀楽が激しく変化してそれに左右されるので、到底事がうまく運ぶはずがありません。それは、六三の位が不正で、不中であるからです。

六四は位正しく、九五の天子と比して柔順にこれを補佐している大臣です。自分の同類や縁故のある仲間たちに対する一切の私心を捨てて、これを遠去け、ひたすら公平誠実に九五に仕えるので、多懼《たく》の地位（九五に近い地位）からくる咎められるような過失はありません。

九五は、剛健中正の真心が自然に人々を感動させます。それによって、九二の賢人をはじめ、天下の人々が皆これに感応して固く結びつけられ、深く心服するので、咎められるような過失はありません。

上九は不中不正で、中孚が極まって空虚となった爻です。たとえば鶏《にわとり》は天まで届くような高い声で啼いても、その体は高くは飛べず地上から離れることができないように、名声ばかり高く世間に聞こえているのに実質が伴わない時は、たとえ現在はその行いが正しくとも、到底永続させることはできません。必ず久しからずして破綻をきたし、凶禍を受けることになります。

六四
月望に幾し。馬匹亡う。咎无し。

九五
孚有りて攣如たり。咎无し。

上九
翰音天に登る。貞しけれども凶。

62 雷《らい》山《さん》小《しょう》過《か》

-- -- ×大凶
-- -- ▲小凶
—— △小吉
—— ▲小凶
-- -- △小吉
-- -- ●凶

小過は亨る。貞に利し。小事に可なるも大事に可ならず。飛鳥これが音を遺《のこ》す。上るに宜しからず下るに宜し。大いに吉なり。

小過は、陰なるもの、小なるものが少し行き過ぎていますが、よろしきに叶う時は、すらすらとうまく運んでゆきます。

それには正しい道に叶うことが必要で、それをしっかりと守っていなければなりません。つまり、小なることは行き過ぎてもよいが、大なることは行き過ぎてはならないということです。この卦は、小なることはよろしいが、大なることを行うことはできません。

また、この卦には、鳥が翼を拡げて空高く飛んでゆく象があります。鳥の姿は飛び去ってみえなくなってしまいましたが、その鳴き声が残って地上に聞こえてきます。しかし、この鳥はあまりに高く飛んでいってはよろしくなく、おのずから限度があるべきです。

すなわち、空中には安定の場所はなく、地上に降りてきて初めて安定の場所を得られ、大いに吉を得ることができるからです。つまり、図に乗って物事をあまりにやり過ぎたり、行き過ぎたりしてはいけません。

〈占考〉

小過とは、陽爻が中央の三爻・四爻という重要でない位置に中を失っているのに対して、ほかはすべて陰爻で、しかも二爻・五爻という最重要爻を陰爻が占め、小なるもの、陰なるものが過ぎているため、大事、すなわち積極的なこと、公明正大な陽剛なることは行えません。しかし小事、すなわち私欲的な小じんまりとしたこと、保守的・保身的な名誉・地位・財産に汲々として束縛されている日常的な小さなことは、多少行き過ぎても少しく成果を得られる程度で、万事控え目に、保守的態度で臨むしかない時です。

何事も過失が多く、行き過ぎ、やり過ぎて失敗し、彼我相背いて孤立し、迫害に遭ったり陥れられたり（大坎の象）、禍害を受けぬ用心が大切です。

談判、交渉、取引、縁談、すべて不調で凶占です。失物、家出人、待事などもすべて同じです。物価は上昇後下落。天候は雨もようの曇天から大雨になります。病気は癌など、手遅れのものが多く、切開手術後、急速に悪化します。

初六は不中不正、陰柔で、才能が乏しい小人であるのに、九四の大臣と多少の縁故があって応じているため、その援助を受け、鳥が高く飛び上がるように、身のほども弁《わきま》えずに立身栄達しようとします。そのため、現在の安定した地位をも失い、凶禍を受けるのですが、この凶禍は救済しようもないものです。

六二は柔順中正の徳を持っているので、小なる者（小人）の行き過ぎる時に当たって、決して行き過ぎることはなく控え目にしております。応爻の六五の天子とは、間接的手段を通して直接相会うこともできるのですが、自己の分限を弁え、六五とは不応なることを知って差し控え、自己の直接の上役である九三の陽爻に会い、これを通して六五に仕えるので咎められるべき過失はありません。しかし、もしも多少の縁故をいいことにして、上役を通さずに直接、九五に接触する時は凶禍を受けます。

九三は位正しく、剛強な才能を持っていますが、今は陰爻に囲まれて勢いが弱く、陰爻の勢力に圧倒されながら、陰爻に侵されないように防いでいます。が、持ち前の過剛不中の徳によって、さらに進んで陰爻を打ち滅ぼそう

初六
飛鳥以て凶。

六二
其の祖を過ぎ、其の妣に遇う。その君に及ばずして、その臣に遇う。咎无し。

九三
過ぎずして之を防ぐ。従いて或いは之を戕う。凶。

とするようなことをしたならば、かえって凶禍を受け、どうすることもできないような事態を招くことになるでしょう。

九四も陰爻に包囲されて、志を遂げることのできない陽爻ですが、陰位にいるために向こうみずに暴走するようなことはしないので、咎められるような過失はありません。すなわち、陰柔な小人に対してもほど良く適当に折り合っております。このような状態で進んでいって事を行ってみても、自分の得意とする才能を発揮することも、志を遂げることもできません。そこで、長く久しく小過に処する正しい道を堅固に守っているべきです。

六五は小過の時に当たって天子の高い位にいますが、陰柔のため才能乏しく、恩澤を天下に施すことができないので、自分を補佐してくれる賢人として、大坎（小過は坎の似象）の穴の中にいる九三・九四を求めようとしますが、応じていないため、容易にこれを用いることができません。そこでいろいろと手段を尽くして、もしもそれがうまく成功すれば、地上に雨が降るように、天子の恩澤が広く行き渡ることになるのです。しかし、六五の天子はあまりにも高く登っていて、陽爻と調和しないのですから、もっと謙虚になって交わるべきです。

上六の小人は、自分たちの仲間の勢いがさかんなのに任せて、陽爻の賢人

九四
咎无し。過ぎずして之に遇う。往けば厲し。必ず戒しめよ。用うる勿れ。永く貞なれ。

六五
密雲雨ふらず、我が西郊よりす。公弋《よく》して彼の穴に在るを取る。

上六

を顧みず、その意見一切を聞こうともしない傲慢さから、応爻の九三に会うべきであるにもかかわらず会おうともしません。遠く通り越して、どこまでも高所に昇ってゆこうとするのは、たとえば鳥が空高く自分の住むべきところから遠去かって安定の場所を失い、射ぐるみの矢にかかるように凶禍を受けるようなものです。これは天災であるとともに、また人災であるというほかはありません。小過に処する道は、小を慎み微を慎むこと、つまり小過を慎むことにあります。

遇わずして之を過ぐ。飛鳥之に離る。凶。是れを災眚と謂う。

63 水《すい》火《か》既《き》済《せい》

━ ━	× 大凶
━━━	○ 吉
━ ━	▲ 小凶
━━━	▲ 小凶
━ ━	△ 小吉
━━━	△ 小吉

既《き》済《せい》は亨ること小なり。貞に利し。

この卦は、初爻から上爻まで各爻皆、位正しく、応爻・比爻の関係もすべて調い、安定しており、泰の卦をさらに一歩押し進めた天下泰平の極致です。物事すべてすでに十分完成して、その絶頂にあるので、今後発展すべき余地はほとんどありません。したがって、大事を企てることは好結果を招かないので、現状を維持するための小事を行う程度に止めて、既済の道を正しく堅固に守っていることがよろしいのです。

そこで全体としてみる時は、初めは吉にして、内卦文明の徳によって福を得られますが、終わりは乱れ衰えるので油断なく警戒して、少しでも長く泰平を維持することを心がけなければなりません。つまり、険難なることが将来起こってくるかもしれないことを考えて、あらかじめそれを防ぐための準備をするのです。

〈占考〉

この卦は、すべてのことが完成し、成就してしまった場合に処する道を説いており、卦辞の解説で述べてあることを、そのまま各占断に適用してゆきます。

運気も、現在安泰を得ているところで、これ以上の進出も拡大も、すべて凶占です。現状維持が最善で、むしろ今後の衰退にあらかじめ備えることが大切です。

談判、交渉、取引など、すべてすでに成就したことをもって満足すべきで、新規に始めることはすべて凶占です。縁談もすでに決定したもの以外は凶占です。待事、失物、家出人などについても同じで、現在までに判明したこと以上は期待できません。天候は崩れて雨となります。物価は現在保合っても、先は下落となります。

病気は、長病や重患は、生命尽きて滅亡する意味からいって危険です。通常は万全の手当ても終わり、後は余病の生ぜぬ用心と療養の適切さがすべてということになります。

六爻の言葉は、物事すべて控え目にして、やり過ぎ、行き過ぎのないことを教えています。

初爻――済の本来の意味は水を渉《わた》ることで、坎の狐が坎の川を渡る象をとって説明しています。すなわち**初九**は二・三・四爻の互卦坎の下位にあって狐の尾に当たり、その尾が水に濡れている象です。車に乗って川を渡ろうとする時に初九は、後ろから車の輪（坎）を引っぱって前に進むことのできないようにしたために、あたかも狐が川を渡ろうとして、途中で疲れて尾を濡らして川を渡り切ることができないように、進んでいくことができなくなったのです。そのことは、かえって幸いしたのであって、咎められるべきことではありません。

初九
其の輪を曳き、その尾を濡らす。咎无し。

六二の婦人が、九五の夫の許へ行こうと車に乗ろうとしたところ、車の蔽いを失ったために行くことができません。しかし、それを盗み取って二人の間を妨げている人を追いかけても、ますます遠くへ逃げ去るだけですから無駄であり、そのまま放置しておけば、七日もすれば失った蔽いは自然に戻ってくるので、荒立てる必要はありません。

六二
婦その茀を喪う。逐う勿れ。七日にして得ん。

九三は過剛不中で、物事をやり過ぎる欠点があります。殷の高宗はすでに

九三

国内が安定している時、国民の志気を振るい起こすために、鬼方すなわち北方の異民族を討伐しようとしましたが、容易に征服することができず、三年の歳月を経てようやく勝つことができました。既済の時は、外国と戦うような大事は、高宗のような明君であっても容易なことではなく、天下ことごとくが疲憊《ひへい》してしまっては戦勝といっても何ら得るところはなく、ましてや小人は決して既済の時に大事を担当してはいけません。小人は自分の功名栄達のために、風なきに波を起こし、平地に波乱を起こして事を図ろうとするからです。

高宗鬼方を伐つ。三年にして之に克つ。小人は用うる勿れ。

六四において、既済はその半ばを過ぎて衰亡に向かい、すでにその兆候があらわれ始めています。たとえば、舟底の小さい穴から少し宛水《ずつ》が洩れている時は、破れた衣類などでその穴を塞ぎ、終日、油断なく警戒すべきです。泰平の世の中に不吉な弊風や事件が発生しているので、世の中の今後の成り行きについて深く憂慮する必要があります。

六四　繻るるに衣袽有り。終日戒む。

九五は剛健中正の徳をもって、天子の位におります。今は泰平の時代であるといって有頂点になっていてはならないとして、その将来を憂え、東隣（殷）において、牛を殺して供物をしさかんな祭りをするのは、西隣（周）において、供物はたとえ質素であっても、真心こめて祭るのには及ばないと

九五　東隣の牛を殺すは、西隣の禴祭して、実に其の福を受くるに如かず。

して、簡素な祭りをしたので、真実に神の福を受け、吉なることが多く集まったのです。

上六
其の首を濡らす。厲し。

上六は、天下泰平の状態が一変して乱れ、滅亡の危機に直面している時です。上六は柔弱の身をもって最高の地位におり、泰平の夢を貪《むさぼ》り、泰平の美酒に酔い痴れて暴走し、ついに水の深処に落ち込み、頭まで水につかって寔《まこと》に危険な状態にあります。これでは、もはや長く久しく持ちこたえることは到底不可能で、必ず身を滅ぼすことになるでしょう。

64

火《か》水《すい》未《び》済《せい》

━━━ △ 小吉
━ ━ ◎ 大吉
━━━ ○ 吉
━ ━ ▲ 小凶
━━━ △ 小吉
━ ━ ● 凶

未《び》済《せい》は亨る。小狐汔《ほと》んど済《わた》らんとしてその尾を濡らす。利しきところなし。

大は宇宙から、小は素粒子の世界に至るまで、人間社会はもちろん一個人の学問研究や道徳才能に関しても、物事すべて残らず完成するということは永久にありえません。未完成なことが引き続いて次々と出てくるのであり、それが宇宙の実相であるので、既済は既済に終わらず、未済に終わるのです。ということは、再び乾へと回帰し、永遠に生成変化を繰り返していくということ（永劫回帰）にほかなりません。

この卦においては、九二と六五とが位に当たらず、陰陽調和して中庸を得て相応じており、物事すべてが未完成である時は四角四面に、あまりに厳しく事を処してはかえって混乱することになります。この卦のように、柔順にしてよく先を見定め、時勢に従い、人情に随って穏やかに中庸を得て事を処してゆくべきです。また、九二をはじめ、上下皆協力一致して事に当たるので、後には事がうまく処理されて、伸び栄えてゆくことになります。

もしも思慮乏しく慎重に事を処置することなく、たとえば、小さい狐が軽々しく思慮乏しいままに進んで川を渉ろうとして、少し深いところで疲れて尾を水に濡らし、ついに川を渉り切れずに途中で引き返してくるようであってはいけません。それでは終わりを全うしえないからで、最後まで引き続いて努力しなければ、何の利益もないのです。

この卦の上下卦の離と坎とは、相交わらずに上下に引き分かれ、六爻ことごとく位を失って不正であり、自らの正しい位置にはいません。しかし、各爻互いに応じているために、協力一致が得られ、ついには未済の境遇を脱却できて、万事都合よくさかんに発展してゆくようになります。

〈占考〉

位が不正であることから、地位に恵まれません。また、自分の立場に対して最後まで責任を持とうとする意志が稀薄なため、何事も信念が持てず、位に当たらないもの同志の協力では最後まで仕遂げてゆくことができません。

一般に、物事が複雑に入り組んでいて判然としないため、すべてやりかけては止めることの繰り返しとなり、孚のあかない意味が強いですが、内卦から外卦へ移ってゆくにしたがって、だんだんと見込みが明るくなってゆきます。

談判、交渉、取引、縁談などは、すべて腰を据えて辛抱強く二度三度と粘って成功します。途中で止めたり、諦めたりしてはいけません。待事や失物も、辛抱強さが必要ですが、多くは間に合わず、また出ません。家出人は出先で困窮し、目的を果たさず帰るとみますが、家出の事情によっては危険な状況にあります。天候は晴れたり曇ったり。物価は浮動して定まりません。病気は、慢性化した不治のものや根気を要するものが多く、心臓病や性病や自律神経失調症や眼病など、根気よく治療することです。

内卦三爻までは未済の乱れた状態になりますが、外卦三爻は次第に既済の正常さを回復するとみてゆきます。

初六
其の尾を濡らす。吝。

初六は未済の時の初めにおいて、不中不正で柔弱の身でありながら、気の強いところがあります。九四の大臣と多少の縁故のあるところから、深い思慮もなく、軽々しく進んでいこうとしているが、それでは決して成功するはずはありません。たとえば、小狐が自分の力量も知らず川を渉ろうとして、尾を高く上げて水中に入ったが、途中で力尽きて尾を垂れ、水に濡らして引き返してくるようなもので、寔《まこと》に恥ずかしい結果となります。
九二は剛中の才能を持ち、聡明なる知恵を備えているので、今の未済の時に軽々しく進むことの不利なことを知って、中庸の徳を堅く守っています。たとえば、進もうとする車輪を後ろから引っぱって進まないようにし、軽挙妄動をしないので吉にして福を得、中庸という正しい道を行いうるのです。
六三は不中不正で、陰柔不才の身も省みず、気の強いところがあって、未済の時であることも弁《わきま》えず、無理に進んで事を行えば凶禍を受けることになります。そこでもしも、九二・九四の陽剛の賢人と比し、上九と応じている自分のおかれた境遇を活用して、これら諸陽爻の助けを得られるならば、いろいろと準備を調えて進み、大川を渉るような大事業に着手しても差し支えありません。
九四は剛強の才能をもって大臣の地位にあり、六五の天子の信任を得て、正しい道を堅く守っているので、不正なる位から生ずるいろいろの欠点は皆なくなってしまうのです。特にこの爻の時は、未済の卦の半ばを過ぎて、国内は大体整備され治まったのですが、国境近くにおいて、異民族による侵害がありました。そこで九四は、六五の命を受けて兵を率いて出撃し、大いに威武を振るって鬼方（西北方）の外敵と戦うこと三年、ついに大功を樹《た》て、

九二
其の輪を曳く。貞にして吉。

六三
未だ済らず。征くは凶。大川を渉るに利し。

九四
貞しければ吉にして悔亡ぶ。震きて用って鬼方を伐つ。三年にして大国に賞有り。

その賞与として大国の太守に封ぜられることとなりました。既済の時には凶禍となったことが、未済の時にはかえって大きな功績となり、このことによって一挙に天下は既済へと持ち来たされる結果となったのです。

六五は柔中の徳をもって九二の賢人と応じ、九四の大臣と比し、心を虚にして天下の賢人の補佐を求めており、正しい中庸の道を堅固に守っているので大いなる吉を得、悔いるべき未済の状態は克服されます。こうして安泰なる既済の世の中が出現し、六五の徳は光り輝いて、その誠は万民の心服を得られるのです。

六五
貞にして吉。悔无し。君子の光あり。孚有り吉。

上九――未済の状態は六五の爻の時にすべて克服されて、万民すべて各々そのところを得るようになり、万事皆、整備され、完成された既済の状態になったので、この上九の爻はもはや格別になすべきことは何もありません。剛強の才と充実せる真心と明らかな知恵を持ちながら悠然と自適し、酒を飲み、自らを養い、楽しんでいても何ら咎められるべきことではありません。しかし、飲酒も節度を越して、頭まで水に漬《つ》かるように酒に溺れ、楽しみに溺れるようなことになったら、たとえ内にどんなに充実した真心があり、その真心から発したものであったとしても、節度という正しい道を踏み外したものとして、弁解の余地は全くないのです。

上九
飲酒に孚有り。咎无し。其の首を濡らせば孚有れども是を失う。

あとがき

易といえば占い、占いといえば易というように、易は一般に占いの代名詞のようにいわれている一方、「当たるも八卦、当たらぬも八卦」などという言葉も聞こえてきます。

しかし、易を肯定、否定いずれとも断定しないで、時には私たちの生活にずっと昔から深く根づいている易を利用してみることも、決して無駄なことではなく、易占いによって何がしかの心の迷いがふっ切れるならば、それはそれでまた意味のあることと思います。

自分一人だけで大事を決断することに不安を感じていたり、他人に相談することができないような心の悩みや秘め事をかかえている場合、第三者の意見を参考にしたいと思うもので、普段はあまり信用してもいないし、また尊敬もしていない占い師に、そっと相談してみたいような気持ちにかられることも、また事実のようです。そんな場合、もし自分で自分のことが自由に占えたら、どんなに心強く、また人生を明るく楽しく過ごすことができるのではないかと考える人も、少なくはないと思います。

そこで、学問的にも権威があり、しかも勉強しやすく、比較的簡単に上達できるような本がないのだろうかということは誰しもが思うことで、できれば学校や教室などに通うことをせずに、書物だけで自宅で手軽に覚えられないものか――こうした要望にこたえるかのように、現在、いかがわしいものも含めてさまざまな占いの書物が、後から後からと出版されています。

そこでここに『サイコロを使った実占・易経』と題する書物の登場ということになるわけですが、本書は『易経』本文の全内容を最も忠実に、しかも易占いを正確にするためにできるだけ詳細に解説しておりますので、『易経』の卦爻辞と彖伝、象伝とを総括して解説した本書第二部を(『易経』と対照しながらでも)熟読頑味し、さらに実占によって得た卦や爻と対比させ、あらゆる角度から類推を重ねてゆかれるならば、必ずや的中する占断に到達できるものと信じております。

こうした勉強は、一人でも楽しく、孤独を忘れさせてくれますが、同好者たちと一緒に勉強会などを作ることも、上達の近道となるはずです。お互いの占いを持ち寄り、互いに意見を交換し合い、論議を交わし、教え教えられながら学習してゆくならば、一人よがりからくる偏見に陥ることもなく、より一層成果も上がり、楽しく充実したレクリエーションの場にもなって、易の学習の喜びは尽きることがないものと思われます。

易は占いの書であるだけではありません。陰陽原理の展開である八卦や六十四卦は、そのまま直ちに、天地自然の理法を最も簡明な象徴形式としてあらわしたもので、それ自身、東洋的自然観、自然哲学の原型的な思想でもあることによって、占いと思想とが完全に一致しているところに、易の最大の魅力があるといえます。

易を天地自然の理法そのものとして深く理解すればするほど、私たちはますます的中する占断の域に達し得られます。つまり、最高の宇宙法則が、私たちの身辺のささやかな問題にまで直接的に関与し、明快な具体的解決策を啓示してくれるわけです。

私たちはこのことに驚嘆し、感激するわけですが、さらに掌中でサイを振る自分自身が、何か天の啓示そのもの（巫覡《みこ》）になっていくような深い感動に満たされて、占いの実際上の吉凶など、もうどうでもいいような気分にさえなって、人間的な喜怒哀楽の一切を天の理法に委ね、自らは人間的次元を越えて、天地とともに無限の生を――いわば、超人的に生きていきたいという願望をさえ持つようになっていきます。

このように易と一体となり、自ら進んで易占に天啓を求め、易象に示された天啓を自力によって解読しつつ、その吉凶得失の一切を自己の責任において引き受けて生きていく時、このような人生を贈与してくれた天地自然の創造的な働きの神秘さに対して、無限の感謝の気持ちを抱くとともに、さらに、それにこたえるべく天地自然のこのような神的な働きに参与し、天地人三才を貫ぬいて生きることの限りない希望と喜びとに満たされてゆくことと思います。

一九八九年一二月

著者

〈参考文献〉

一、易の概説および飜訳解説

『周易』鈴木由次郎著　弘文堂・アテネ新書
『易学』本田済著　平楽寺書店・サーラ叢書
『易の話』金谷治著　講談社・現代新書
『易学講話』（全五巻）公田連太郎著　明徳出版社
『易経』上・下　高田真治・後藤基巳著　岩波文庫
『易』本田済著　朝日新聞社・中国古典選
『易経』（抄）赤塚忠著　平凡社・中国古典文学大系Ⅰ

（なお、本書の性質上、中国古典の易注釈書は省略します）

二、占筮の方法の解説書

『易学大講座』（全八巻）加藤大岳著　紀元書房
『易学通変』同右
『易学発秘』同右
『周易古筮考』藪田嘉一郎編訳注　紀元書房
『春秋左伝占話考』加藤大岳著　紀元書房

本書は、1990年5月の刊行を底本とした。

サイコロを使《つか》った　実占《じっせん》・易経《えききょう》〔新装版《しんそうばん》〕

本体価格……二五〇〇円
発行日……二〇一八年　三月　八日　第一刷発行
　　　　　二〇二四年　四月　一日　第三刷発行
著者……立野《たての》清隆《きよたか》
発行者……柴田理加子
発行所……株式会社　五月《ごがつ》書房新社
東京都中央区新富二―一一―二
郵便番号　一〇四―〇〇四一
電話　〇三（六四五三）四四〇五
FAX　〇三（六四五三）四四〇六
URL　www.gssinc.jp
装幀……田村　裕
印刷／製本……モリモト印刷　株式会社

ISBN978-4-909542-01-4 C0076